"十三五"国家重点出版物出版规划项目

习近平新时代中国特色社会主义思想学习丛书

名誉总主编　王伟光
总　主　编　谢伏瞻
副总主编　王京清　蔡昉

总　策　划　赵剑英

开辟当代马克思主义哲学新境界

王伟光　主编

图书在版编目（CIP）数据

开辟当代马克思主义哲学新境界／王伟光主编. —北京：中国社会科学出版社，2019.3（2023.2 重印）

（习近平新时代中国特色社会主义思想学习丛书）

ISBN 978-7-5203-4028-1

Ⅰ.①开…　Ⅱ.①王…　Ⅲ.①马克思主义哲学—发展—中国—学习参考资料　Ⅳ.①B27

中国版本图书馆 CIP 数据核字（2019）第 016293 号

出 版 人	赵剑英
项目统筹	王　茵
责任编辑	王　茵　孙　萍
特约编辑	孙　萍
责任校对	石春梅
责任印制	王　超

出　　版	中国社会科学出版社
社　　址	北京鼓楼西大街甲 158 号
邮　　编	100720
网　　址	http://www.csspw.cn
发 行 部	010-84083685
门 市 部	010-84029450
经　　销	新华书店及其他书店

印刷装订	北京君升印刷有限公司
版　　次	2019 年 3 月第 1 版
印　　次	2023 年 2 月第 9 次印刷

开　　本	710×1000　1/16
印　　张	19.75
字　　数	214 千字
定　　价	45.00 元

凡购买中国社会科学出版社图书，如有质量问题请与本社营销中心联系调换
电话：010-84083683
版权所有　侵权必究

代　序

时代精神的精华
伟大实践的指南

谢伏瞻*

习近平总书记指出："马克思主义是不断发展的开放的理论，始终站在时代前沿。"① 习近平新时代中国特色社会主义思想，弘扬马克思主义与时俱进的品格，顺应时代发展，回应时代关切，科学回答了"新时代坚持和发展什么样的中国特色社会主义、怎样坚持和发展中国特色社会主义"这个重大时代课题，实现了马克思主义中国化的新飞跃，开辟了马克思主义新境界、中国特色社会主义新境界、治国理政新境界、管党治党新境界，是当代中国马克思主义、21世纪马克思主义，是时代精神的精华、伟大实践的指南。

---

* 作者为中国社会科学院院长、党组书记，学部主席团主席。
① 习近平：《在纪念马克思诞辰200周年大会上的讲话》（2018年5月4日），人民出版社2018年版，第9页。

一 科学回答时代之问、人民之问

马克思说过："问题是时代的格言,是表现时代自己内心状态的最实际的呼声。"① 习近平总书记也深刻指出："只有立足于时代去解决特定的时代问题,才能推动这个时代的社会进步；只有立足于时代去倾听这些特定的时代声音,才能吹响促进社会和谐的时代号角。"② 习近平新时代中国特色社会主义思想,科学回答时代之问、人民之问,在回答和解决时代和人民提出的重大理论和现实问题中,形成马克思主义中国化最新成果,成为夺取新时代中国特色社会主义伟大胜利的科学指南。

（一）深入分析当今时代本质和时代特征,科学回答"人类向何处去"的重大问题

习近平总书记指出："尽管我们所处的时代同马克思所处的时代相比发生了巨大而深刻的变化,但从世界社会主义500年的大视野来看,我们依然处在马克思主义所指明的历史时代。"③ 马克思恩格斯关于资本主义基本矛盾的分析没有过时,关于资本主义必然灭亡、社会主义必然胜

---

① 《马克思恩格斯全集》第1卷,人民出版社1995年版,第203页。
② 习近平：《问题就是时代的口号》（2006年11月24日）,载习近平《之江新语》,浙江人民出版社2007年版,第235页。
③ 《习近平谈治国理政》第2卷,外文出版社2017年版,第66页。

利的历史唯物主义观点也没有过时。这是我们对马克思主义保持坚定信心、对社会主义保持必胜信念的科学根据。

虽然时代本质没有改变，但当代资本主义却呈现出新的特点。一方面，资本主义的生产力水平在当今世界依然处于领先地位，其缓和阶级矛盾、进行自我调整和体制修复的能力依然较强，转嫁转化危机的能力和空间依然存在，对世界经济政治秩序的控制力依然强势。另一方面，当前资本主义也发生了许多新变化，出现了许多新问题。正如习近平总书记指出的："许多西方国家经济持续低迷、两极分化加剧、社会矛盾加深，说明资本主义固有的生产社会化和生产资料私人占有之间的矛盾依然存在，但表现形式、存在特点有所不同。"① 当今时代本质及其阶段性特征，形成了一系列重大的全球性问题。世界范围的贫富分化日益严重，全球经济增长动能严重不足，霸权主义和强权政治依然存在，地区热点问题此起彼伏，恐怖主义、网络安全、重大传染性疾病、气候变化等非传统安全威胁持续蔓延，威胁和影响世界和平与发展。与此同时，随着世界多极化、经济全球化、社会信息化、文化多样化深入发展，反对霸权主义和强权政治的和平力量迅速发展，全球治理体系和国际秩序变革加速推进，不合理的世界经济政治秩序愈益难以为继，人类社会进入大发展大变革大调整的重要时期，面临"百年未有之大变局"。在新的时代条件下，如何应对人类共同面临的全球性重大挑战，引领人

---

① 习近平：《在哲学社会科学工作座谈会上的讲话》（2016年5月17日），人民出版社2016年版，第14页。

类走向更加光明而不是更加黑暗的前景，成为一个必须科学回答的重大问题，这就是"人类向何处去"的重大时代课题。习近平总书记立足全人类立场，科学回答这个重大问题，提出了一系列新思想新观点，深化了对人类社会发展规律的认识，也具体回答了"世界怎么了，我们怎么办"的迫切现实问题。

（二）深入分析世界社会主义运动的新情况新特点，科学回答"社会主义向何处去"的重大问题

习近平总书记深刻指出，社会主义从产生到现在有着500多年的历史，实现了从空想到科学、从理论到实践、从一国到多国的发展。特别是十月革命的伟大胜利，使科学社会主义从理论走向实践，从理想走向现实，开辟了人类历史发展的新纪元。第二次世界大战以后，世界上出现一批社会主义国家，世界社会主义运动蓬勃发展。但是，20世纪80年代末90年代初发生的苏东剧变，使世界社会主义运动遭遇严重挫折而进入低潮。

进入21世纪，西方资本主义国家出现了严重危机，在世界上的影响力不断下降，而中国特色社会主义则取得了辉煌成就，其他国家和地区的社会主义运动和进步力量也有所发展。但是，两种制度既合作又竞争的状况将长期存在，世界社会主义的发展任重道远。在这样的背景和条件下，世界社会主义运动能否真正走出低谷并发展振兴，"东升西降"势头能否改变"资强社弱"的总体态势，成为一个必须回答的重大问题，这就是"社会主义向何处去"的重大问题。习近平总书记贯通历史、现实和未来，

科学回答这个重大问题，深化了对社会主义发展规律的认识，丰富发展了科学社会主义。新时代中国特色社会主义的发展，成为世界社会主义新发展的引领旗帜和中流砥柱。

（三）深入分析当代中国新的历史方位及其新问题，科学回答"中国向何处去"的重大问题

在世界社会主义运动面临严峻挑战、处于低潮之际，中国坚定不移地沿着中国特色社会主义道路开拓前进，经过长期努力，经济、科技、国防等方面实力进入世界前列，国际地位得到空前提升，以崭新姿态屹立于世界民族之林。中国特色社会主义进入新时代，"在中华人民共和国发展史上、中华民族发展史上具有重大意义，在世界社会主义发展史上、人类社会发展史上也具有重大意义"[①]。

中国特色社会主义进入新时代，中国日益走近世界舞台中央，影响力、感召力和引领力不断增强，使世界上相信马克思主义和社会主义的人多了起来，使两种社会制度力量对比发生了有利于马克思主义、社会主义的深刻转变。为此，西方资本主义国家不断加大对中国的渗透攻击力度，中国遭遇"和平演变""颜色革命"等风险也在不断加大。因此，新时代如何进行具有许多新的历史特点的伟大斗争，在国内解决好新时代的社会主要矛盾，在国际

---

① 习近平：《决胜全面建成小康社会 夺取新时代中国特色社会主义伟大胜利——在中国共产党第十九次全国代表大会上的报告》（2017年10月18日），人民出版社2017年版，第12页。

上维护好国家主权、安全和发展利益，推进新时代中国特色社会主义取得新胜利，实现中华民族伟大复兴，成为一个必须科学回答的重大问题，这就是"中国向何处去"的重大问题。习近平总书记立足新的历史方位，科学回答了这个重大问题，深化了对中国特色社会主义建设规律的认识，在马克思主义中国化历史进程中具有里程碑的意义。

（四）深入分析新时代中国共产党面临的风险挑战，科学回答"中国共产党向何处去"的重大问题

中国共产党是中国工人阶级的先锋队，同时是中华民族和中国人民的先锋队，不断推进伟大自我革命和伟大社会革命。中华民族迎来了从站起来、富起来到强起来的伟大飞跃，迎来了中华民族伟大复兴的光明前景。但是在长期执政、改革开放日益深入、外部环境复杂变化的新的历史条件下，党自身状况发生了广泛深刻变化，"四大考验"长期复杂，"四大危险"尖锐严峻，正如习近平总书记指出的："我们党面临的执政环境是复杂的，影响党的先进性、弱化党的纯洁性的因素也是复杂的，党内存在的思想不纯、组织不纯、作风不纯等突出问题尚未得到根本解决。"① 中国共产党能否经得住前所未有的风险考验，始终保持自身的先进性和纯洁性，始终走在时代前列、始终成为全国人民的主心骨、始终成为坚强领导核心，成为一个

---

① 习近平：《决胜全面建成小康社会 夺取新时代中国特色社会主义伟大胜利——在中国共产党第十九次全国代表大会上的报告》（2017年10月18日），人民出版社2017年版，第61页。

必须科学回答的重大问题，这就是"中国共产党向何处去"的重大问题。习近平总书记勇于应对风险挑战，科学回答了这个重大问题，深化了对共产党执政规律的认识，把马克思主义执政党建设推进到一个新境界。

总之，人类向何处去、社会主义向何处去、当代中国向何处去、中国共产党向何处去，这些时代之问、人民之问，这些重大理论和现实问题，集中到一点，就是"新时代坚持和发展什么样的中国特色社会主义、怎样坚持和发展中国特色社会主义"这个重大时代课题。以习近平同志为主要代表的中国共产党人从理论和实践的结合上系统回答了这个重大时代课题，创立了习近平新时代中国特色社会主义思想。这一马克思主义中国化最新成果，既是中国的也是世界的，既是中国人民的行动指南也是全人类的共同思想财富。

二 丰富的思想内涵，严整的理论体系

习近平新时代中国特色社会主义思想内涵十分丰富，涵盖改革发展稳定、内政外交国防、治党治国治军等各个领域、各个方面，构成了一个系统完整、逻辑严密、相互贯通的思想理论体系。

（一）坚持和发展新时代中国特色社会主义，是习近平新时代中国特色社会主义思想的核心要义

中国特色社会主义，是我们党紧密联系中国实际、深入探索创新取得的根本成就，是改革开放以来党的全部理

论和实践的主题。中华人民共和国成立后,以毛泽东同志为核心的第一代中央领导集体,团结带领全党全国人民开始探索适合中国国情的社会主义建设道路。改革开放以来,以邓小平同志为核心的第二代中央领导集体、以江泽民同志为核心的第三代中央领导集体、以胡锦涛同志为总书记的党中央,紧紧围绕着坚持和发展中国特色社会主义这个主题,深入分析并科学回答了"什么是社会主义、怎样建设社会主义""建设什么样的党、怎样建设党""实现什么样的发展、怎样发展"等重大问题,不断深化对中国特色社会主义建设规律的认识,创立了邓小平理论、"三个代表"重要思想、科学发展观,不断丰富中国特色社会主义理论体系。

党的十八大以来,以习近平同志为核心的党中央一以贯之地坚持这个主题,紧密结合新时代条件和新实践要求,以全新的视野,紧紧抓住并科学回答了"新时代坚持和发展什么样的中国特色社会主义、怎么坚持和发展中国特色社会主义"这一重大时代课题,创立了习近平新时代中国特色社会主义思想,深刻揭示了新时代中国特色社会主义的本质特征、发展规律和建设路径,为新时代坚持和发展中国特色社会主义提供了科学指引和基本遵循。

(二)"八个明确"是习近平新时代中国特色社会主义思想的主要内容

习近平总书记创造性地把马克思主义基本原理同当代中国具体实践有机结合起来,对新时代坚持和发展中国特色社会主义的总目标、总任务、总体布局和战略布局及发展方向、发展方式、发展动力、战略步骤、外部条件、政治保证等一系列基本问题进行了系统阐述，做出了"八个明确"的精辟概括，构成了习近平新时代中国特色社会主义思想的主要内容。其中，第一个明确从国家发展的层面上，阐明了坚持和发展中国特色社会主义的总目标、总任务和战略步骤。第二个明确从人和社会发展的层面上，阐明了新时代中国社会主要矛盾，以及通过解决这个主要矛盾促进人的全面发展、全体人民共同富裕的社会理想。第三个明确从总体布局和战略布局的层面上，阐明了新时代中国特色社会主义事业的发展方向和精神状态。第四至第七个明确分别从改革、法治、军队、外交方面，阐明了新时代坚持和发展中国特色社会主义的改革动力、法治保障、军事安全保障和外部环境保障等。第八个明确从最本质特征、最大优势和最高政治领导力量角度，阐明了新时代坚持和发展中国特色社会主义的根本政治保证。

"八个明确"涵盖了新时代坚持和发展中国特色社会主义的最核心、最重要的理论和实践问题。既包括中国特色社会主义最本质特征，又包括决定党和国家前途命运的根本力量；既包括中国大踏步赶上时代的法宝，又包括解决中国一切问题的基础和关键；既包括社会主义政治发展的必然要求，又包括中国特色社会主义的本质要求和重要保障；既包括国家和民族发展中更基本、更深沉、更持久的力量，又包括发展的根本目的；既包括中华民族永续发展的千年大计，又包括我们党治国理政的重大原则；既包括实现"两个一百年"奋斗目标的战略支撑，又包括实现中华民族伟大复兴的必然要求；既包括实现中国梦的国际环境和稳定的国际秩序，又包括我们党最鲜明的品格。这些内容逻辑上层层递进，内容上相辅相成，集中体现了习近平新时代中国特色社会主义思想的系统性、科学性、创新性。

（三）"十四个坚持"是新时代坚持和发展中国特色社会主义的基本方略

"十四个坚持"是习近平新时代中国特色社会主义思想的重要组成部分，是新时代坚持和发展中国特色社会主义的基本方略。其主要内容就是：坚持党对一切工作的领导，坚持以人民为中心，坚持全面深化改革，坚持新发展理念，坚持人民当家作主，坚持全面依法治国，坚持社会主义核心价值体系，坚持在发展中保障和改善民生，坚持人与自然和谐共生，坚持总体国家安全观，坚持党对人民军队的绝对领导，坚持"一国两制"和推进祖国统一，坚持推动构建人类命运共同体，坚持全面从严治党。

"十四个坚持"基本方略，从新时代中国特色社会主义的实践要求出发，包括中国全方位的发展要求，深化了对共产党执政规律、社会主义建设规律、人类社会发展规律的认识。体现了坚持党对一切工作的领导和坚持全面从严治党的极端重要性，紧紧扭住和高度聚焦中国共产党是当今中国最高政治领导力量。充分体现了坚持以人民为中心的根本立场和坚持全面深化改革的根本方法。包含了中国特色社会主义"五位一体"总体布局和"四个全面"战略布局的基本要求，突出了关键和特殊领域的基本要求，即坚持总体国家安全观体现了国家安全领域的基本要求，坚持党对人民军队的绝对领导体现了军队和国防建设方面的基本要求，坚持"一国两制"和推进祖国统一体现了港澳台工作方面的基本要求，坚持推动构建人类命运共同体体现了外交工作方面的基本要求。总的来看，"十四个坚持"基本方略，从行动纲领和重大对策措施的层面上，对经济、政治、法治、科技、文化、教育、民生、民族、宗教、社会、生态文明、国家安全、国防和军队、"一国两制"和祖国统一、统一战线、外交、党的建设等各方面内容做出了科学回答和战略部署，形成了具有实践性、操作性的根本要求，是实现"两个一百年"奋斗目标、实现中华民族伟大复兴中国梦的"路线图"和"方法论"，是科学的行动纲领和实践遵循。

（四）习近平新时代中国特色社会主义思想是一个严整的理论体系

习近平新时代中国特色社会主义思想坚持马克思主义基本立场、观点和方法，扎根于中国特色社会主义的生动实践，聚焦时代课题、擘画时代蓝图、演奏时代乐章，构建起系统完备、逻辑严密、内在统一的科学理论体系。它有着鲜明的人民立场和科学逻辑，蕴含着丰富的思想方法和工作方法，体现了坚持马克思主义与发展马克思主义的辩证统一，体现了把握事物发展客观规律性与发挥人的主观能动性的辩证统一，体现了立足中国国情与把握世界发展大势的辩证统一，书写了马克思主义发展新篇章。

习近平新时代中国特色社会主义思想内容极其丰富，

既是科学的理论指南，又是根本的行动纲领。"八个明确"侧重于回答新时代坚持和发展什么样的中国特色社会主义的问题，科学阐述了新时代中国特色社会主义发展中生产力与生产关系、经济基础与上层建筑、发展目标与实践进程等的辩证关系，涵盖了经济建设、政治建设、文化建设、社会建设、生态文明建设以及国防、外交、党的建设各个领域，是架构这一科学理论体系的四梁八柱。"十四个坚持"侧重于回答新时代怎么坚持和发展中国特色社会主义的问题，根据新时代的实践要求，从领导力量、发展思想、根本路径、发展理念、政治制度、治国理政、思想文化、社会民生、绿色发展、国家安全、军队建设、祖国统一、国际关系、党的建设等方面，做出深刻的理论分析和明确的政策指导，是习近平新时代中国特色社会主义思想的理论精髓和核心要义的具体展开，同党的基本理论、基本路线一起，构成党和人民事业发展的根本遵循。

总之，习近平新时代中国特色社会主义思想贯通历史、现实和未来，是扎根中国大地、反映人民意愿、顺应时代发展进步要求的科学理论体系。它坚持"实事求是，一切从实际出发"，"坚持问题导向"，"聆听时代声音"，坚持以我们正在做的事情为中心，以解决人民群众最关心、最直接、最现实的利益问题为着力点，顺利推进中国特色社会主义伟大事业。它始终面向党和国家事业长远发展，形成了从全面建成小康社会到基本实现现代化、再到全面建成社会主义现代化强国的战略安排，发出了实现中华民族伟大复兴中国梦的最强音。

三　为发展马克思主义做出原创性贡献

习近平总书记指出："新中国成立以来特别是改革开放以来，中国发生了深刻变革，置身这一历史巨变之中的中国人更有资格、更有能力揭示这其中所蕴含的历史经验和发展规律，为发展马克思主义作出中国的原创性贡献。"[①] 习近平新时代中国特色社会主义思想，是发展创新马克思主义的典范，贯通马克思主义哲学、政治经济学、科学社会主义，体现了马克思主义基本原理与当代中国具体实际的有机结合，体现了对中华优秀传统文化、人类优秀文明成果的继承发展，赋予了马克思主义鲜明的实践特色、理论特色、民族特色、时代特色，是当代中国马克思主义、21世纪马克思主义，为丰富和发展马克思主义做出了中国的原创性贡献。

（一）赋予辩证唯物主义和历史唯物主义新内涵

习近平总书记强调，辩证唯物主义和历史唯物主义是马克思主义的世界观、方法论，是马克思主义全部理论的基石，马克思主义哲学是共产党人的看家本领，"必须不断接受马克思主义哲学智慧的滋养"[②]。习近平新时代中国

---

① 《习近平谈治国理政》第2卷，外文出版社2017年版，第66页。

② 习近平：《辩证唯物主义是中国共产党人的世界观和方法论》，《求是》2019年第1期。

特色社会主义思想，创造性地将辩证唯物主义和历史唯物主义运用于党和国家的一切工作中，丰富发展了马克思主义哲学。比如，习近平总书记强调要学习和实践人类社会发展规律的思想，提出共产主义远大理想信念是共产党人的政治灵魂、精神支柱，实现共产主义是由一个一个阶段性目标达成的历史过程，"我们现在的努力以及将来多少代人的持续努力，都是朝着最终实现共产主义这个大目标前进的"①，把共产主义远大理想同中国特色社会主义共同理想统一起来、同我们正在做的事情统一起来；强调学习和实践坚守人民立场的思想，提出始终把人民立场作为根本立场，把为人民谋幸福作为根本使命，坚持全心全意为人民服务的根本宗旨，贯彻群众路线，尊重人民主体地位和首创精神，始终保持同人民群众的血肉联系，凝聚起众志成城的磅礴力量，团结带领人民共同创造历史伟业，不断促进人的全面发展、社会全面进步；学习和实践生产力和生产关系的思想，提出生产力是推动社会进步的最活跃、最革命的要素，社会主义的根本任务是解放和发展生产力，坚持发展为第一要务，自觉通过调整生产关系激发社会生产力发展活力，自觉通过完善上层建筑适应经济基础发展要求，让中国特色社会主义更加符合规律地向前发展；强调运用社会矛盾运动学说，揭示新时代中国社会主要矛盾是人民日益增长的美好生活需要和不平衡不充分的

---

① 习近平：《关于坚持和发展中国特色社会主义的几个问题（2013年1月5日）》，载《十八大以来重要文献选编》（上），中央文献出版社2014年版，第115页。

发展之间的矛盾；强调学习掌握唯物辩证法的根本方法，丰富和发展马克思主义方法论，增强战略思维、历史思维、辩证思维、创新思维、法治思维、底线思维能力，等等。这些新思想新观点新方法，在新的时代条件下赋予了辩证唯物主义和历史唯物主义基本原理和方法论新的时代内涵，光大了马克思主义哲学的实践性品格，将马克思主义哲学的创造性运用提升到一个新的境界，为中国人民认识世界、改造世界提供了强大的精神力量，发挥了改造世界的真理伟力。

（二）谱写马克思主义政治经济学新篇章

习近平总书记指出："学好马克思主义政治经济学基本原理和方法论，有利于我们掌握科学的经济分析方法，认识经济运动过程，把握经济社会发展规律，提高驾驭社会主义市场经济能力，更好回答中国经济发展的理论和实践问题。"[①] 习近平总书记立足中国国情和发展实践，深入研究世界经济和中国经济面临的新情况新问题，把马克思主义政治经济学基本原理同新时代中国经济社会发展实际相结合，提炼和总结中国经济发展实践的规律性成果，把实践经验上升为系统化的经济学理论，形成习近平新时代中国特色社会主义经济思想。比如，提出坚持发展为了人民的马克思主义政治经济学的根本立场，坚持以人民为中

---

① 习近平：《不断开拓当代中国马克思主义政治经济学新境界》（2015年11月23日），载习近平《论坚持全面深化改革》，中央文献出版社2018年版，第187页。

心的发展思想，坚定不移走共同富裕道路，推进全民共享、全面共享、共建共享和渐进共享，最终实现全体人民共同富裕，发展了马克思主义关于社会主义生产本质和目的的理论；创造性提出并贯彻创新、协调、绿色、开放、共享的新发展理念，集中反映了我们党对中国经济社会发展规律认识的深化，创新了马克思主义发展观；坚持和完善中国社会主义基本经济制度和分配制度，提出毫不动摇巩固和发展公有制经济，毫不动摇鼓励、支持、引导非公有制经济的发展，完善按劳分配为主体、多种分配方式并存的分配制度，使改革发展成果更多更公平惠及全体人民，实现效率和公平有机统一，发展了马克思主义所有制理论和分配理论；提出完善社会主义市场经济体制，使市场在资源配置中起决定性作用，更好发挥政府作用，实现了我们党对中国特色社会主义建设规律认识的新突破，标志着社会主义市场经济发展进入了一个新阶段；着眼于中国经济由高速增长阶段转向高质量发展阶段的深刻变化，提出积极适应、把握、引领经济发展新常态，坚持质量第一、效益优先，以供给侧结构性改革为主线，推动经济发展质量变革、效率变革、动力变革，建设现代化经济体系，发展了社会主义经济建设理论；站在全面建成小康社会、实现中华民族伟大复兴中国梦的战略高度，把脱贫攻坚摆到治国理政突出位置，提出精准扶贫、精准脱贫等重要思想，推动中国减贫事业取得巨大成就，对世界减贫做出了重大贡献；坚持对外开放基本国策，提出发展更高层次的开放型经济，积极参与全球经济治理，推进"一带一路"建设，深化了社会主义对外开放理论，等等。这一系列新思想新理念新论断，创造性地坚持和发展马克思主义政治经济学基本原理和方法论，实现了中国特色社会主义政治经济学学术体系、话语体系、方法论体系的创新发展，书写了当代中国社会主义政治经济学、21世纪马克思主义政治经济学的最新篇章，打破国际经济学领域许多被奉为教条的西方经济学的理论、概念、方法和话语，为发展马克思主义政治经济学做出重大贡献。

（三）开辟科学社会主义新境界

习近平总书记指出："科学社会主义基本原则不能丢，丢了就不是社会主义。"① 对科学社会主义的理论思考、经验总结，对坚持和发展中国特色社会主义的担当和探索，贯穿习近平新时代中国特色社会主义思想形成和发展的全过程。习近平新时代中国特色社会主义思想贯穿科学社会主义基本原则，推进理论创新、实践创新、制度创新、文化创新以及各方面创新，提出一系列关于科学社会主义的新思想。比如，把科学社会主义基本原则同中国具体实际、历史文化传统、时代要求紧密结合起来，提出"中国特色社会主义是社会主义而不是其他什么主义"②，是科学社会主义理论逻辑和中国社会发展历史逻辑的辩证统一，是根植于中国大地、反映中国人民意愿、适应中国和时代

---

① 习近平：《关于坚持和发展中国特色社会主义的几个问题（2013年1月5日）》，载《十八大以来重要文献选编》（上），中央文献出版社2014年版，第109页。

② 同上。

发展进步要求的科学社会主义；明确中国特色社会主义事业总体布局是"五位一体"、战略布局是"四个全面"，强调坚定"四个自信"，明确全面深化改革是坚持和发展中国特色社会主义的根本动力等，丰富发展了马克思主义关于社会主义全面发展的认识；将科学社会主义基本原则运用于解决当代中国实践问题，创造性地提出中国特色社会主义进入新时代、建设社会主义现代化强国的思想，丰富发展了社会主义发展阶段理论；创造性地提出坚持和完善中国特色社会主义制度、不断推进国家治理体系和治理能力现代化的思想，创建了科学社会主义关于国家治理体系和治理能力现代化的崭新理论，丰富发展了马克思主义国家学说和社会治理学说；站在人类历史发展进程的高度，正确把握国际形势的深刻变化，顺应和平、发展、合作、共赢的时代潮流，高瞻远瞩地提出构建人类命运共同体的重大思想，建设持久和平、普遍安全、共同繁荣、开放包容、清洁美丽的世界，丰富发展了马克思主义关于未来社会发展的理论；创造性地提出中国特色社会主义最本质的特征和中国特色社会主义制度的最大优势是中国共产党的领导，党是最高政治领导力量，新时代党的建设总要求、新时代党的组织路线，突出政治建设在党的建设中的重要地位，持之以恒全面从严治党等重大思想，科学地解答了马克思主义执政党长期执政面临的一系列重大问题，深化了对共产党执政规律的认识，丰富发展了马克思主义政党建设理论，等等。这些重大理论观点，是习近平总书记总结世界社会主义500多年历史，科学社会主义170多年历史，特别是中华人民共和国近70年社会主义建设正反经验得出的重要结论，回答了在21世纪如何坚持和发展科学社会主义等重大理论和实践问题，丰富和发展了科学社会主义基本原理，彰显了科学社会主义的鲜活生命力，使社会主义的伟大旗帜始终在中国大地上高高飘扬，把科学社会主义推向一个新的发展阶段。

实践没有止境，理论创新也没有止境。习近平总书记指出："世界每时每刻都在发生变化，中国也每时每刻都在发生变化，我们必须在理论上跟上时代，不断认识规律，不断推进理论创新、实践创新、制度创新、文化创新以及其他各方面创新。"① 今天，时代变化和中国发展的广度和深度远远超出了马克思主义经典作家当时的想象，这就要求我们坚持用马克思主义观察时代、解读时代、引领时代，用鲜活丰富的当代中国实践来推动马克思主义发展，以更加宽阔的眼界审视马克思主义在当代发展的现实基础和实践需要，继续发展21世纪马克思主义，不断开辟马克思主义发展新境界，使马克思主义放射出更加灿烂的真理光芒。

四 坚持用习近平新时代中国特色社会主义思想统领哲学社会科学工作

习近平总书记指出："坚持以马克思主义为指导，是

---

① 习近平：《决胜全面建成小康社会 夺取新时代中国特色社会主义伟大胜利——在中国共产党第十九次全国代表大会上的报告》（2017年10月18日），人民出版社2017年版，第26页。

当代中国哲学社会科学区别于其他哲学社会科学的根本标志，必须旗帜鲜明加以坚持。"① 不坚持以马克思主义为指导，哲学社会科学就会失去灵魂、迷失方向，最终也不能发挥应有作用。习近平新时代中国特色社会主义思想是闪耀真理光辉、凝结时代精华的当代中国马克思主义，是新时代哲学社会科学的最高成果。坚持习近平新时代中国特色社会主义思想，就是真正坚持和发展马克思主义。用习近平新时代中国特色社会主义思想武装头脑、指导实践、推动工作，是做好一切工作的重要前提。坚持以习近平新时代中国特色社会主义思想为统领，中国哲学社会科学就有了定盘星和主心骨，就能保证哲学社会科学研究坚持正确的政治方向、学术导向和价值取向，就能与时代同步伐、与人民齐奋进，实现哲学社会科学的大繁荣大发展。

（一）学懂弄通做实习近平新时代中国特色社会主义思想

学习宣传贯彻习近平新时代中国特色社会主义思想是哲学社会科学界头等政治任务和理论任务。担负起新时代赋予的构建中国特色哲学社会科学崇高使命，必须做到：一要学懂，深入学习领会这一思想蕴含的核心要义、丰富内涵、重大意义，深刻领悟这一思想对丰富发展马克思主义理论宝库做出的原创性贡献，深刻把握这一思想对哲学社会科学工作的指导意义；二要弄通，学习贯穿习近平新

---

① 习近平：《在哲学社会科学工作座谈会上的讲话》（2016年5月17日），人民出版社2016年版，第8页。

时代中国特色社会主义思想的立场观点方法，既要知其然又要知其所以然，体会习近平总书记为什么这么讲，站在什么样的高度来讲；三要落实，全面贯彻习近平总书记在哲学社会科学工作座谈会上的重要讲话和致中国社会科学院建院 40 周年、中国社会科学院中国历史研究院成立贺信精神，把习近平新时代中国特色社会主义思想落实到哲学社会科学各个领域、各个方面，切实贯穿到学术研究、课堂教学、成果评价、人才培养等各个环节，促进党的创新理论与各个学科、概念、范畴之间的融通，使党的重大理论创新成果真正融入哲学社会科学中去，推出系统性与学理性并重、说理透彻与文风活泼兼备的高水平研究成果，书写研究阐释当代中国马克思主义、21 世纪马克思主义的学术经典，为推进马克思主义中国化时代化大众化做出新贡献。

（二）坚持以研究回答新时代重大理论和现实问题为主攻方向

问题是时代的声音。习近平总书记反复强调："当代中国的伟大社会变革，不是简单延续我国历史文化的母版，不是简单套用马克思主义经典作家设想的模板，不是其他国家社会主义实践的再版，也不是国外现代化发展的翻版，不可能找到现成的教科书。"[①] 建设具有中国特色、中国风格、中国气派的哲学社会科学，必须立足中国实

---

① 习近平：《在哲学社会科学工作座谈会上的讲话》（2016年5月17日），人民出版社 2016 年版，第 21 页。

际，以我们正在做的事情为中心，坚持问题导向，始终着眼党和国家工作大局，聚焦新时代重大理论和现实问题，聚焦人民群众关注的热点和难点问题，聚焦党中央关心的战略和策略问题，特别是习近平总书记提出的一系列重大问题，例如，如何巩固马克思主义在意识形态领域的指导地位，培育和践行社会主义核心价值观，巩固全党全国各族人民团结奋斗的共同思想基础；如何贯彻落实新发展理念、加快推进供给侧结构性改革、转变经济发展方式、提高发展质量和效益；如何更好保障和改善民生、促进社会公平正义；如何提高改革决策水平、推进国家治理体系和治理能力现代化；如何加快建设社会主义文化强国、增强文化软实力、提高中国在国际上的话语权；如何不断提高党的领导水平和执政水平、增强拒腐防变和抵御风险能力等，在研究这些问题上大有作为，推出更多对中央决策有重要参考价值、对事业发展有重要推动作用的优秀成果，揭示中国社会发展、人类社会发展的大逻辑大趋势，为实现中华民族伟大复兴的中国梦提供智力支持。

（三）加快构建中国特色哲学社会科学学科体系、学术体系、话语体系

哲学社会科学的特色、风格、气派，是发展到一定阶段的产物，是成熟的标志，是实力的象征，也是自信的体现。构建中国特色哲学社会科学，是新时代繁荣发展中国哲学社会科学事业的崇高使命，是广大哲学社会科学工作者的神圣职责。哲学社会科学界要以高度的政治自觉和学术自觉，以强烈的责任感、紧迫感和担当精神，在加快构建"三大体系"上有过硬的举措、实质性进展和更大作为。要按照习近平总书记在哲学社会科学工作座谈会上的重要讲话中提出的指示要求,按照立足中国、借鉴国外,挖掘历史、把握当代,关怀人类、面向未来的思路,体现继承性、民族性,体现原创性、时代性,体现系统性、专业性,构建中国哲学社会科学学科体系、学术体系、话语体系,形成全方位、全领域、全要素的哲学社会科学体系,为建设具有中国特色、中国风格、中国气派的哲学社会科学奠定基础,增强中国哲学社会科学研究的国际影响力,提升国家的文化软实力,让世界知道"学术中的中国""理论中的中国""哲学社会科学中的中国"。

(四)弘扬理论联系实际的马克思主义学风

繁荣发展中国哲学社会科学,必须解决好学风问题,加强学风建设。习近平总书记指出:"理论一旦脱离了实践,就会成为僵化的教条,失去活力和生命力。"① 哲学社会科学工作者要理论联系实际,大力弘扬崇尚精品、严谨治学、注重诚信、讲求责任的优良学风,营造风清气正、互学互鉴、积极向上的学术生态;要树立良好学术道德,自觉遵守学术规范,讲究博学、审问、慎思、明辨、笃行,崇尚"士以弘道"的价值追求,真正把做人、做事、做学问统一起来;要有"板凳要坐十年冷,文章不写一句空"的执着坚守,耐得住寂寞,经得起诱惑,守得住底

---

① 习近平:《辩证唯物主义是中国共产党人的世界观和方法论》,《求是》2019年第1期。

线，立志做大学问、做真学问；要把社会责任放在首位，严肃对待学术研究的社会效果，自觉践行社会主义核心价值观，做真善美的追求者和传播者，以深厚的学识修养赢得尊重，以高尚的人格魅力引领风气，在为祖国、为人民立德立言中成就自我、实现价值，成为先进思想的倡导者、学术研究的开拓者、社会风尚的引领者、中国共产党执政的坚定支持者。

（五）坚持和加强党对哲学社会科学的全面领导

哲学社会科学事业是党和人民的重要事业，哲学社会科学战线是党和人民的重要战线。加强和改善党对哲学社会科学工作的全面领导，是出高质量成果、高水平人才，加快构建"三大体系"的根本政治保证。要树牢"四个意识"，坚定"四个自信"，坚决做到"两个维护"，坚定不移地在思想上政治上行动上同以习近平同志为核心的党中央保持高度一致，坚定不移地维护习近平总书记在党中央和全党的核心地位，坚定不移地维护党中央权威和集中统一领导，确保哲学社会科学始终围绕中心，服务大局；要加强政治领导和工作指导，尊重哲学社会科学发展规律，提高领导哲学社会科学工作本领，一手抓繁荣发展、一手抓引导管理；要认真贯彻党的知识分子政策，尊重劳动、尊重知识、尊重人才、尊重创造，做到政治上充分信任、思想上主动引导、工作上创造条件、生活上关心照顾，多为他们办实事、做好事、解难事；要切实贯彻百花齐放、百家争鸣方针，开展平等、健康、活泼和充分说理的学术争鸣，提倡不同学术观点、不同风格学派相互切磋、平等讨论；要正确区分学术问题和政治问题，不要把一般的学术问题当成政治问题，也不要把政治问题当作一般的学术问题，既反对打着学术研究旗号从事违背学术道德、违反宪法法律的假学术行为，也反对把学术问题和政治问题混淆起来、用解决政治问题的办法对待学术问题的简单化做法。

"群才属休明，乘运共跃鳞。"中国特色社会主义进入新时代，也是哲学社会科学繁荣发展的时代，是哲学社会科学工作者大有可为的时代。广大哲学社会科学工作者，要坚持以习近平新时代中国特色社会主义思想为指导，发愤图强，奋力拼搏，书写新时代哲学社会科学发展新篇章，为实现"两个一百年"奋斗目标、实现中华民族伟大复兴的中国梦做出新的更大贡献。

出版前言

党的十八大以来，以习近平同志为主要代表的中国共产党人，顺应时代发展，站在党和国家事业发展全局的高度，围绕坚持和发展中国特色社会主义，从理论和实践结合上系统回答了新时代坚持和发展什么样的中国特色社会主义、怎样坚持和发展中国特色社会主义这个重大时代课题，创立了习近平新时代中国特色社会主义思想。习近平新时代中国特色社会主义思想，内容丰富、思想深刻，涉及生产力和生产关系、经济基础和上层建筑各个环节，涵盖经济建设、政治建设、文化建设、社会建设、生态文明建设、党的建设以及国防和军队建设、外交工作等领域，形成了系统完整、逻辑严密的科学理论体系。习近平新时代中国特色社会主义思想是对马克思列宁主义、毛泽东思想、邓小平理论、"三个代表"重要思想、科学发展观的继承和发展，是马克思主义中国化的最新成果，是当代中国马克思主义、21世纪马克思主义，是全党全国人民为实现"两个一百年"奋斗目标和中华民族伟大复兴而奋斗的行动指南。深入学习、刻苦钻研、科学阐释习近平新时代中国特色社会主义思想是新时代赋予中国哲学社会科学工作者的崇高使命与责任担当。

2015年年底，为了深入学习贯彻落实习近平总书记系列重要讲话精神和治国理政新理念新思想新战略，中国社会科学出版社赵剑英社长开始策划组织《习近平总书记系列重要讲话精神和治国理政新理念新思想新战略学习丛书》的编写出版工作。中国社会科学院党组以强烈的政治意识、大局意识、核心意识、看齐意识，高度重视这一工作，按照中央的相关部署和要求，组织优秀精干的科研力量对习近平总书记系列重要讲话精神和治国理政新理念新思想新战略进行集中学习、深入研究、科学阐释，开展该丛书的撰写工作。

2016年7月，经全国哲学社会科学工作办公室批准，《习近平总书记系列重要讲话精神和治国理政新理念新思想新战略学习丛书》的写作出版，被确立为国家社会科学基金十八大以来党中央治国理政新理念新思想新战略研究专项工程项目之一，由时任中国社会科学院院长、党组书记王伟光同志担任首席专家。国家社会科学基金十八大以来党中央治国理政新理念新思想新战略研究专项工程项目于2016年4月设立，包括政治、经济、文化、军事等13个重点研究方向。本课题是专项工程项目中唯一跨学科、多视角、全领域的研究课题，涉及除军事学科之外12个研究方向，相应成立了12个子课题组。

党的十九大召开之前，作为向十九大献礼的项目，课题组完成了第一批书稿，并报中央宣传部审批。党的十九大召开之后，课题组根据习近平总书记最新重要讲话和党的十九大精神，根据中宣部的审读意见，对书稿进行了多次修改完善，并将丛书名确立为《习近平新时代中国特色社会主义思想学习丛书》。

中国社会科学院院长、党组书记谢伏瞻同志对本课题的研究和丛书的写作、修改做出明确指示，并为之作序。王伟光同志作为课题组首席专家，主持制定总课题和各子课题研究的基本框架、要求和实施方案。中国社会科学院副院长、党组副书记王京清同志一直关心本丛书的研究和写作，对出版工作予以指导。中国社会科学院副院长蔡昉同志具体负责课题研究和写作的组织协调与指导。中国社会科学院科研局局长马援等同志，在项目申报、经费管理等方面给予了有力支持。中国社会科学出版社作为项目责任单位，在本丛书总策划、党委书记、社长赵剑英同志的领导下，以高度的政治担当意识和责任意识，协助院党组和课题组专家认真、严谨地做好课题研究管理、项目运行和编辑出版等工作。中国社会科学出版社总编辑助理王茵同志、重大项目出版中心主任助理孙萍同志，对项目管理、运行付出了诸多辛劳。

在三年多的时间里，课题组近一百位专家学者系统深入学习习近平同志在不同历史时期所发表的重要讲话和著述，深入研究、精心写作，召开了几十次的理论研讨会、专家审稿会，对书稿进行多次修改，力图系统阐释习近平新时代中国特色社会主义思想的时代背景、理论渊源、实践基础、主题主线、主要观点和核心要义，努力从总体上把握习近平新时代中国特色社会主义思想内在的理论逻辑和精神实质，全面呈现其当代中国马克思主义、21世纪马克思主义的理论形态及其伟大的理论和实践意义，最终形成了总共约300万字的《习近平新时代中国特色社会主义思想学习丛书》，共 12 册。

（1）《开辟当代马克思主义哲学新境界》
（2）《深入推进新时代党的建设新的伟大工程》
（3）《坚持以人民为中心的新发展理念》
（4）《构建新时代中国特色社会主义政治经济学》
（5）《全面依法治国　建设法治中国》
（6）《建设新时代社会主义文化强国》
（7）《实现新时代中国特色社会主义文艺的历史使命》
（8）《生态文明建设的理论构建与实践探索》
（9）《走中国特色社会主义乡村振兴道路》
（10）《习近平新时代中国特色社会主义外交思想研究》
（11）《习近平新时代治国理政的历史观》
（12）《全面从严治党永远在路上》

习近平新时代中国特色社会主义思想博大精深、内涵十分丰富，我们虽已付出最大努力，但由于水平有限，学习体悟尚不够深入，研究阐释定有不少疏漏之处，敬请广大读者提出宝贵的指导意见，以期我们进一步修改完善。

最后，衷心感谢所有参与本丛书写作和出版工作的专家学者、各级领导以及编辑、校对、印制等工作人员。

《习近平新时代中国特色社会主义思想学习丛书》课题组
首席专家　王伟光

中国社会科学出版社

2019 年 3 月

目　　录

导论　不断接受马克思主义哲学智慧的滋养，自觉坚持和运用马克思主义哲学世界观方法论 …………（1）

第一章　实事求是是马克思主义的根本观点，是我们党的基本思想方法 …………（14）

　第一节　实事求是思想路线是马克思主义哲学唯物论原理的实际运用和创新发展 ……（15）

　第二节　坚持实事求是，关键在于一切从实际出发，按客观规律办事 ………………（20）

　第三节　我国仍处于并将长期处于社会主义初级阶段，是当代中国最大的实际 ………（24）

　第四节　深入实际，调查研究，是贯彻实事求是思想路线的最佳途径 ………………（30）

　第五节　领导干部要做调查研究、实事求是的表率 ……………………………………（37）

第二章 马克思主义辩证法既是科学世界观,又是科学认识论和方法论 ……(43)

 第一节 最重要的是用辩证法看问题,照辩证法办事 ……(44)

 第二节 要承认矛盾,认清矛盾,抓住问题的关键,解决矛盾 ……(50)

 第三节 一分为二地看问题,既要讲"两点论",又要讲"重点论" ……(56)

 第四节 学会辩证法,增强战略思维、创新思维、辩证思维、法治思维和底线思维能力 ……(62)

第三章 掌握实践和认识的辩证关系,坚持实践第一 ……(72)

 第一节 实践出真知,在实践中摸规律 ……(72)

 第二节 理论必须同实践相统一,反对主观主义 ……(79)

 第三节 高度重视理论的指导作用,增强理论自信 ……(87)

 第四节 不断推进实践基础上的理论创新,实现理论创新和实践创新的互动 ……(95)

第四章 运用历史唯物主义,把握规律,运用规律 ……(103)

 第一节 运用历史唯物主义的世界观和方法论,把握历史发展总趋势和中国特色社会主义前进方向 ……(104)

第二节 掌握社会基本矛盾理论,学会运用
　　　 社会基本矛盾观点分析问题 …………（111）
第三节 发展是解决我国一切问题的基础
　　　 和关键 …………………………………（115）
第四节 必须始终坚持"五位一体"总体布局
　　　 和"四个全面"战略布局 ………………（119）
第五节 必须坚定不移贯彻创新、协调、绿色、
　　　 开放、共享的发展理念 …………………（124）
第六节 马克思主义政治立场首先就是阶级
　　　 立场,进行阶级分析 ……………………（131）
第七节 学习历史唯物主义,提高历史思维
　　　 能力 ……………………………………（136）

第五章　坚持以人民为主体的群众观点 …………（142）
第一节 坚持人民是历史创造者的根本观点,
　　　 尊重人民主体地位,发挥人民首创
　　　 精神 ……………………………………（143）
第二节 以人民为中心,一切为了人民,一切
　　　 从人民利益出发 ………………………（153）
第三节 从群众中来,到群众中去 ………………（161）
第四节 密切联系群众,身入群众,心入群众 ……（167）

第六章　意识形态工作是党的一项极端重要的
　　　　 工作 ……………………………………（177）
第一节 党的意识形态工作关乎旗帜,关乎
　　　 道路,关乎国家政治安全 ………………（178）

第二节 在集中精力进行经济建设的同时，
 一刻也不能放松意识形态工作 ………… (184)
第三节 坚持和巩固马克思主义在意识形态
 领域的指导地位 ………………………… (188)
第四节 牢牢掌握意识形态工作的领导权，
 不断增强意识形态领域主导权和
 话语权 …………………………………… (195)
第五节 建设网络良好生态，发挥网络引导
 舆论和反映民意的作用 ………………… (201)
第六节 做好意识形态工作，必须坚持党性
 和人民性的统一 ………………………… (207)
第七节 加强党的意识形态工作，用马克思
 主义和中国特色社会主义理论体系
 教育人民 ………………………………… (210)

第七章 坚定理想信念，培育和践行社会主义核心价值观 ………………………… (216)

第一节 理想信念问题是一个极其重要的
 问题 ……………………………………… (216)
第二节 实现共产主义远大理想和中国特色
 社会主义共同理想的高度统一 ………… (224)
第三节 培育和践行社会主义核心价值观，夯实
 中国特色社会主义的思想道德基础 …… (233)
第四节 继承中华优秀传统文化，用富有时代
 气息的中国价值观凝聚中国力量 ……… (239)

结语　开辟21世纪当代中国马克思主义哲学发展新境界 ……………………………（250）

参考文献 ………………………………………（264）

索引 ……………………………………………（272）

后记 ……………………………………………（276）

导　论

不断接受马克思主义哲学智慧的滋养，自觉坚持和运用马克思主义哲学世界观方法论

学哲学、用哲学，是中国共产党的一个好传统。中国共产党自成立之日起就高度重视在思想上建党，其中十分重要的一条就是坚持用马克思主义哲学教育和武装全党。习近平总书记一贯继承、坚持、倡导、弘扬党的这一优良传统。他在党的十九大报告中指出，十八大以来，我们党围绕新时代坚持和发展什么样的中国特色社会主义、怎样坚持和发展中国特色社会主义这个重大时代课题，坚持以马克思列宁主义、毛泽东思想、邓小平理论、"三个代表"重要思想、科学发展观为指导，坚持解放思想、实事求是、与时俱进、求真务实，坚持辩证唯物主义和历史唯物主义，紧密结合新的时代条件和实践要求，以全新的视野深化对共产党执政规律、社会主义建设规律、人类社会发展规律的认识，进行艰辛理论探索，取得重大理论创新成果，形成了新时代中国特色社会主义思想。他反复强调学习和掌握马克思主义哲学世界观和方法论的重要性，要求全党同志不断接受马克思主义哲学智慧的滋养，更加自觉

地坚持和运用辩证唯物主义和历史唯物主义，努力把马克思主义哲学作为自己的看家本领。

一 学哲学、用哲学是我们党的一大优良传统

哲学作为理论化、系统化的世界观和方法论，是以整个世界为研究对象的。它从总体上探讨世界的一般本质和普遍规律，是人类理论思维的最高形式。哲学虽然是理论化、系统化的世界观，但并非任何哲学都是正确的和科学的。马克思主义哲学是科学的世界观，毫无疑问是真理。哲学作为理论化的世界观方法论，具有影响、支配、指导人们言行，进而改造客观世界，并在改造客观世界的同时改造主观世界的强大功能。哲学指导实践的功能在马克思主义哲学中表现得尤为突出。习近平总书记指出："马克思主义哲学深刻揭示了客观世界特别是人类社会发展一般规律，在当今时代依然有着强大生命力，依然是指导我们共产党人前进的强大思想武器。"① 他反复强调："马克思主义所阐述的一般原理整个来说仍然是完全正确的。我们要坚持和运用辩证唯物主义和历史唯物主义的世界观和方法论，坚持和运用马克思主义立场、观点、方法，坚持和运用马克思主义关于世界的物质性及其发展规律，关于人类社会发展的自然性、历史性及其相关规律，关于人的解放和自由全面发展的规律，关于认识的本质及其发展规律等原理，坚持和运用马克思主义的实践观、群众观、阶级

---

① 《推动全党学习和掌握历史唯物主义　更好认识规律更加能动地推进工作》，《人民日报》2013年12月5日第1版。

观、发展观、矛盾观，真正把马克思主义这个看家本领学精悟透用好。"① 这些论断深刻阐述了马克思主义哲学的极端重要性。

历史清楚地告诉我们，中国共产党人就是在学习和运用马克思主义哲学的过程中一步一个脚印地走过来的。从以毛泽东同志为核心的党的第一代中央领导集体，到以邓小平同志为核心的党的第二代中央领导集体，以江泽民同志为核心的党的第三代中央领导集体，以胡锦涛同志为总书记的党中央，以习近平同志为核心的党中央，在革命、建设、改革的各个历史时期，都始终高度重视学习和掌握马克思主义哲学，坚持正确运用马克思主义哲学世界观方法论，在认识世界和改造世界过程中不断把握规律、积极运用规律，推动党和人民事业不断从胜利走向胜利。马克思主义哲学也在中国革命、建设和改革开放的实践进程中不断得到丰富和发展，被赋予新的时代特征和新的活力。

90多年来，中国共产党人在把马克思主义哲学与中国实际相结合创新哲学理论方面实现了飞跃，不断地推进了马克思主义哲学的中国化、时代化和大众化。我们共产党人学哲学、用哲学，不仅要掌握马克思主义哲学的立场、观点和方法作为认识世界和改造世界的世界观方法论，还要立足实践，不断推进马克思主义哲学中国化，学习和掌握马克思主义哲学中国化的创新成果。正如习近平总书记所指出的："党的十八大提出了建设学习型、服务型、创

---

① 习近平：《在纪念马克思诞辰200周年大会上的讲话》，人民出版社2018年版，第25页。

新型的马克思主义执政党的重大任务。学习是前提，学习好才能服务好，学习好才有可能进行创新。全党同志一定要把学习作为一种政治责任、一种精神追求、一种生活方式，不断接受马克思主义哲学智慧的滋养，自觉坚持和运用辩证唯物主义世界观和方法论，广泛学习各方面知识，做到学以益智、学以励志、学以立德、学以修身。"①

在学好、用好马克思主义哲学方面，习近平总书记是这样要求全党的，也是躬身力行的。他把学习马克思主义哲学放在党的建设特别是思想建设更加突出的位置，中共中央政治局专门以历史唯物主义基本原理和方法论、辩证唯物主义基本原理和方法论为题进行了两次集体学习。他强调，认识和把握我国社会发展的阶段性特征，要坚持辩证唯物主义和历史唯物主义的方法论，从历史和现实、理论和实践、国内和国际等方面的结合上进行思考，从我国社会发展的历史方位上来思考，从党和国家事业发展大局出发进行思考，得出正确结论。更为重要的是，他灵活地运用马克思主义哲学指导中国特色社会主义伟大实践，认识问题、分析问题和解决问题，不断在实践中推进马克思主义哲学中国化、时代化和大众化的永续前行，为全党真信、真学、真用马克思主义哲学做出了表率。

二 坚持和运用辩证唯物主义指导当代中国改革发展

辩证唯物主义是关于自然、社会和思维发展一般规律

---

① 习近平：《在纪念陈云同志诞辰110周年座谈会上的讲话》，人民出版社2015年版，第11页。

的普遍概括，是我们共产党人分析处理一切问题的思想方法。习近平总书记善于运用辩证唯物主义的基本原理和方法分析复杂事物，全面把握事物变化及其关系，通透辩证思维方式和辩证分析方法。他灵活地运用辩证思维方式思考和处理改革发展问题，要求从纷繁复杂的事物表象中把准改革脉搏，把握中国特色社会主义实践发展的内在规律。习近平新时代中国特色社会主义思想更是通篇贯穿了对立统一的辩证法和矛盾分析方法。习近平总书记娴熟地运用辩证法的"矛盾论""两点论"和"重点论"来观察和处理问题，要求把握中国特色社会主义实践发展的重大关系，为我们树立了学习和运用辩证唯物主义的典范。

习近平总书记反复强调辩证唯物主义作为中国共产党人的世界观和方法论的重要地位。他在主持中共中央政治局第二十次集体学习时指出，我们党要团结带领人民协调推进全面建成小康社会、全面深化改革、全面依法治国、全面从严治党，实现"两个一百年"奋斗目标，实现中华民族伟大复兴的中国梦，必须更加自觉地坚持和运用辩证唯物主义世界观和方法论，增强辩证思维、战略思维能力，努力提高解决我国改革发展基本问题的本领。

习近平总书记教导我们，学习、运用辩证唯物主义要着重掌握和理解以下重要理论和基本观点。

要学习掌握世界统一于物质、物质决定意识的原理，坚持从客观实际出发制定政策、推动工作。世界物质统一性原理是马克思主义哲学的基石，一切从实际出发是这一原理在现实生活和实际工作中的生动体现，实事求是思想路线是马克思主义哲学中国化灵魂的概括。习近平总书记从这一原理出发，指出中国特色社会主义进入新时代是我国发展新的历史方位；指出全党面临的最大国情和最大实际没有变，那就是我国仍处于并将长期处于社会主义初级阶段；提出经过改革开放近40年的发展，我国基本国情的内涵不断发生变化，面临的难题也发生了重要变化；提出要准确把握、主动适应经济发展新常态，适应国际国内环境变化，辩证分析基于我国经济发展阶段性特征所做出的各种判断，准确把握我国不同发展阶段的新变化新特点，使主观世界更好符合客观实际，实事求是，按照实际决定工作方针；强调必须坚持全面深化改革的社会主义性质和社会主义市场经济改革方向。他认为，中国是一个大国，决不能出现颠覆性错误，在全面改革的实践中，要坚决守住中国特色社会主义这条底线；要加强和改善党的领导，坚持一切从实际出发，以我为主，该改的坚决改，不能改的坚决守住，牢牢把握改革的主动权和领导权。

要学习掌握事物矛盾运动的基本原理，不断强化问题意识，积极面对和化解前进中遇到的矛盾。习近平总书记一贯坚持矛盾论、两点论和重点论的统一，要求在众多矛盾中找出主要矛盾，在矛盾双方中抓住主要方面。他指出，问题是事物矛盾的表现形式，我们强调增强问题意识、坚持问题导向，就是承认矛盾的普遍性、客观性，就是要善于把认识和化解矛盾作为打开工作局面的突破口。我们党领导人民干革命、搞建设、抓改革，从来都是为了解决中国的现实问题。中国特色社会主义进入新时代，我国社会主要矛盾已经转化为人民日益增长的美好生活需要和不平衡不充分的发展之间的矛盾。他要求我们，必须认识到我国社会主要矛盾的变化是关系全局的历史性变化，"在继续推动发展的基础上，着力解决好发展不平衡不充分问题，大力提升发展质量和效益，更好满足人民在经济、政治、文化、社会、生态等方面日益增长的需要，更好推动人的全面发展、社会全面进步"①。

习近平总书记强调，对待矛盾的正确态度，应该是直面矛盾，并运用矛盾相辅相成的特性，在解决矛盾的过程中推动事物发展。譬如，他针对一些牵动面广、耦合性强的深层次矛盾，强调稳中求进是治国理政的重要原则，是做好经济工作的总基调和方法论，加快转变经济发展方式、调整经济结构，抓住供给侧结构性改革这一主线，要化解产能过剩，加强生态文明建设，而不是简单以国内生产总值增长率论英雄；提出树立全局观，既要对各种矛盾做到心中有数，又要优先解决主要矛盾和矛盾的主要方面，以此带动其他矛盾的解决；提出协调推进全面建成小康社会、全面深化改革、全面依法治国、全面从严治党，就是当前党和国家事业发展中必须解决好的主要矛盾；提出抓治国理政，必须抓住"关键少数"，这就是抓住协调推进"四个全面"的"牛鼻子"；既要注重总体谋划，又要注重重点领域；要求我们在任何工作中，既要讲两点论，又要讲重点论，没有主次，不加区别，"眉毛胡子一把抓"，是做不好工作的。

---

① 习近平：《决胜全面建成小康社会 夺取新时代中国特色社会主义伟大胜利——在中国共产党第十九次全国代表大会上的报告》，人民出版社2017年版，第11—12页。

要学习掌握认识和实践辩证关系的原理，坚持实践第一的观点，不断推进实践基础上的理论创新。实践是认识的来源和认识发展的动力，也是认识的目的和检验真理性的标准。基于对实践与认识辩证关系的准确理解，习近平总书记强调，实践出真知，理论必须同实践相统一。必须高度重视理论的作用，增强理论自信和战略定力，对经过反复实践和比较得出的正确理论，要坚定不移地坚持。要根据时代变化和实践发展，不断深化认识，不断总结经验，不断实现理论创新和实践创新良性互动，在这种统一和互动中发展21世纪中国的马克思主义。

要学习掌握唯物辩证法的根本方法，不断增强辩证思维能力，提高驾驭复杂局面、处理复杂问题的本领。联系规律来把握基本范畴，坚持辩证的观点，坚持具体问题具体分析，是唯物辩证法的根本方法。习近平总书记指出，我们的事业越是向纵深发展，就越要不断增强辩证思维能力。基于我国当前社会各种利益关系十分复杂这一准确判断，习近平总书记提出要善于处理局部和全局、当前和长远、重点和非重点的关系，在权衡利弊中趋利避害，做出最为有利的战略抉择；强调全面深化改革，要突出改革的系统性、整体性、协同性，使改革成果更多更公平惠及全体人民。他坚决反对形而上学的思想方法，要求在判断形势、做工作时不能盲人摸象、坐井观天、揠苗助长、削足适履、画蛇添足。要加强调查研究，坚持发展地而不是静止地、全面地而不是片面地、系统地而不是零散地、普遍联系地而不是单一孤立地观察事物，准确把握客观实际，真正掌握规律，妥善处理各种重大关系。

三 学习和掌握历史唯物主义，提高治国理政的本领

在中国特色社会主义改革发展的新时期，习近平总书记以历史唯物主义的远见卓识，科学地把握了人类历史发展的总趋势，既深刻地认识到历史发展的光明前景，又清醒地看到当前存在的困难和问题。他告诉我们，我们党在中国这样一个有着13亿人口的大国执政，面对着十分复杂的国内外环境，肩负着繁重的执政使命，如果缺乏理论思维的有力支撑，是难以战胜各种风险和困难的，也是难以不断前进的。党的各级领导干部特别是高级干部，要原原本本学习和研读经典著作，坚定理想信念，坚持正确政治方向，提高战略思维能力、综合决策能力、驾驭全局能力，团结带领人民不断书写改革开放历史新篇章。习近平总书记的这些论述重在提醒全党：只有学好、用好马克思主义哲学，坚持历史唯物主义的观点和方法，才能解决我们面临的"本领恐慌"问题，才能切实提高我们治国理政的本领。

习近平总书记教导我们，学习运用历史唯物主义要着重掌握以下重要理论和基本观点。

一是学习和掌握社会存在决定社会意识的原理，深刻理解和准确把握我们党现阶段提出和实施的理论和路线方针政策的正确性。社会存在决定社会意识的原理是历史唯物主义体系的总纲。社会存在决定社会意识，只能从社会存在，主要是从社会生产方式出发，从经济基础出发，来说明上层建筑，来说明社会历史，来说明社会意识，来提出和实施正确的理论和路线方针政策，而不是相反。习近

平总书记从唯物史观社会存在决定社会意识的原理和方法出发，科学地论证了我们党现阶段提出的各项方针路线政策的正确性。他说，生产力和生产关系、经济基础和上层建筑相互作用、相互制约，支配着整个社会发展进程。解放和发展社会生产力是社会主义的本质要求，是中国共产党人接力探索、着力解决的重大问题。我们党现阶段提出和实施的理论和路线方针政策的正确性，就在于它们都是站在历史唯物主义的高度，以我国现时代的社会条件为基础，是从我国现在的社会存在出发，即从我国现在的社会物质条件的总和出发的，也就是从我国基本国情和发展要求出发而做出的总体部署。

二是学习和掌握物质生产是社会生活基础的观点，深刻理解和准确把握解决我国所有问题的关键。物质生产力是全部社会生活的物质基础，这是历史唯物主义的基本观点。生产力标准是历史唯物主义的根本判断准则。习近平总书记坚持生产力标准，把是否有利于解放和发展社会生产力，作为检验社会历史发展是否进步、我们党的路线方针政策是否正确和工作成败得失的根本标准。他提出坚持发展仍是解决我国所有问题的关键这个重大战略判断；指出在深化改革中使市场在资源配置中起决定性作用和更好发挥政府作用，推动我国社会生产力不断向前发展，推动实现物的不断丰富和人的全面发展的统一；指出要从解放和发展生产力出发，制定全面深化改革方案，加强顶层设计、整体谋划，增强各项改革的关联性、系统性、协同性，既解决好生产关系中不适应的问题，又解决好上层建筑中不适应的问题，进而产生推动生产力发展的综合效应。

三是学习和掌握社会基本矛盾原理和分析方法,深刻理解和准确把握中国特色社会主义实践中的一系列重大关系。社会基本矛盾原理是历史唯物主义的基本原理,社会基本矛盾分析方法是历史唯物主义的基本方法。习近平总书记从唯物史观社会基本矛盾原理和分析方法出发,把生产力和生产关系的矛盾运动同经济基础和上层建筑的矛盾运动相结合来观察,把社会基本矛盾作为一个整体来观察,从而全面把握整个社会的基本面貌和发展方向。他提出生产力是社会基本矛盾的主要方面,坚持和发展中国特色社会主义,必须不断适应社会生产力发展调整生产关系,不断适应经济基础发展完善上层建筑;提出社会基本矛盾是不断发展的,调整生产关系、完善上层建筑需要相应地不断进行下去;提出改革开放只有进行时、没有完成时,要适应我国社会基本矛盾运动的新变化推进改革开放;提出要以经济建设为中心,坚持经济体制改革的总体目标、原则方针和实施步骤,进一步解放和发展社会生产力,促进经济社会全面健康科学发展。

真正的马克思主义者必须坚持阶级和阶级斗争的观点,坚持阶级分析的方法。在阶级社会中,社会基本矛盾在人与人的关系上表现为阶级矛盾。阶级的观点和阶级分析的方法是历史唯物主义的一个基本观点。在阶级剥削和阶级压迫的社会中,阶级矛盾是社会人际关系上的主要矛盾,阶级斗争是阶级社会向前发展的基本动力。习近平总书记所作的党的十九大报告指出:实现伟大梦想,必须进行伟大斗争,我们党要团结带领人民有效应对重大挑战、抵御重大风险、克服重大阻力、解决重大矛盾，必须进行具有许多新的历史特点的伟大斗争。全党要充分认识这场斗争的长期性、复杂性、艰巨性，发扬斗争精神，提高斗争本领，不断夺取伟大斗争新胜利。理解上述重要论断，具有重大现实意义。当前我们进行伟大斗争，必须区分斗争性质。在我国社会主义初级阶段，阶级斗争已经不是国内主要矛盾，但阶级斗争还将长期存在，有时还会很激烈。这就决定了我们所进行的伟大斗争，既不同于革命战争年代那种疾风骤雨式的阶级斗争，也不能采取"以阶级斗争为纲"的极"左"做法。要勇于同国内外各类敌对势力展开坚决有力的英勇斗争，也要敢于展开较真硬碰、尽责尽力、善作善成、攻坚克难的坚决斗争。

四是学习和掌握人民群众是历史创造者的观点，一切为了人民，深刻理解和准确把握依靠人民是党的根本路线。群众观点是历史唯物主义的根本观点，群众路线是我们党的根本政治路线。习近平总书记从人民群众是历史的创造者、是决定党和国家前途命运的根本力量出发，提出我们党必须坚持以人民为中心的发展思想，不断促进人的全面发展、全体人民共同富裕，必须坚持把实现好、维护好、发展好最广大人民根本利益作为推进改革等一切工作的出发点和落脚点，让发展成果更多、更公平地惠及全体人民。他反复强调，坚持群众观点和群众路线是历史唯物主义的重要内容，是无产阶级政党的本质要求。"必须坚持人民主体地位，坚持立党为公、执政为民，践行全心全意为人民服务的根本宗旨，把党的群众路线贯彻到治国理政全部活动之中，把人民对美好生活的向往作为奋斗目标，依靠人民创造历史伟业。"① 一切从人民的利益出发，是我们党的价值追求，是我们党开展一切工作的根本目的和宗旨。要进一步实现社会公平正义，通过制度安排，依法保障人民权益，让全体人民依法平等享有权利和履行义务。正是坚持一切依靠人民，一切为了人民，从群众中来、到群众中去的群众观点和群众路线，习近平总书记大力倡导转变作风、深入实践、调查研究，密切联系群众，推动在全党深入开展群众路线教育实践活动，使得全党在全面转变作风方面取得了良好效果。

总而言之，马克思主义哲学世界观和方法论，即我们通常讲的辩证唯物主义和历史唯物主义，是我们共产党人观察和解决一切问题的政治上的"望远镜"和"显微镜"，是我们党解决当前和今后一个时期内关系党和国家工作全局的一系列重大理论和现实问题的哲学依据，是全党思想统一、行动一致的最根本的思想基础，是贯穿习近平新时代中国特色社会主义思想之中的活的灵魂和实质。习近平新时代中国特色社会主义思想的哲学基础集中体现为，灵活地运用马克思主义的世界观和方法论去认识问题、分析问题和解决问题，不断在实践中实现马克思主义哲学的中国化、时代化和大众化。我们要以习近平总书记为榜样，向习近平总书记看齐，学哲学、用哲学，不断提高运用马克思主义哲学解决实际问题的认识能力和工作本领。

---

① 习近平：《决胜全面建成小康社会 夺取新时代中国特色社会主义伟大胜利——在中国共产党第十九次全国代表大会上的报告》，人民出版社2017年版，第21页。

第一章

实事求是是马克思主义的根本观点,是我们党的基本思想方法

实事求是思想路线是马克思主义哲学实践第一观点的中国化表述,是马克思主义哲学的创新。习近平总书记指出:"实事求是,是马克思主义的根本观点,是中国共产党人认识世界、改造世界的根本要求,是我们党的基本思想方法、工作方法、领导方法。不论过去、现在和将来,我们都要坚持一切从实际出发,理论联系实际,在实践中检验真理和发展真理。"① 实事求是思想路线是马克思主义哲学的精髓。掌握马克思主义哲学看家本领,最根本的一点就是在一切工作中始终坚持实事求是思想路线,做到一切从实际出发,理论联系实际,在实践中认识真理、把握规律,用发展着的马克思主义指导新的实践,用新的实践丰富和发展马克思主义,努力开创中国特色社会主义事业

---

① 习近平:《在纪念毛泽东同志诞辰一百二十周年座谈会上的讲话(2013年12月26日)》,载《十八大以来重要文献选编》(上),中央文献出版社2014年版,第695页。

新局面、21世纪中国的马克思主义新境界。

第一节 实事求是思想路线是马克思主义哲学唯物论原理的实际运用和创新发展

习近平总书记强调："学习掌握世界统一于物质、物质决定意识的原理，坚持从客观实际出发制定政策、推动工作。"① 世界物质统一性原理是辩证唯物主义最基本、最核心的观点，是马克思主义哲学的基石。坚持物质第一性的观点，最重要的就是坚持一切从客观实际出发，而不是从主观愿望出发，也不是从本本出发。坚持从客观实际出发来认识问题、解决问题，这是实事求是思想路线的根本要求。

习近平总书记深刻阐述了坚持实事求是的重大意义。他指出："毛泽东思想活的灵魂是贯穿其中的立场、观点、方法，它们有三个基本方面，这就是实事求是、群众路线、独立自主。"② 实事求是的思想路线是马克思主义认识论在党的思想建设中的创造性运用，集中体现了辩证唯物主义的世界观和方法论，是中国共产党指导自己行动的总的思想原则。邓小平同志也曾指出："搞社会主义一定要遵循马克思主义的辩证唯物主义和历史唯物主义，也就是毛泽东同志概括的实事求是。"③ 我们党是靠实事求是起家

---

① 《习近平总书记系列重要讲话读本（2016年版）》，学习出版社、人民出版社2016年版，第279页。

② 习近平：《习近平谈治国理政》第1卷，外文出版社2018年版，第25页。

③ 《邓小平文选》第3卷，人民出版社1993年版，第118页。

和兴旺发展起来的。实事求是作为党的思想路线,它始终是马克思主义中国化理论成果的精髓和灵魂,即是毛泽东思想、邓小平理论、"三个代表"重要思想、科学发展观、习近平新时代中国特色社会主义思想的精髓和灵魂。我们要正确掌握实事求是这个马克思主义的精髓和灵魂,始终按实事求是的要求办事。

坚持实事求是,就要深入实际了解事物的本来面貌。《汉书·河间献王刘德传》有云:"修学好古,实事求是。"毛泽东在《改造我们的学习》中认为:"'实事'就是客观存在着的一切事物,'是'就是客观事物的内部联系,即规律性,'求'就是我们去研究。"① 习近平总书记指出:"坚持实事求是,就要深入实际了解事物的本来面貌。要透过现象看本质,从零乱的现象中发现事物内部存在的必然联系,从客观事物存在和发展的规律出发,在实践中按照客观规律办事。"② 深入实际,不能从主观意愿出发,也不能只是罗列各种各样的实例,而是要找出其中的本质和规律,从"实事"中"求"出"是"来。习近平总书记强调,全党面临的一个重要课题,就是如何正确认识和妥善处理我国发展起来后不断出现的新情况新问题。新问题每时每刻都在出现,而且多数又是我们过去不熟悉或者不太熟悉的。对于长期存在的老问题或者改变了表现形式的新问题,唯一的途径就是深入问题实际,把握事情

---

① 《毛泽东选集》第3卷,人民出版社1991年版,第801页。
② 习近平:《习近平谈治国理政》第1卷,外文出版社2018年版,第25—26页。

第一章 实事求是是马克思主义的根本观点,是我们党的基本思想方法

本质,有的放矢,在实践中有针对性地解决问题。

唯物论原理告诉我们,物质是第一性的,意识是第二性的,意识要和物质相符合,主观要和客观相符合,思想要和实际相符合,要按照实际决定工作方针。习近平总书记强调:"使主观世界更好符合客观实际,按照实际决定工作方针,这是我们必须牢牢记住的工作方法。"① 在现实生活和工作中,物质和意识的关系,具体地表现为客观和主观的关系。人们在实践中始终都面对一个如何解决主客观矛盾、实现主客观统一的问题。客观实际错综复杂,千变万化。"坚持实事求是不是一劳永逸的,在一个时间一个地点做到了实事求是,并不等于在另外的时间另外的地点也能做到实事求是,在一个时间一个地点坚持实事求是得出的结论、取得的经验,并不等于在变化了的另外的时间另外的地点也能够适用。"② 随着时间、地点的变化,随着环境、条件的不同,原有的正确结论和经验也可能不再适用。"明者因时而变,知者随事而制。"面对新情况新环境的新变化新特点,必须始终坚持以客观实际为根据,使主观世界更好地符合新的客观实际,按照客观情况制定工作路线。

意识对物质具有反作用,要更好发挥主观能动性。辩证唯物主义不仅认为物质决定意识,而且认为意识对物质

---

① 习近平:《辩证唯物主义是中国共产党人的世界观和方法论》,《求是》2019年第1期。

② 习近平:《习近平谈治国理政》第1卷,外文出版社2018年版,第26页。

具有积极的能动作用，并且这种反作用有时是十分巨大的。人的意识能够反映外部世界，获得真理性的认识；在此基础上，指导人们制定正确的行动路线、计划和方案，进而指导人们更好地实践。列宁认为："人的意识不仅反映客观世界，并且创造客观世界。"[①] 人的意识活动能够对客观世界进行创造性改造。面对中国经济进入新常态的客观现实，习近平总书记教导我们："新常态不是不干事，不是不要发展，不是不要国内生产总值增长，而是要更好发挥主观能动性、更有创造精神地推动发展。"[②] 面对新常态下的机遇和挑战，要充分发挥人的主观能动性，因势而谋、因势而动、因势而进，推动我国经济社会发展不断迈上新台阶。

　　实事求是作为党的思想路线，它始终是我们党带领人民推动中国革命、建设、改革事业不断取得胜利的重要法宝。习近平总书记语重心长地指出，回顾我们党90多年的历史可以清楚地看到，什么时候坚持实事求是，党就能够形成符合客观实际、体现发展规律、顺应人民意愿的正确路线方针政策，党和人民事业就能够不断取得胜利；反之，离开了实事求是，党和人民事业就会受到损失甚至严重挫折。邓小平同志曾说过："过去我们搞革命所取得的一切胜利，是靠实事求是；现在我们要实现四个现代化，

---

　　① 《列宁全集》第55卷，人民出版社1990年版，第182页。
　　② 习近平：《在省部级主要领导干部学习贯彻党的十八届五中全会精神专题研讨班上的讲话》，《人民日报》2016年5月10日第2版。

同样要靠实事求是。"① 建设有中国特色社会主义是一项崭新的事业，既没有现成答案可利用，也没有固定模式可借鉴，一切要靠我们在实践中去摸索和发现。这就必须一切从实际出发，实事求是，解放思想，激励和推动人们破除旧观念，从教条主义和"左"的思想禁锢中解放出来。思想不解放，凝固僵化，就不可能正确地研究和把握客观事物内部的规律，就不可能做到实事求是。历史和实践反复证明，坚持实事求是，就能兴党兴国；违背实事求是，就会误党误国。

掌握马克思主义哲学，必须坚持实事求是思想路线，这是最重要的，也是最根本的。毛泽东同志曾经指出："马克思主义有几门学问：马克思主义的哲学，马克思主义的经济学，马克思主义的社会主义——阶级斗争学说，但基础的东西是马克思主义哲学。这个东西没有学通，我们就没有共同的语言，没有共同的方法，扯了许多皮，还扯不清楚。有了辩证唯物论的思想，就省得许多事，也少犯许多错误。"② 马克思主义哲学是马克思主义最根本的东西，而实事求是思想路线又是马克思主义哲学最根本的东西。只有把实事求是思想路线学通了，会用了，我们共产党人就有了共同的语言，有了共同的方法，实事求是思想路线是共产党人团结奋斗的共同的思想基础。实事求是既是信念，是思想方法，也是本领和能力。习近平总书记强调："要自觉坚定实事求是的信念、增强实事求是的本领，

---

① 《邓小平文选》第2卷，人民出版社1994年版，第143页。
② 《毛泽东文集》第6卷，人民出版社1999年版，第396页。

时时处处把实事求是牢记于心、付诸于行。"① 我们要按照习近平总书记的要求,坚定实事求是的信念、增强实事求是的本领,自觉践行实事求是思想路线。

第二节 坚持实事求是,关键在于一切从实际出发,按客观规律办事

如果说世界物质统一性原理是马克思主义哲学的基石,那么,一切从实际出发,就是这一原理在现实生活和实际工作中的生动体现,是我们想问题、办事情的根本立足点。习近平总书记指出:"坚持实事求是,就是坚持一切从实际出发来研究和解决问题,坚持理论联系实际来制定和形成指导实践发展的正确路线方针政策,坚持在实践中检验真理和发展真理。"② 实事求是,说到底就是一切从实际出发,按客观规律办事。

规律是事物发展自身所固有的、本质的、必然的联系,实事求是关键在于探求和掌握事物发展的规律。习近平总书记指出:"坚持实事求是,关键在于'求是',就是探求和掌握事物发展的规律。"③ 我们制定决策、处理问题、谋求发展,都要认识规律、遵循规律。一切从实际出发,从根本上说,就是要尊重和把握客观规律。摸着石头

---

① 习近平:《习近平谈治国理政》第1卷,外文出版社2018年版,第26页。

② 习近平:《坚持实事求是的思想路线》,《学习时报》2012年5月28日第1版。

③ 同上。

第一章 实事求是是马克思主义的根本观点，是我们党的基本思想方法

过河就是摸规律，从实践中获得真知，并运用规律性认识指导实践，从而达到改造世界的目的。

马克思主义哲学认为，规律是事物发展过程中本身所固有的联系，是事物发展过程中的本质联系和必然联系。坚持和发展中国特色社会主义，要不断深化对共产党执政规律、社会主义建设规律、人类社会发展规律的认识。规律是客观存在的，规律的存在和发生作用不以人的意志为转移，不管承认不承认，规律总是以其必然性起着作用。规律既不能被创造，也不能被消灭，但人在客观规律面前并不是消极被动的。规律是可以认识、可以利用的。实事求是思想路线要求我们从复杂的客观事物中探索客观规律，认识客观规律，把握客观规律，尊重客观规律，更好地开展实践活动。习近平新时代中国特色社会主义思想，坚持辩证唯物主义和历史唯物主义，紧密结合新的时代条件和实践要求，以全新的视野深化对"三大规律"的认识，是全党全国人民为实现中华民族伟大复兴而奋斗的行动指南。

习近平总书记身体力行，"求客观实际之真，务执政为民之实"①，客观地分析我国国情实际、党情实际和世界发展变化的世情实际，从客观事物本身固有的规律出发，观察问题、认识问题，导引出解决当前中国一切复杂难题的良方益药。他认为，应对当前我国发展面临的一系列矛盾和挑战，关键在于一切从实际出发，尊重和把握客观规

---

① 习近平：《干在实处 走在前列——推进浙江新发展的思考与实践》，中共中央党校出版社2006年版，第539页。

律，按客观规律办事。习近平新时代中国特色社会主义思想贯穿了尊重规律的科学思想方法和工作方法，为认识问题、分析问题、解决问题提供了有效的方法"钥匙"，既部署"过河"的任务，又指导如何解决"桥或船"的问题。他在谈到对全面深化改革规律的认识时指出，摸着石头过河也是有规则的，要按照已经认识到的规律来办，在实践中再加深对规律的认识，而不是脚踩西瓜皮，滑到哪里算哪里。我们要处理好尊重客观规律和发挥主观能动性的关系。一方面，要坚持一切从实际出发，按照客观规律办事，一张蓝图抓到底；另一方面，要鼓励地方、基层、群众大胆探索、先行先试，及时总结经验，不断深化对改革规律的认识。只有坚持实事求是思想路线，尊重客观规律，按客观规律办事，才能无往而不胜。

理论是从实践中产生的，必须不断推进实践基础上的理论创新。习近平总书记指出，我们党一贯重视理论工作，强调理论必须同实践相统一。坚持实事求是，就必须坚持理论联系实际。理论是从实践中产生的，理论是否正确还要接受实践检验并要在实践中得到丰富和发展；同时，理论只有与实际紧密联系，才能发挥对实践的指导作用，实现自身的价值和意义。理论如果脱离了实际，就会成为僵化的教条，就会失去活力和生命力。理论家如果脱离了社会实践，只是从书本上来到书本上去，就会成为空洞的理论家，就不可能成为党和人民所要求的实际的理论家。当然，实践如果没有正确理论的指导，也容易"盲人骑瞎马，夜半临深池"。实践没有止境，理论创新也没有止境。要使党和人民事业不停顿，必须在实践中推进理论

第一章 实事求是是马克思主义的根本观点,是我们党的基本思想方法

创新,实践不停顿,理论也不能停顿。能否坚持理论与实践相统一,直接关系到党的事业的兴衰成败,关系到社会主义的前途命运。

以我们正在做的事情为中心,总结我国改革发展的实践经验,构建新理论。2016年5月17日,习近平总书记在哲学社会科学工作座谈会上的讲话指出:"我国哲学社会科学应该以我们正在做的事情为中心,从我国改革发展的实践中挖掘新材料、发现新问题、提出新观点、构建新理论,加强对改革开放和社会主义现代化建设实践经验的系统总结,加强对发展社会主义市场经济、民主政治、先进文化、和谐社会、生态文明以及党的执政能力建设等领域的分析研究,加强对党中央治国理政新理念新思想新战略的研究阐释,提炼出有学理性的新理论,概括出有规律性的新实践。"[①] 以我们正在做的事情为中心,聚焦我国发展和我们党面临的重大理论和实践问题,聚焦国际社会共同关注的问题,聚焦提出解决问题的正确思路和有效办法。党和人民希望我们的理论工作者,能够对当今中国和世界的经济、政治、文化、社会等领域的重大问题给予科学的理论说明,能够提供解决问题的有效方案,真正成为扎根中国实践、服务中国实践、理论联系实际的理论家。

习近平总书记指出:"马克思主义基本原理是普遍真理,具有永恒的思想价值,但马克思主义经典作家并没有

[①] 习近平:《在哲学社会科学工作座谈会上的讲话》,人民出版社2016年版,第21—22页。

穷尽真理,而是不断为寻求真理和发展真理开辟道路。今天,坚持和发展中国特色社会主义,全面深化改革,有效应对前进道路上可以预见和难以预见的各种困难与风险,都会提出新的课题,迫切需要我们从理论上作出新的科学回答。我们要及时总结党领导人民创造的新鲜经验,不断开辟马克思主义中国化新境界,让当代中国马克思主义放射出更加灿烂的真理光芒。"① 要根据时代变化和实践发展,不断深化认识,不断总结经验,不断进行理论创新,坚持理论指导和实践探索辩证统一,实现理论创新和实践创新良性互动,在统一和互动中发展21世纪中国的马克思主义。

第三节 我国仍处于并将长期处于社会主义初级阶段,是当代中国最大的实际

坚持实事求是,一定要把从中国实际出发作为我们党制定政治路线、方针、政策的根本出发点。习近平总书记指出,"中国特色社会主义进入新时代,我国社会主要矛盾已经转化为人民日益增长的美好生活需要和不平衡不充分的发展之间的矛盾",与此同时,"我国社会主要矛盾的变化,没有改变我们对我国社会主义所处历史阶段的判断,我国仍处于并将长期处于社会主义初级阶段的基本国情没有变,我国是世界最大发展中国家的国

---

① 习近平:《习近平谈治国理政》第1卷,外文出版社2018年版,第26—27页。

际地位没有变"。① 我们推进改革发展、制定方针政策，都要牢牢立足社会主义初级阶段这个最大实际，都要充分体现这个基本国情的必然要求，坚持一切从这个基本国情出发。任何超越现实、超越阶段，急于求成的倾向都要努力避免；任何落后于实际、无视深刻变化着的客观实际，因循守旧、故步自封的观念和做法都要坚决纠正。

中国特色社会主义，是科学社会主义基本原则同中国实际和时代特征相结合的产物，是中国共产党坚持实事求是思想路线所选择的中国道路、中国理论和中国制度，是中国人民唯一正确的历史选择。习近平总书记强调："一个国家实行什么样的主义，关键要看这个主义能否解决这个国家面临的历史性课题。"② 科学社会主义之所以能在中国扎根，就在于我们党把它运用于中国实际，形成了中国特色社会主义并解决了中国问题。独特的历史命运，独特的基本国情，决定了我们必然要建设和发展中国特色社会主义。中国特色社会主义，是科学社会主义理论逻辑和中国社会发展历史逻辑的辩证统一，是符合中国基本国情，根植于中国大地、反映中国人民意愿、适应中国和时代发展进步要求的科学社会主义。

中国特色社会主义，是党和人民长期实践取得的根本

---

① 习近平：《决胜全面建成小康社会　夺取新时代中国特色社会主义伟大胜利——在中国共产党第十九次全国代表大会上的报告》，人民出版社2017年版，第11—12页。

② 习近平：《习近平谈治国理政》第1卷，外文出版社2018年版，第22页。

成就。改革开放以来，我们的社会主义制度不断自我完善，中国特色社会主义道路在世界历史舞台上越走越宽广，中国特色社会主义建设取得了巨大的成果。习近平总书记指出："中国特色社会主义是党和人民长期实践取得的根本成就。中国特色社会主义是改革开放新时期开创的，也是建立在我们党长期奋斗基础上的，是由我们党的几代中央领导集体团结带领全党全国人民历经千辛万苦、付出各种代价、接力探索取得的。"① 中国共产党紧紧依靠人民，从根本上改变了中国人民和中华民族的前途命运，不可逆转地结束了近代以后中国内忧外患、积贫积弱的悲惨命运，不可逆转地开启了中华民族不断发展壮大、走向伟大复兴的历史进军，使具有5000多年文明历史的中华民族以崭新的姿态屹立于世界民族之林。我们党的全部思想和行动，始终要求符合客观规律、符合时代发展、符合党的宗旨、符合人民愿望。历史和实践证明，中国特色社会主义是中国共产党和中国人民团结奋进的旗帜，从胜利走向胜利的旗帜。

我国仍处于并将长期处于社会主义初级阶段，是建设中国特色社会主义的总依据。社会主义初级阶段，是中国社会主义社会的一个特定历史阶段，特指中国逐步摆脱不发达状态，基本实现社会主义现代化的历史阶段。习近平总书记指出："建设中国特色社会主义，总依据是社会主义初级阶段，总布局是五位一体，总任务是实现社会主义

---

① 习近平：《习近平谈治国理政》第1卷，外文出版社2018年版，第7页。

现代化和中华民族伟大复兴。"① 社会主义初级阶段是当代中国的最大国情、最大实际。我们在任何情况下都要牢牢把握这个最大国情，推进任何方面的改革发展都要牢牢立足这个最大实际。不仅在经济建设中要始终立足初级阶段，而且在政治建设、文化建设、社会建设、生态文明建设中也要始终牢记初级阶段；不仅在经济总量低时要立足初级阶段，而且在经济总量提高后仍然要牢记初级阶段；不仅在谋划长远发展时要立足初级阶段，而且在日常工作中也要牢记初级阶段。党的十八届六中全会指出："党在社会主义初级阶段的基本路线是党和国家的生命线、人民的幸福线，也是党内政治生活正常开展的根本保证。"② 我们在实践中要始终坚持"一个中心、两个基本点"不动摇，既不偏离"一个中心"，也不偏废"两个基本点"，把践行中国特色社会主义共同理想和坚定共产主义远大理想统一起来，坚决抵制抛弃社会主义的各种错误主张，自觉纠正超越阶段的错误观念和政策措施。

客观实际不是一成不变的，而是不断发展变化的。习近平总书记指出："既要看到社会主义初级阶段基本国情没有变，也要看到我国经济社会发展每个阶段呈现出来的新特点。"③ 经过改革开放40年的发展，我国社会生产力、

---

① 习近平：《习近平谈治国理政》第1卷，外文出版社2018年版，第10页。

② 《中国共产党第十八届中央委员会第六次全体会议公报》，《学习活页文选》2016年第62期。

③ 习近平：《辩证唯物主义是中国共产党人的世界观和方法论》，《求是》2019年第1期。

综合国力、人民生活水平实现了历史性跨越，我国基本国情的内涵不断发生变化，我们面临的国际国内风险、面临的难题也发生了重要变化。过去长期困扰我们的一些矛盾不存在了，但新的矛盾不断产生，其中很多是我们没有遇到、没有处理过的。一切从中国实际出发，要善于适应国际国内环境新变化，辩证分析我国经济社会发展新特征，既尊重客观实际，又积极主动作为。

从社会主义初级阶段的基本国情出发，决不能脱离中国具体实际而盲目照抄照搬。习近平总书记指出，我们想问题、作决策、办事情，都不能忘记、忽视我国社会主义初级阶段的基本国情和基本特点。我们是社会主义发展中大国，同西方资本主义发达国家相比，社会制度不同，经济文化发展水平也不同。因此，在改革和发展两方面，既要借鉴和利用西方资本主义发达国家那些对我们有益的东西，又要鉴别和摒弃那些不符合中国特色社会主义道路和不适合我国现阶段生产力发展要求的东西。习近平总书记强调，对待西方经济学、政治学等方面的理论著作和资本主义发展的经验，要注意分析、研究并借鉴其中于我们有益的成分，但决不能脱离中国具体实际而盲目照搬照套。对待马克思主义经典著作和世界社会主义运动的历史经验，要坚持学习和运用，但决不能脱离中国具体实际而盲目照抄照搬。在这方面，我们党的历史上是有过沉痛教训的。① 我们既不能走封闭僵化的老路，也不能走改旗易帜

---

① 参见习近平《坚持实事求是的思想路线》，《学习时报》2012年5月28日第1版。

的邪路。

一切从实际出发，从社会主义初级阶段这一基本国情出发，以习近平同志为核心的党中央为中国特色社会主义事业谋篇布局，提出了重要论断。习近平总书记指出，中国特色社会主义是"全面建成小康社会、加快推进社会主义现代化、实现中华民族伟大复兴的必由之路"[①]。坚持和发展中国特色社会主义是我们的鲜明主题。习近平总书记系统阐释了中国梦的重大意义、历史逻辑、基本内涵、精神实质、实现路径，揭示了中华民族的历史命运和当代中国的发展走向，体现了中华民族实现民族独立、民族自强的伟大觉醒，抒发了我们党以人为本、执政为民的豪情壮志，丰富了中国特色社会主义的科学内涵，为深入推进中国特色社会主义伟大事业指明了方向。实现中华民族伟大复兴的中国梦是我们的宏伟目标。习近平总书记强调，"坚持不忘初心、继续前进，就要统筹推进'五位一体'总体布局，协调推进'四个全面'战略布局"[②]。统筹推进经济、政治、文化、社会和生态建设，协调推进全面建成小康社会、全面深化改革、全面依法治国、全面从严治党是我们的战略布局。在党的十八届五中全会上，习近平总书记系统论述了创新、协调、绿色、开放、共享的发展理念。"五大发展理念"适应了时代发展和实践深化的新要

[①] 习近平：《习近平谈治国理政》第1卷，外文出版社2018年版，第21页。

[②] 习近平：《在庆祝中国共产党成立95周年大会上的讲话》，人民出版社2016年版，第14页。

求，凝结了我们党对经济社会发展规律的深刻认识，是破解发展难题、增强发展动力、厚植发展优势的行动指南，也为世界发展贡献了中国智慧、中国方案。习近平总书记做出了我国经济发展进入新常态的重大判断，强调了稳中求进工作总基调是治国理政的重要原则，也是做好经济工作的方法论，提出了以供给侧结构性改革为主线，建立适应经济发展新常态的现代化经济体系，形成了推进中国特色社会主义经济建设必须遵循的科学指南。习近平总书记关于党的建设提出了一系列重要论断，进一步强调了党在中国特色社会主义各项事业中总揽全局、协调各方的领导核心作用，回击了对中国特色社会主义的各种质疑，提出"确保党始终成为中国特色社会主义事业的坚强领导核心"是党的建设的根本目标，强调党要管党、从严治党是我们的政治保证。以习近平同志为核心的党中央始终坚持实事求是思想路线，一切从当代中国国情出发，制定和采取了一系列符合中国国情的战略思想和举措，带领全国各族人民不断夺取中国特色社会主义新胜利。

第四节　深入实际，调查研究，是贯彻实事求是思想路线的最佳途径

怎样才能做到实事求是，从实际出发呢？这就必须深入实际，调查研究。习近平总书记认为，一切结论皆产生于调查研究之后，一切正确的主张皆来自调查研究，一切创新的思路皆得益于调查研究。调查研究是贯彻实事求是思想路线的最佳途径。习近平总书记要求，做好新形势下

第一章　实事求是是马克思主义的根本观点,是我们党的基本思想方法

的调查研究工作,必须坚持以中国特色社会主义理论体系为指导,紧紧围绕党的路线方针政策和中央重大决策部署的贯彻执行,坚持解放思想、实事求是、与时俱进,深入研究人民群众反映强烈的热点难点问题,深入研究党的建设面临的重大理论和实际问题,深入研究事关改革发展稳定大局的重点问题,深入研究当今世界政治经济等领域的重大问题,全面了解各种新情况,认真总结群众创造的新经验,努力探索各行各业带规律性的东西,积极提供相应的对策,使调查研究工作同中心工作和决策需要紧密结合起来,不断提高党的领导水平和执政水平。

重视调查研究,是我们党做好领导工作的重要传家宝。中国共产党自成立以来就高度重视调查研究工作。从一定意义上说中国共产党领导中国革命、建设和改革的历史就是一部调查研究的历史。习近平同志指出:"重视调查研究,是我们党在革命、建设、改革各个历史时期做好领导工作的重要传家宝。"① 马克思主义哲学世界观和方法论,党的实事求是的思想路线,党的从群众中来、到群众中去的根本工作路线,都要求我们必须注重和坚持调查研究。只有这样,才能真正做到一切从实际出发、理论联系实际、实事求是,真正保持党同人民群众的密切联系,也才能从根本上保证党的路线方针政策和各项决策的正确制定与贯彻执行,保证我们在工作中尽可能防止和减少失误,即使发生了失误也能迅速得到纠正而又继续胜利前

---

① 习近平:《谈谈调查研究》,《学习时报》2011年11月21日第1版。

进。回顾我们党的发展历程可以清楚地看到，什么时候全党从上到下重视并坚持和加强调查研究，党的工作决策和指导方针符合客观实际，党的事业就顺利发展；而忽视调查研究或者调查研究不够，往往导致主观认识脱离客观实际、领导意志脱离群众愿望，从而造成决策失误，使党的事业蒙受损失。

没有调查研究，就没有发言权，更没有决策权。2013年7月23日，习近平总书记在武汉召开部分省市负责人座谈会时指出："调查研究是谋事之基、成事之道。没有调查，就没有发言权，更没有决策权。研究、思考、确定全面深化改革的思路和重大举措，刻舟求剑不行，闭门造车不行，异想天开更不行，必须进行全面深入的调查研究。"① 调查研究是从实际出发的中心一环，是尊重客观规律、发挥主观能动性的典型形式。面对改革发展中的现实问题，仅凭经验办事，拍脑袋决策是不行的；蜻蜓点水，浅尝辄止也是不行的；主观臆断，人云亦云同样是不行的。调查研究既是"从物的感觉和思想"的唯物主义认识路线的具体体现，也是发挥人的主观能动性把握客观规律的具体途径，它是一切从实际出发的根本方法。毛泽东同志提出，"没有调查，没有发言权"②；邓小平同志认为，"我们办事情，做工作，必须深入调查

---

① 习近平：《加强对改革重大问题调查研究　提高全面深化改革决策科学性》，《人民日报》2013年7月25日第1版。

② 《毛泽东选集》第1卷，人民出版社1991年版，第109页。

第一章 实事求是是马克思主义的根本观点,是我们党的基本思想方法

研究,联系本单位的实际解决问题"①。习近平总书记推动全党开展党的群众路线教育实践活动,大兴调查研究之风,坚持调查研究开路,深入基层和部门调查研究。在他的带领下,全党上下深入基层、深入群众,围绕改革发展中的矛盾问题问计于民,指导实践,凝聚力量,做出了一系列正确判断和科学结论,提出了一系列正确主张和重大举措。

通过调查研究,发现事情的真相和全貌,把握问题的本质和规律,找到解决问题的思路和对策。调查研究包括"调查"和"研究"两个环节。调查就是在科学的世界观和方法论的指导下,深入实际,全面准确地把握客观情况;研究就是对调查所获取的客观情况,进行一番交换、比较、反复的工作,把零散的认识系统化,把粗浅的认识深刻化,认识事物的本质规律,找到解决问题的正确办法。习近平总书记指出:"调查研究,是对客观实际情况的调查了解和分析研究,目的是把事情的真相和全貌调查清楚,把问题的本质和规律把握准确,把解决问题的思路和对策研究透彻。"②

搞好调查研究,必须深入实际、深入基层,多层次、多方位、多渠道地调查了解情况。既要调查机关,又要调查基层;既要调查干部,又要调查群众;既要解剖典型,又要了解全局;既要到工作局面好的和先进的地方去总结

---

① 《邓小平文选》第2卷,人民出版社1994年版,第123页。
② 习近平:《谈谈调查研究》,《学习时报》2011年11月21日第1版。

经验，又要到困难较多、情况复杂、矛盾尖锐的地方去研究问题。基层、群众、重要典型和困难的地方，应该成为调研重点，要花更多时间去了解和研究。只有这样去调查研究，才能获得在办公室难以听到、不易看到和意想不到的新情况，找出解决问题的新视角、新思路和新对策。领导干部搞调研，要有明确的目的，带着问题下去，尽力掌握调研活动的主动权，调研中可以有"规定路线"，但还应有"自选动作"，看一些没有准备的地方，搞一些不打招呼、不作安排的随机性调研，力求准确、全面、深透地了解情况，避免出现"被调研"现象，防止调查研究走过场。① 通过调查研究，把客观存在的事实搞清楚，把事物的内部和外部联系弄明白，从中找出能够解决问题、符合群众要求的办法来。

调查研究不仅要"身入"群众，更要"心入"群众，广泛听取群众意见。习近平总书记指出，人民群众的社会实践，是获得正确认识的源泉，也是检验和深化我们认识的根本所在。调查研究成果的质量如何，形成的意见正确与否，最终都要由人民群众的实践来检验。调查研究不仅要"身入"基层，更要"心到"基层；不仅要"身入"群众，更要"心入"群众，才能了解基层群众在想什么、盼什么、最需要党和政府干什么。习近平总书记曾回忆他在正定工作的情景，经常骑着自行车下乡，从滹沱河北岸到滹沱河以南的公社去，每次骑到滹沱河沙滩就得扛着自

---

① 参见习近平《谈谈调查研究》，《学习时报》2011年11月21日第1版。

行车走。虽然辛苦一点，但确实摸清了情况，同基层干部和老百姓拉近了距离、增进了感情。情况搞清楚了，就要坚持从实际出发谋划事业和工作，使想出来的点子、举措、方案符合实际情况，不好高骛远，不脱离实际。重要决策方案，特别是涉及群众切身利益的重要政策措施，要广泛听取群众意见，不能嫌麻烦、图省事。① 同群众一起讨论问题，倾听他们的呼声，体察他们的情绪，感受他们的疾苦，总结他们的经验，吸取他们的智慧。"调查研究是一个联系群众、为民办事的过程。"② 在这个过程中，既要听群众的顺耳话，也要听群众的逆耳言；既要让群众反映情况，也要请群众提出意见。

调查研究必须坚持求真务实的作风，具有追求真理、修正错误的勇气。习近平总书记指出："坚持求真务实，既要在'求真'上下功夫，更要在'务实'上做文章，尤其要做到讲实情、出实招、办实事、求实效。"③ 开展调查研究，必须大力弘扬求真务实的作风，敢于和善于听真话、听不同意见，不回避问题，不回避矛盾，真正了解真实情况，倾听真实声音。有的人善于察言观色，准备了几个口袋，揣摩上面或领导的意图来提供材料。有些调研浮光掠影，不求甚解；有些调研相互捧场，触及问题少；有

---

① 参见习近平《做焦裕禄式的县委书记》，中央文献出版社2015年版，第7—8页。

② 习近平：《干在实处　走在前列——推进浙江新发展的思考与实践》，中共中央党校出版社2006年版，第534页。

③ 习近平：《坚持实事求是的思想路线》，《学习时报》2012年5月28日第1版。

些调研先入为主、带着结论去调研，而不是依据客观事实形成判断。这些都不是实事求是的态度，与调查研究的本意相背离。这样的调研是看不到实情、得不到真知、做不出正确结论的。调查研究一定要从客观实际出发，不能带着事先定的调子下去，而要坚持结论产生在调查研究之后，建立在科学论证的基础之上。对调查了解到的真实情况和各种问题，要坚持有一是一、有二是二，既报喜又报忧，不唯书、不唯上、只唯实。只有坚持求真务实的思想作风和工作作风，才能在调查研究中获得真知灼见，才能把工作做实、做细、做好。

主动适应新形势新情况，创新调查研究方式方法。习近平总书记指出："调查研究方法也要与时俱进"，"要适应新形势新情况特别是当今社会信息网络化的特点，进一步拓展调研渠道、丰富调研手段、创新调研方式。"[①] 应该说，我们党有着丰富的调查研究经验，在长期的实践中形成了许多行之有效的调查研究方式方法，如召开调研会、研讨会、走访调查、蹲点调查、典型调查、实地考察等。随着现代科学技术的发展，要善于把现代信息技术引入调研领域，充分利用新媒体、新技术、新手段，改进调研的方式，扩大调研的覆盖面，提高调研的效率和科学性。要注意各种方式方法的综合运用，多层次多方位多渠道地进行调研，保证调研成果客观真实、科学有效。

[①] 习近平：《谈谈调查研究》，《学习时报》2011年11月21日第1版。

第五节　领导干部要做调查研究、实事求是的表率

领导干部对党和人民事业肩负着光荣而重大的使命和责任，执政本领的高低决定着执政党的前途命运。社会主义现代化建设进入新阶段，新形势新任务对领导干部的执政能力提出了新要求。习近平总书记指出，党内很多同志出现了"本领恐慌"。尽管有做好工作的真诚愿望，也有干劲，但是缺乏新形势下做好工作的本领，面对新情况新问题，不懂规律、不懂门道、缺乏知识、缺乏本领，结果是虽然做了工作，有时做得还很辛苦，但不是不对路子，就是事与愿违，甚至南辕北辙。① 提高执政本领是一项"综合工程"，坚持实事求是、加强调查研究至关重要。"调查研究是做好领导工作的一项基本功，调查研究能力是领导干部整体素质和能力的一个组成部分。"② 各级领导干部要把实事求是思想路线贯彻到工作全过程，自觉做调查研究、实事求是的表率。

"吃别人嚼过的馍没味儿"，领导干部只有"亲自出马"，掌握第一手材料，才能做出正确决策。人的正确思想和主张，不是头脑中固有的，也不是从天而降的，而是

---

① 参见习近平《在中央党校建校 80 周年庆祝大会暨 2013 年春季学期开学典礼上的讲话》，人民出版社 2013 年版，第 5 页。

② 习近平：《谈谈调查研究》，《学习时报》2011 年 11 月 21 日第 1 版。

从实践中得来的。习近平总书记指出,"吃别人嚼过的馍没味儿"。你要知道梨子的滋味,就得变革梨子,亲口吃一吃。"无论是制定决策、还是实施决策,都离不开调查研究。只有通过调查研究,才能了解实际情况,总结基层经验,为作出正确决策创造条件,为检查决策的偏差和实施过程中的问题提供第一手材料。"① 领导干部"亲自出马",走出机关门,走进百姓家,通过直接调研可以及时、准确地获得第一手材料,直接了解问题和产生问题的原因。为了学会游泳,必须钻到水中。领导干部一定要躬亲示范,多跑、多看、多听、多问、多记,不能手脚不勤、五官不灵。习近平总书记曾多次说过,当县委书记一定要跑遍所有的村,当市委书记一定要跑遍所有的乡镇,当省委书记一定要跑遍所有的县市区。要想解决问题,必须下真功夫、苦功夫,做深入、系统、长期、反复的调查研究。"调查研究多了,情况了然于胸,才能够找出解决问题、克服困难的办法,作出正确决策。"②

习近平总书记指出,经常走出领导机关,深入基层、深入群众,进行各种形式和类型的调查研究,非常有益于促进领导干部正确认识客观世界、改造主观世界、转变工作作风、增进同人民群众的感情,有益于深切了解群众的需求、愿望和创造精神、实践经验。他认为,尽管现在的

---

① 习近平:《干在实处　走在前列——推进浙江新发展的思考与实践》,中共中央党校出版社2006年版,第533页。

② 习近平:《之江新语》,浙江人民出版社2007年版,第61页。

第一章　实事求是是马克思主义的根本观点,是我们党的基本思想方法

交通通信手段越来越发达,获取信息的渠道越来越多,但都不能代替领导干部亲力亲为的调查研究。因为直接与基层干部群众接触,面对面地了解情况和商讨问题,对领导干部在认识上和感受上所起的作用和间接听汇报、看材料是不同的。通过深入实际调查研究,把大量和零碎的材料经过去粗取精、去伪存真、由此及彼、由表及里的思考、分析、综合,加以系统化、条理化,透过纷繁复杂的现象抓住事物的本质,找出它的内在规律,由感性认识上升为理性认识,在此基础上做出正确的决策,这本身就是领导干部分析和解决问题本领的重要反映,也是领导干部思想理论水平和工作水平的重要反映。领导干部不论阅历多么丰富,不论从事哪一方面工作,都应始终坚持和不断加强调查研究。①

加强学习,增强党性修养,提高领导干部调查研究能力。习近平总书记指出:"在调查研究中能不能、敢不敢实事求是,不只是认识水平问题,而且是党性问题。"② 党性修养是对共产党的本质属性的内化,说到底是树立和坚持正确的立场和世界观。领导干部只有从加强学习和增强党性两个方面提高自己,才能更好开展调查研究工作,实事求是,与时俱进,保证党的事业和中国特色社会主义事业顺利推进。

调查研究要有科学的理论指导,要坚持马克思主义的

---

① 参见习近平《谈谈调查研究》,《学习时报》2011年11月21日第1版。

② 同上。

立场观点方法。习近平总书记指出："认真学习马克思主义理论，这是我们做好一切工作的看家本领，也是领导干部必须普遍掌握的工作制胜的看家本领。"① 共产党人始终坚持为无产阶级、为绝大多数劳动人民谋利益，全心全意为人民服务。只有公而忘私，把党和人民利益放在第一位，才能真正做到实事求是，才能用心做好调查研究。领导干部必须放下架子，扑下身子，从群众中寻找解决问题的方案和办法，使做出的决策和决策的执行充分体现民心民意。在领导机关、领导干部中，营造和保持讲真话、讲实话、讲心里话的良好氛围，鼓励如实反映情况和提出不同意见，积极开展批评与自我批评，坚决反对上下级和干部之间逢迎讨好、相互吹捧，坚决反对把党内生活庸俗化。

现代科技日新月异，知识总量猛增、更新速度加快，调查研究需要运用的知识越来越广泛，这要求领导干部及时补充新知。习近平总书记指出："领导工作综合性、系统性强，需要多方面的知识积累。……领导干部要坚持干什么学什么、缺什么补什么的原则，有针对性地学习掌握做好领导工作、履行岗位职责必备的各种知识，……努力使自己真正成为行家里手、内行领导。"② 在新的条件下，面对调查研究这门大"学问"，领导干部及时补充新的知

---

① 习近平：《在中央党校建校80周年庆祝大会暨2013年春季学期开学典礼上的讲话》，人民出版社2013年版，第7页。

② 习近平：《领导干部要爱读书读好书善读书》，2009年5月13日，新华网。

识，显得日益必要和迫切。从调查技术来看，统计调查、抽样调查、网络调查等现代科技手段和方法在调查研究中的比重不断增加。从研究方法来看，调查研究运用的学科理论不断增多，如政治学、经济学、法学、社会学、统计学、信息学、系统论、控制论、协同论等。领导干部提高自身的知识素养，在调查研究中就增强了去粗取精、去伪存真的能力，有助于更加准确地把握客观实际，掌握规律，妥善解决问题。

领导干部做好调查研究，必须反对形式主义。2013年6月18日，习近平总书记在党的群众路线教育实践活动工作会议上严厉指出，党内脱离群众的现象大量存在，一些问题还相当严重，集中表现在形式主义、官僚主义、享乐主义和奢靡之风这"四风"上。在形式主义方面，有的习惯于以会议落实会议、以文件落实文件。有的抓工作不讲实效，不下功夫解决存在的矛盾和问题。有的下基层调研走马观花，下去就是为了出镜头、露露脸，坐在车上转，隔着玻璃看，只看"门面"和"窗口"，不看"后院"和"角落"，群众说是"调查研究隔层纸，政策执行隔座山"。有的明知报上来的是假情况、假数字、假典型，也听之任之，甚至通过挖空心思造假来粉饰太平。① 一方面，调查研究是克服形式主义的有效方法。防止空对空，光喊口号，只做表面文章，就必须深入基层，深入实际，加强调查研究。另一方面，在调查研究过程中必须反对形式主

---

① 参见习近平《习近平谈治国理政》第1卷，外文出版社2018年版，第368—369页。

义。领导干部不调查研究，是失职；不好好调查研究，同样是失职。走走过场，拍拍照片，摆摆样子，甚至沆瀣一气、粉饰太平，违背人民群众立场，背离实事求是思想路线，给党的声誉造成恶劣影响，给党和人民的事业带来严重损失。实践充分证明，调查研究不仅是一种工作方法，而且是关系党和人民事业得失成败的大问题。领导干部要做调查研究、实事求是的表率，这是马克思主义真理观、价值观的基本要求，也是中国共产党党性的基本要求。

第二章

马克思主义辩证法既是科学世界观,又是科学认识论和方法论

马克思主义辩证法既是科学世界观,又是科学认识论和方法论。习近平总书记强调:"辩证唯物主义是中国共产党人的世界观和方法论。……今天,我们党要团结带领人民实现'两个一百年'奋斗目标、实现中华民族伟大复兴的中国梦,必须不断接受马克思主义哲学智慧的滋养,更加自觉地坚持和运用辩证唯物主义世界观和方法论,更好在实际工作中把握现象和本质、形式和内容、原因和结果、偶然和必然、可能和现实、内因和外因、共性和个性的关系,增强辩证思维、战略思维能力,把各项工作做得更好。"① 每一位中国共产党人都应该系统学习辩证唯物主义的基本原理和方法论,学会辩证思维,善于运用辩证法认识问题、分析问题和解决问题。

---

① 习近平:《辩证唯物主义是中国共产党人的世界观和方法论》,《求是》2019年第1期。

第一节　最重要的是用辩证法看问题，照辩证法办事

习近平总书记主张，辩证唯物主义是我们共产党人观察分析处理一切问题的思想方法。学习辩证唯物主义，最重要的是要用辩证法看问题，照辩证法办事，提高辩证思维能力。照辩证法办事，就要客观地而不是主观地、发展地而不是静止地、系统地而不是零散地、普遍联系地而不是孤立地、全面地而不是片面地、一分为二地而不是绝对地分析问题、解决问题，在矛盾双方对立统一的过程中把握事物的发展规律。这是学习和掌握辩证思想方法的基本要求。

学习掌握唯物辩证法，反对形而上学。习近平总书记突出强调，要学习掌握唯物辩证法的根本方法，反对形而上学的思想方法。[①] 唯物辩证法为人们的认识和实践提供了科学的世界观和方法论，既是观察、认识、说明一切事物的"望远镜"和"显微镜"，又是指导人们处理一切问题，努力推动事物向好的方向转化发展的思想利器。

唯物辩证法与形而上学是两种根本对立的世界观和方法论。在人类认识史上，从来就有关于宇宙发展法则的两种见解，一种是形而上学的见解，一种是辩证法的见解，

---

① 参见习近平《辩证唯物主义是中国共产党人的世界观和方法论》，《求是》2019年第1期。

形成了互相对立的两种宇宙观。习近平总书记形象地指出:"要反对形而上学的思想方法。我们的先人早就认识到了这个问题,很多典故都是批评和讽刺形而上学的,如盲人摸象、郑人买履、坐井观天、掩耳盗铃、揠苗助长、削足适履、画蛇添足,等等。"① 形而上学把世界一切事物都看成是彼此孤立和永远不变化的。如果说有变化,也只是数量的增减和场所的变更。并且这种增减和变更的原因,不在事物的内部,而在事物的外部,即是由外力推动的。

和形而上学相反,唯物辩证法的根本任务是揭示事物最普遍的规律。习近平总书记强调:"学习掌握唯物辩证法的根本方法,不断增强辩证思维能力,提高驾驭复杂局面、处理复杂问题的本领。"② 辩证法主张从事物的内部、从一事物对他事物的关系去研究事物的发展,把事物的发展看作是事物内部的必然的运动,而每一事物的运动都和它周围的其他事物互相联系、互相影响。事物发展的根本原因,不在事物的外部而在事物的内部,在于事物内部的矛盾性。

习近平总书记善于运用辩证法分析复杂事物,全面把握事物变化及其关系,通晓辩证思维方式和辩证分析方法。他关于既要以经济建设为中心,又要重视党的意识形态工作;既要看到物质决定意识,坚持从中国社会主义初

---

① 习近平:《辩证唯物主义是中国共产党人的世界观和方法论》,《求是》2019年第1期。

② 同上。

级阶段实际出发，以经济建设为中心，又要看到意识的反作用，始终把思想建设放在党的建设第一位，毫不放松理想信念教育、思想道德教育和意识形态工作，大力培育和弘扬社会主义核心价值观；既要坚定不移地、大胆地推进改革开放，又要坚定不移地抓好党的建设、反腐倡廉建设；反腐倡廉既要治标也要治本；既要在新的历史起点上全面深化改革，又必须要牢牢坚持社会主义市场经济改革的正确方向，坚持和完善我国基本经济制度；既要重视市场资源配置的决定性作用，又要更好发挥政府作用；改革开放既要循序渐进又要竞相突破，既要胸怀全局又要抓好局部；深化改革既要胆子大，又要步子稳，战略上既要勇于进取，战术上又要稳扎稳打；社会治理既不要管得太死，一潭死水不行，又不要管得太松，波涛汹涌也不行；既要统筹兼顾又要突出重点，既要立足当前又要放眼长远，既要把握国情又要了解世界；既要看到国际形势中有利的一面，也要看到不利的一面，等等，为我们提供了成功运用唯物辩证法的范例。

  世界上的事物总有这样那样的联系，要用普遍联系的观点看待问题、处理问题。习近平总书记指出："世界上的事物总是有着这样那样的联系，不能孤立地静止地看待事物发展，否则往往会出现盲人摸象、以偏概全的问题。"[①] 事物之间的普遍联系是不以人的意志为转移的辩证法第一原则，普遍联系的观点是辩证法的重要观点。党的

---

  ① 《习近平关于协调推进"四个全面"战略布局论述摘编》，中央文献出版社2015年版，第7—8页。

第二章 马克思主义辩证法既是科学世界观,又是科学认识论和方法论

十八大提出要全面落实经济建设、政治建设、文化建设、社会建设、生态文明建设"五位一体"总体布局,充分体现了我们党运用普遍联系的观点研究社会主义现代化建设规律的理论自觉。

联系是普遍的。习近平总书记指出,事物是普遍联系的,事物及事物各要素之间相互影响、相互制约,整个世界是相互联系的整体,也是相互作用的系统。宇宙间任一事物,都是同其周围事物相互联系的,没有任何一个事物可以脱离他事物而单独存在;事物内部各个要素(部分)之间也总是互相依赖、互为作用的。这也正如恩格斯所说:"当我们通过思维来考察自然界或人类历史或我们自己的精神活动的时候,首先呈现在我们眼前的,是一幅由种种联系和相互作用无穷无尽地交织起来的画面。"①

联系是客观的。习近平总书记强调:"使主观世界更好符合客观实际,按照实际决定工作方针,这是我们必须牢牢记住的工作方法。"② 联系是事物固有的属性,事物之间的联系不以人的意志为转移。联系的客观性要求人们在实际工作中,必须从事物固有的联系去把握事物,切忌主观随意性。否认和无视客观的联系,编造和臆想虚假的联系,是主观主义的通病,是唯心主义在实际工作中的反映。"拍脑袋"决策,"拍胸脯"保证,想当然办事,都

---

① 《马克思恩格斯文集》第 9 卷,人民出版社 2009 年版,第 23 页。

② 习近平:《辩证唯物主义是中国共产党人的世界观和方法论》,《求是》2019 年第 1 期。

是用主观臆想的联系代替事物的固有联系的表现。我们要尊重联系的客观性，按客观规律办事。

联系是有条件的。物质世界联系的普遍性、客观性和多样性决定了任何事物都受具体的历史条件的限制和制约。条件分为事物的外部条件和内部条件。这里就产生了外因论与内因论的区别。谈到党风廉政建设问题时，习近平总书记指出，"物必先腐，而后虫生"。在事物发展过程中，外因是变化的条件，内因是变化的根据，外因通过内因而起作用。腐败问题的关键，在于腐败者自身道德素养不高，自控能力差，容易受到金钱、美色等私欲诱惑。因此，广大党员干部要自重、自省、自警，抵得住诱惑，经得起考验。反对腐败、建设廉洁政治，保持党的肌体健康，始终是我们党一贯坚持的鲜明政治立场。

发展的观点是辩证法的基本原则，必须坚持马克思主义的发展观。习近平总书记强调："毫不动摇坚持和发展中国特色社会主义，坚持马克思主义的发展观点，坚持实践是检验真理的唯一标准，发挥历史的主动性和创造性，清醒认识世情、国情、党情的变和不变，永远要有逢山开路、遇河架桥的精神，锐意进取，大胆探索。"① 发展的观点是辩证法的一个基本原则。它是量变到质变的进展，是旧事物的衰亡和新事物的产生，是波浪式的前进和螺旋式的上升的过程，是由低级形态向高级形态的前进、上升运动。

---

① 习近平：《毫不动摇坚持和发展中国特色社会主义，在实践中不断有所发现有所创造有所前进》，《人民日报》2013年1月6日第1版。

第二章　马克思主义辩证法既是科学世界观，又是科学认识论和方法论

　　事物的发展是渐进性与飞跃性的统一。事物不是处在量变之中，就是处在质变之中，整个世界就是量变和质变交织的活动过程。渐进性与飞跃性的统一是量变与质变辩证关系的体现。关于改革开放的成功经验的总结，习近平总书记指出："摸着石头过河，符合人们对客观规律的认识过程，符合事物从量变到质变的辩证法。……要采取试点探索、投石问路的方法，取得了经验，形成了共识，看得很准了，感觉到推开很稳当了，再推开，积小胜为大胜。"① 从最初的农村改革到城市改革，再到全方位的改革，从最早的四个经济特区，到沿海沿边开放，再到内陆地区的开放，中国实现了由计划经济向市场经济、由封闭半封闭向全方位开放的历史性飞跃。老子曰："合抱之木，生于毫末；九层之台，起于累土；千里之行，始于足下。"荀子曰："积土成山"，"积水成渊"，"不积跬步，无以至千里；不积小流，无以成江海"。改革开放的伟大历史进程，就是一个由量变引起质变的飞跃过程。

　　事物的发展是前进性与曲折性的统一。事物发展的总趋势是前进的、上升的，发展的道路则是迂回的、曲折的，这里体现的就是否定之否定规律。"青山遮不住，毕竟东流去"，新事物终究战胜旧事物。关于如何看待国际共产主义运动，如何评价中国社会主义发展的不同阶段，习近平总书记系统地梳理了社会主义思想和运动发展的六个阶段，论述了社会主义是一个由低级到高级，由简单到

---

①《习近平关于协调推进"四个全面"战略布局论述摘编》，中央文献出版社2015年版，第54—55页。

复杂的探索发展的过程，阐明了科学社会主义由思想到运动，由理论到实践的前进性和曲折性，进而说明了我们是如何选择马克思主义和社会主义，如何把马克思主义与中国实际相结合，独立自主走自己的路，如何历经千辛万苦开创和发展了中国特色社会主义。"历史和现实都告诉我们，只有社会主义才能救中国，只有中国特色社会主义才能发展中国，这是历史的结论、人民的选择。"①

第二节　要承认矛盾，认清矛盾，抓住问题的关键，解决矛盾

习近平总书记强调："学习掌握事物矛盾运动的基本原理，不断强化问题意识，积极面对和化解前进中遇到的矛盾。……问题是事物矛盾的表现形式，我们强调增强问题意识、坚持问题导向，就是承认矛盾的普遍性、客观性，就是要善于把认识和化解矛盾作为打开工作局面的突破口。"② 问题就是矛盾，树立问题意识，就是要牢牢把握矛盾观点和矛盾分析方法。矛盾是辩证法的实质和核心，矛盾规律是宇宙间的普遍规律，矛盾观点是唯物辩证法的根本观点，矛盾分析是辩证法的根本方法。掌握矛盾分析方法，在分析和解决矛盾的过程中不断推进社会发展。

---

① 习近平：《习近平谈治国理政》第1卷，外文出版社2018年版，第22页。

② 习近平：《辩证唯物主义是中国共产党人的世界观和方法论》，《求是》2019年第1期。

第二章　马克思主义辩证法既是科学世界观,又是科学认识论和方法论

矛盾是普遍存在的,要正确处理好各种社会矛盾。习近平总书记指出:"矛盾是普遍存在的,是事物联系的实质内容和事物发展的根本动力。"① 世界充满矛盾,矛盾是事物发展的根本动力,人类社会就是在不断解决矛盾的过程中前进的。毛泽东同志把对立统一规律形象地称为矛盾规律,矛盾观点是对立统一观点的马克思主义哲学中国化的通俗表述。

矛盾无处不在,无时不有。建设社会主义和谐社会并不是否认和排斥社会矛盾,而是要正确认识和处理社会矛盾。习近平总书记指出,中国"和"文化源远流长,"中和""泰和""求同存异""和而不同""和谐相处"的思想,可以为人们认识和改造世界提供有益启迪,可以为治国理政提供有益启示,也可以为道德建设提供有益启发。②"和谐"不是简单的无差别的"同一",而是有差别的协调和统一。正是"不同"、差异使生活丰富多彩,使世界色彩斑斓。有效地协调各种矛盾关系,创造良性运行的社会机制,是建设社会主义和谐社会的必由之路。

社会是在矛盾运动中前进的,任何忽视矛盾、回避矛盾的思想和行为都是错误的。习近平总书记勉励大家,要准确把握、主动适应经济发展新常态,要善于把认识和化解矛盾作为打开工作局面的突破口。"这些矛盾许多是这个

---

① 《习近平总书记系列重要讲话读本(2016年版)》,学习出版社、人民出版社2016年版,第280页。
② 参见习近平《在纪念孔子诞辰2565周年国际学术研讨会暨国际儒学联合会第五届会员大会开幕会上的讲话》,人民出版社2014年版,第7页。

发展阶段必然出现的,是躲不开也绕不过去的。对待矛盾的正确态度,应该是直面矛盾,并运用矛盾相辅相成的特性,在解决矛盾过程中推动事物发展。"① 矛盾存在于一切事物之中,贯穿一切事物发展的任何过程、任何阶段。矛盾是一切事物发展的内在源泉和根本动力。直面矛盾不回避、解决矛盾不退缩,就能推进事物向前迈进,取得成功。

把握矛盾的共性个性,"找准症结、对症下药"。2015年7月17日,习近平总书记在吉林长春召开的部分省区党委主要负责同志座谈会上指出,事物发展总是与各种矛盾相伴相生。目前东北地区发展遇到新的困难和挑战,这其中有全国"三期叠加"等共性方面的原因,也有东北地区产业结构、体制机制等个性方面的原因。深入研究在注重质量和效益前提下保持经济稳定增长的举措和办法,多从内因着眼、着手、着力,找准症结就有的放矢、对症下药。② 共性寓于个性之中,个性包含着共性,无个性即无共性。矛盾的个性决定了客观世界普遍存在不同性质的矛盾,而不同性质的矛盾要用不同的办法来解决。毛泽东同志认为:"这一共性个性、绝对相对的道理,是关于事物矛盾的问题的精髓,不懂得它,就等于抛弃了辩证法。"③

共性和个性是对立统一的关系,任何事物都是共性和个性的统一体。共性是不同矛盾中共同的东西;个性是不

---

① 《习近平总书记系列重要讲话读本(2016年版)》,学习出版社、人民出版社2016年版,第280页。
② 参见习近平《加大支持力度增强内生动力 加快东北老工业基地振兴发展》,《人民日报(海外版)》2015年7月20日第1版。
③ 《毛泽东选集》第1卷,人民出版社1991年版,第320页。

第二章　马克思主义辩证法既是科学世界观，又是科学认识论和方法论

同矛盾中独自具有的东西。在党的群众路线教育实践活动中，习近平总书记强调，要"找准靶子、点中穴位"。"集中教育活动要搞好，必须批批接续、层层压紧、环环相扣。上面的问题需要下面配合解决的就上题下答，下面的问题根子在上面的就下题上答，需要地方和地方、地方和部门、部门和部门联合会诊的就同题共答，前后照应、左右衔接，使查摆问题和解决问题做到纵向到底、横向到边。"①把握矛盾的共性和个性的辩证关系，"上题下答""下题上答""同题共答"，找准问题根源，挖掉病根。"四风"问题表现形式不同，解决方法措施也不同，只有对症下药，才能取得疗效。

共性和个性的辩证法不仅提供了科学的工作方法，而且为马克思主义基本原理同中国实际相结合、坚持和发展中国特色社会主义提供了哲学依据。习近平总书记指出，"中国特色社会主义，是科学社会主义理论逻辑和中国社会发展历史逻辑的辩证统一"，"中国特色社会主义是社会主义而不是其他什么主义，科学社会主义基本原则不能丢，丢了就不是社会主义"，这是强调社会主义的共性；中国特色社会主义是"根植于中国大地、反映中国人民意愿、适应中国和时代发展进步要求的科学社会主义"，这是强调当代中国社会主义的鲜明个性。② 中国特色社会主

---

①　习近平：《在党的群众路线教育实践活动总结大会上的讲话》，人民出版社2014年版，第10页。

②　参见习近平《习近平谈治国理政》第1卷，外文出版社2018年版，第21—22页。

义紧紧抓住"中国特色"和"社会主义"这两个关键，既不走封闭僵化的老路，也不走改旗易帜的邪路，开辟了共产主义发展的新道路，开辟了人类文明发展的新道路。

具体问题具体分析，"入山问樵、入水问渔"。2016年1月18日，习近平总书记在省部级主要领导干部学习贯彻十八届五中全会精神专题研讨班开班式上发表重要讲话。他指出："要用好辩证法，对贯彻落实新发展理念进行科学设计和施工，坚持系统的观点，遵循对立统一规律、质量互变规律、否定之否定规律，坚持具体问题具体分析，善于把握发展的普遍性和特殊性、渐进性和飞跃性、前进性和曲折性，善于把握工作的时度效。"① 运用唯物辩证法的矛盾分析方法研究问题和解决问题，根本的是具体问题具体分析。列宁在《共产主义》中提出，"马克思主义的活的灵魂：对具体情况作具体分析"②。毛泽东重申了这一重要思想："马克思主义的最本质的东西，马克思主义的活的灵魂，就在于具体地分析具体的情况。"③

具体问题具体分析，就是抓住特殊矛盾，有针对性地分析矛盾、解决矛盾。矛盾是特殊性与普遍性的统一。所谓矛盾特殊性，就是具体事物所具有的具体性的矛盾。所谓矛盾普遍性，就是一个一个具体事物所具有的普遍性的矛盾。具体问题具体分析，就是运用矛盾普遍性特殊性原

---

① 《聚焦发力贯彻五中全会精神，确保如期全面建成小康社会》，《人民日报》2016年1月19日第1版。
② 《列宁专题文集：论马克思主义》，人民出版社2009年版，第293页。
③ 《毛泽东选集》第1卷，人民出版社1991年版，第312页。

理，去具体地解决具体矛盾。否认矛盾的普遍性是错误的，看不到矛盾的特殊性也是错误的。

具体问题具体分析，就是要具体地分析矛盾的特殊性，分析矛盾的具体的条件、原因和变化等，是一切从实际出发的世界观和思想路线的生动体现。习近平总书记指出："要坚持具体问题具体分析，'入山问樵、入水问渔'，一切以时间、地点、条件为转移，善于进行交换比较反复，善于把握工作的时度效。"① 我们想问题、办事情、作决策，要学会"入山问樵、入水问渔"，牢牢抓住矛盾的特殊性，具体问题具体分析，具体解决。邓小平同志在批判"两个凡是"时说："把毛泽东同志在这个问题上讲的移到另外的问题上，在这个地点讲的移到另外的地点，在这个时间讲的移到另外的时间，在这个条件下讲的移到另外的条件下，这样做，不行嘛！"② 现实生活中的各种问题、各种矛盾，如果脱离了特定的时间、地点、条件，既无法回答，更无法解决。既不能用抽象的概念和原则代替对事物矛盾的具体分析，也不能从自我感觉出发而主观臆断，必须始终坚持具体问题具体分析这个马克思主义活的灵魂。

一切以时间、地点、条件为转移，具体问题具体分析，具体矛盾具体解决，还要正确处理保证中央政令畅通和立足实际创造性开展工作的关系。习近平总书记对全国

---

① 习近平：《在省部级主要领导干部学习贯彻党的十八届五中全会精神专题研讨班上的讲话》，《人民日报》2016年5月10日第2版。

② 《邓小平文选》第2卷，人民出版社1994年版，第38页。

党委秘书长会议做出重要批示,他强调,要狠抓中央决策部署的贯彻落实,确保中央政令畅通、决策落地生根。2016年1月29日召开的中央政治局会议,首次公开提出"增强政治意识、大局意识、核心意识、看齐意识",自觉在思想上政治上行动上同以习近平同志为核心的党中央保持高度一致,加强党的领导,维护中央权威。一方面,任何具有地方特点的工作部署都必须以贯彻中央精神为前提。中央的精神是综合全局的所有个别情况提出来的,属于共性的东西,具有普遍性的指导意义,因而必须贯彻落实。要防止和克服地方或部门本位主义、保护主义,不能搞"上有政策、下有对策",不能搞"有令不行、有禁不止",不能在贯彻中央决策部署上"打折扣、搞变通、作选择"。另一方面,任何具有地方特点的工作都必须立足实际创造性地开展,善于把中央的精神同各地区各部门的实际结合起来,避免依葫芦画瓢、千篇一面。

第三节 一分为二地看问题,既要讲 "两点论",又要讲"重点论"

矛盾分析方法,就是要一分为二地看问题,既要看到矛盾的两个方面,各个方面,叫"两点论",即"全面论",又要看到矛盾的重点,即主要矛盾或矛盾的主要方面,叫"重点论",即"主要论"。辩证法要求我们,一分为二地看问题,要把"两点论"与"重点论"结合起来,把"全面看问题"和"抓住主要矛盾或矛盾主要方面"结合起来。习近平总书记指出:"抓住重点带动面上

第二章 马克思主义辩证法既是科学世界观,又是科学认识论和方法论

工作,是唯物辩证法的要求,也是我们党在革命、建设、改革进程中一贯倡导和坚持的方法。经过改革开放近40年的发展,我国社会生产力水平明显提高;人民生活显著改善,对美好生活的向往更加强烈,人民群众的需要呈现多样化多层次多方面的特点,期盼有更好的教育、更稳定的工作、更满意的收入、更可靠的社会保障、更高水平的医疗卫生服务、更舒适的居住条件、更优美的环境、更丰富的精神文化生活。"[1] 他要求我们要熟练掌握唯物辩证法,运用矛盾分析方法,在社会主义现代化建设中坚持"两点论"与"重点论"相统一,为实现中华民族伟大复兴的中国梦、实现人民对美好生活的向往努力奋斗。关于改革发展与稳定的关系,习近平总书记指出,改革也要辩证施治,既要养血润燥、化痰行血,又要固本培元、壮筋续骨,使各项改革发挥最大效能。他在中央经济工作会议上强调,"稳"也好,"改"也好,是辩证统一、互为条件的。一静一动,静要有定力,动要有秩序,关键是要把握好这两者之间的度。

在对立中把握统一、在统一中把握对立。矛盾双方既对立又统一,对立统一相结合是一个重要原则。习近平总书记指出,正确分析矛盾,就是要"在对立中把握统一、在统一中把握对立"[2]。矛盾最基本的特征就是对立面的统

---

[1] 习近平:《高举中国特色社会主义伟大旗帜 为决胜全面小康社会实现中国梦而奋斗》,2017年7月27日,新华网。

[2]《习近平总书记系列重要讲话读本(2016年版)》,学习出版社、人民出版社2016年版,第281页。

一，既相互对立，又相互统一。《易传》讲"一阴一阳之谓道""一阖一辟谓之变"，老子曰"祸兮福之所倚，福兮祸之所伏"，"一分为二""合二为一""一物两体""相反相成"等都是我国古代哲学对矛盾观念的理解和表达。在西方，古希腊哲学家赫拉克利特认为"统一物是由对立面组成的"，德国古典哲学的集大成者黑格尔提出"从对立面的统一中去把握对立面"。矛盾双方既统一又斗争，同一性和斗争性是矛盾的基本属性。

对于宣传思想工作，习近平总书记提出，"坚持团结稳定鼓劲、正面宣传为主，是宣传思想工作必须遵循的重要方针"；"在事关大是大非和政治原则问题上，必须增强主动性、掌握主动权、打好主动仗，帮助干部群众划清是非界限、澄清模糊认识"。[1] 矛盾双方既有同一性，又有斗争性；既相互依赖，又相互排斥，统一于宣传思想工作过程的始终。正确认识矛盾的这两重属性及其相互关系，坚持一分为二地看问题，坚持正面宣传与舆论斗争的统一。

研究事物矛盾，就要研究矛盾双方是怎样同一，又怎样斗争，在对立中把握统一，在统一中把握对立，才会全面地、辩证地看问题。习近平总书记强调，在矛盾双方对立统一的过程中把握事物发展规律，克服极端化、片面化[2]，反对相对主义、反对形而上学。

---

[1] 《胸怀大局把握大势着眼大事　努力把宣传思想工作做得更好》，《人民日报》2013年8月21日第1版。

[2] 参见《习近平总书记系列重要讲话读本（2016年版）》，学习出版社、人民出版社2016年版，第280—281页。

第二章　马克思主义辩证法既是科学世界观,又是科学认识论和方法论

"稳中求进",推进辩证发展。稳中求进,"稳"是条件、是前提、是基础,"进"是目标、是发展、是创新。习近平总书记在 2016 年 12 月 14—16 日召开的中央经济工作会议上指出,"稳中求进工作总基调是治国理政的重要原则,也是做好经济工作的方法论"[①]。稳定是发展的基石,行稳是致远的前提。"稳"和"进"是辩证统一的。经济运行保持在合理区间,增长稳定性增强,质量和效益不断提高。经济结构继续优化,创新对发展的支撑作用日益增强,消费对增长的贡献提高。改革开放取得新突破,主要领域"四梁八柱"性改革基本出台,"一带一路"建设进展快速。人民生活持续改善,生态环境有所好转,绿色发展初见成效。稳是主基调,稳是大局,在稳的前提下才能在关键领域有所进取,才能在把握好度的前提下知难而进、以进促稳。我们要把稳中求进工作总基调贯彻到各个方面,切实做到稳定大局、不断进取、奋发有为。

"蹄疾步稳",把握适度原则。在全面深化改革的过程中,习近平总书记提出,必须坚持"胆子要大,步子要稳",做到"蹄疾步稳"。在实际工作中,我们既要充分调动、发挥主观能动性,又要尊重客观条件和规律性,统筹、协调好事物矛盾发展的方方面面,做到胸中有数,把握好适度原则。

唯物辩证法认为,质与量的统一就是度。认识事物的度,要注意掌握适度的原则,把握好分寸和火候。有一个

---

① 《中央经济工作会议在北京举行》,《人民日报》2016 年 12 月 17 日第 1 版。

成语叫"过犹不及","不及"是达不到一定的度,"过"是超过一定的度,"不及"与"过"二者不同,但结果只有一个,就是把好事办砸,变成坏事。把握适度原则,就是要按照事物度的发展规律办事,也就是要按照矛盾的具体情况和发展规律办事,适度而为。

面对我国经济增速换挡期、结构调整阵痛期、前期刺激政策消化期"三期叠加"的状态,只有达到习近平总书记多次引用的"治大国如烹小鲜"的高超境界,冷静观察、从容应对,才能把握大势、保持定力,才能做到"蹄疾而步稳",坚持宏观政策要稳、微观政策要活、社会政策要托底,从而换来增长、就业、物价稳中向好,速度、结构、效益同步改善。经济建设如此,思想舆论建设等其他工作也是这样。习近平总书记指出,做好舆论引导工作,一定要把握好时、度、效。找对方向,拿准尺度,掌握火候,把握好舆论引导的边界和底线,做到舆论引导冷热均衡、疏密得当、深浅适宜。

牵住"牛鼻子",抓住"关键少数"。习近平总书记强调:"面对复杂形势和繁重任务,首先要有全局观,对各种矛盾做到心中有数,同时又要优先解决主要矛盾和矛盾的主要方面,以此带动其他矛盾的解决。党的十八大以来,我们提出要协调推进全面建成小康社会、全面深化改革、全面依法治国、全面从严治党。在推进这'四个全面'过程中,我们既要注重总体谋划,又要注重牵住'牛鼻子'。"①

---

① 习近平:《辩证唯物主义是中国共产党人的世界观和方法论》,《求是》2019年第1期。

第二章 马克思主义辩证法既是科学世界观，又是科学认识论和方法论

坚持"两点论"和"重点论"的统一，在众多矛盾中找出主要矛盾，在矛盾的双方中抓住矛盾的主要方面，这是我们党正确解决战略和策略问题的哲学指南，也是我们党行之有效的工作方法。

矛盾存在的特殊条件决定了事物的各种矛盾和矛盾的各个方面总是发展不平衡的，这就形成了在事物发展中起着不同作用的矛盾和矛盾的不同方面。认识不同矛盾在事物矛盾系统中的不同地位、在事物发展中的不同作用，最重要的就是认识主要矛盾和矛盾的主要方面的地位和作用，捕捉住它，解决它。

关于依法治国、从严治党，习近平总书记强调要抓住领导干部这个"关键少数"。"高级干部特别是中央领导层组成人员必须以身作则，模范遵守党章党规，严守党的政治纪律和政治规矩，坚持不忘初心、继续前进，坚持率先垂范、以上率下，为全党全社会作出示范。"① 只有领导干部认识上去了，以身作则、率先垂范，才能以上带下，带动全社会推进从严治党、依法治国。在现实生活中，一些领导干部法治意识比较淡薄，有的存在有法不依、执法不严甚至徇私枉法等问题，影响了党和国家的形象和威信，损害了政治、经济、文化、社会、生态文明领域的正常秩序。领导干部这个"关键少数"，是影响事业成败的关键因素。

2016年2月，习近平总书记就学习毛泽东同志《党委会的工作方法》做出重要批示。《党委会的工作方法》纳

---

① 《中共十八届六中全会在京举行》，《人民日报》2016年10月28日第1版。

入"学党章党规、学系列讲话，做合格党员"学习教育的重要内容，目的正是提高党员干部的能力和水平。其中，强调要"学会'弹钢琴'"的工作方法。"弹钢琴要十个指头都动作，不能有的动，有的不动。但是，十个指头同时都按下去，那也不成调子。要产生好的音乐，十个指头的动作要有节奏，要互相配合。党委要抓紧中心工作，又要围绕中心工作而同时开展其他方面的工作。"① 无论什么时候，既要分清主次，抓中心工作，反对平均使用力量；又要全面安排，统筹兼顾，防止"单打一"。

第四节 学会辩证法，增强战略思维、创新思维、辩证思维、法治思维和底线思维能力

习近平总书记指出，学习和运用唯物辩证法，就要运用辩证思维方式认识问题、分析问题和解决问题，准确把握客观实际，真正掌握客观规律。他精通辩证法，善于运用辩证思维方式分析复杂事物，全面把握事物变化及其关系，通透辩证思维方式和辩证分析方法。他在党的十九届一中全会上告诫全党同志，在新时代的征程中一定要适应新时代中国特色社会主义的发展要求，提高战略思维、创新思维、辩证思维、法治思维、底线思维能力，增强工作的原则性、系统性、预见性、创造性，更好把握国内外形势发展变化，更好贯彻党的理论和路线方针政策，更好贯彻党的十九大确定的大政方针、发展战略、政策措施，更

---

① 《毛泽东选集》第4卷，人民出版社1991年版，第1442页。

第二章 马克思主义辩证法既是科学世界观，又是科学认识论和方法论

好推进中国特色社会主义伟大事业和党的建设新的伟大工程，团结带领全国各族人民奋力谱写全面建成小康社会、全面建设社会主义现代化国家新篇章。

以战略思维谋大势。战略思维，就是习近平总书记所概括的高瞻远瞩，统揽全局，善于从全面、根本、长远的角度看问题，善于把握事物发展总体趋势和方向。① 他强调，要树立全局意识、大局观念，要善于从全局看问题，放眼世界，放眼未来，放眼一切方面，也不能忘记当前；要善于观大势，谋大事，把握工作主动权；要加强战略思维，增强战略定力，做到"任凭风浪起，稳坐钓鱼船"，在重大原则问题上旗帜鲜明、态度明确，在复杂多变的国际局势中平心静气、静观其变，在制定策略时冷静观察、谨慎从事，谋定而后动。要视野开阔，胸襟博大，紧跟时代前进步伐，站在战略和全局的高度观察和处理问题，从政治上认识和判断形势，透过纷繁复杂的表面现象把握事物的本质和发展的内在规律。

运用战略思维，必须把握好发展过程中机遇与挑战的关系。世界潮流，浩浩荡荡，顺之则昌，逆之则亡。习近平总书记指出："我们一定要抓住机遇，集中精力把自己的事情办好，使国家更加富强，使人民更加富裕，依靠不断发展起来的力量更好走和平发展道路。"② 要想实现发展

---

① 参见《习近平总书记系列重要讲话读本（2016年版）》，学习出版社、人民出版社2016年版，第286页。

② 《更好统筹国内国际两个大局，夯实走和平发展道路的基础》，《人民日报》2013年1月30日第1版。

的战略目标，就要善于应对挑战、利用机遇，做到"抓住时机，发展自己"。挑战和机遇往往共生共存，化解了挑战，就可能迎来大的机遇；不能化解挑战或者被挑战压垮，已有的机遇也可能丧失。要善于识别机遇、捕捉机遇乃至创造机遇，同时也要重视挑战、应对挑战、战胜挑战。所谓"机不可失、失不再来"，忽视机遇、错失转机，可能会导致满盘皆输。事物发展总是波浪式前进和螺旋式上升，没有战略思维，就难以把握机遇，难以把握事物发展的方向和趋势。

习近平总书记指出，党员干部要提高战略思维能力，特别是在根本问题上，要有很强的战略定力。在世情、国情、党情都在发生深刻变化的形势下，如果没有足够的战略定力，很容易出现心理上的患得患失、行动上的犹豫不决、战略上的摇摆不定；很容易举棋不定，随波逐流，进退失据，乃至丧失战略行动能力，错失当前发展的重要战略机遇期。保持战略定力，一方面要有战略思维的有力支撑，这就要求我们认真学习掌握唯物辩证法，做到凡事望得远一程，想得深一层，看得透一成，不断提高战略判断和战略抉择能力；另一方面要求我们在事关战略目标、战略大局、战略重点、战略途径等重大问题上，不为现象和议论所迷惑，不为诱惑和压力所动摇，始终保持清醒头脑，立场坚定，旗帜鲜明，坚定不移地坚持和实施党和国家做出的战略决策。"千磨万击还坚劲，任尔东西南北风"，以坚如磐石的战略定力，引领中国的发展。

以创新思维添动力。创新思维，就是破除迷信、超越陈规，善于因时制宜、知难而进、开拓进取，不断推进思想进步、实践进步、发展进步。① 创新思维是辩证发展观的具体体现。习近平总书记把创新理念运用于创新发展，提出了创新发展战略。他要求，要深入实施创新驱动发展战略，加快形成以创新为主要引领和支撑的经济体系和发展模式。发展中国特色社会主义事业，解决深层次矛盾和新出现的问题，改革创新是关键一招。事业发展永不停步，创新发展没有止境。

提高创新思维能力，必须反对各种形而上学的思维方式，做到不唯书、不唯上，只唯实。一是要破除对"本本"的迷信。邓小平同志说："一个党，一个国家，一个民族，如果一切从本本出发，思想僵化，迷信盛行，那它就不能前进，它的生机就停止了，就要亡党亡国。"② 任何"本本"，包括马列主义的"本本"，都不能成为教条，都需要经受实践的检验，并在实践中不断发展。二是要破除对"经验"的迷信。经验是宝贵的财富，总结经验是开展工作的有效途径。但是，经验来自过去的实践，而对过去的经验只能借鉴，不能机械地盲目照搬。反对经验主义，是创新思维的必然要求。三是要破除对"权威"的迷信。尊重权威、学习权威，站在巨人的肩上继续攀登，是提高创新思维能力的客观要求。但是，如果把权威视若神明，顶礼膜拜，盲信盲从，就堵塞了创新思维的通道，成为创

---

① 参见《习近平总书记系列重要讲话读本（2016年版）》，学习出版社、人民出版社2016年版，第287页。

② 《邓小平文选》第2卷，人民出版社1994年版，第143页。

新的障碍。

习近平总书记强调:"坚持创新发展,必须把创新摆在国家发展全局的核心位置,不断推进理论创新、制度创新、科技创新、文化创新等各方面创新,让创新贯穿党和国家一切工作,让创新在全社会蔚然成风。"① 创新是社会发展的不竭动力。没有创新,就没有中国的进步,就没有中国的未来。从某种意义上说,中国共产党的历史就是一部生动的创新史。习近平总书记指出:"我们要在今后的实践中,继续写好这部创新史,才能无愧于前人,无愧于后人。因此,我们必须始终不渝地坚持党的思想路线,解放思想、实事求是、与时俱进,在解放思想中统一思想,以解放思想的新境界,推进各项事业的新发展,做到既保持工作的连续性和稳定性,又体现工作的时代性和创造性。"② 不断提高全民族的创新思维能力,不断开创改革创新新局面,是中国共产党团结带领全国人民不断推进中国特色社会主义事业的重要使命。

以辩证思维增智慧。习近平新时代中国特色社会主义思想,是对辩证唯物主义世界观方法论的自觉运用,包含着深刻的马克思主义哲学思想。它有一个非常突出的特点,就是既部署"过河"的任务,又指导解决"桥或船"的问题,体现了目标任务与科学思想方法、工作方法的有

---

① 《中国共产党第十八届中央委员会第五次全体会议文集汇编》,人民出版社2015年版,第7页。

② 习近平:《干在实处 走在前列——推进浙江新发展的思考与实践》,中共中央党校出版社2006年版,第79页。

第二章 马克思主义辩证法既是科学世界观,又是科学认识论和方法论

机统一,为我们认识问题、分析问题、解决问题树立了典范,处处闪耀着马克思主义辩证法的光辉。① 学习贯彻习近平新时代中国特色社会主义思想,非常重要的一点就是学会马克思主义哲学看家本领,学会唯物辩证法的根本方法,增强辩证思维能力和辩证智慧。

辩证思维,就是承认矛盾、分析矛盾、解决矛盾,善于抓住关键和重点,全面洞察事物发展规律。② 恩格斯指出,如果把辩证法当成"可以用来套在任何论题上的刻板公式","用来在缺乏思想和实证知识的时候及时搪塞一下的词汇语录"③,辩证法就失去了生命力。客观事物是充满矛盾的,真正的辩证法就要分析研究对象本身的复杂性,灵活具体地运用基本范畴。辩证思维是最根本的,战略思维、创新思维、法治思维、底线思维在实质上也都是唯物的、辩证的。坚持辩证思维,必须克服两极对立、非此即彼的形而上学思维方式。

党的十八届五中全会提出"创新、协调、绿色、开放、共享"发展理念,深刻蕴含着辩证思维的哲学智慧。五大发展理念具有强烈的问题意识和问题导向,是针对我国发展实践中面临的一系列突出矛盾和问题而提出来的。针对世界经济竞争激烈与我国科技创新能力不强的矛盾,创新重在解决发展动力不足的问题;针对我国经

---

① 参见《习近平总书记系列重要讲话读本(2016年版)》,学习出版社、人民出版社2016年版,第278页。
② 同上书,第287页。
③ 《马克思恩格斯文集》第2卷,人民出版社2009年版,第600页。

济社会发展中"一条腿长一条腿短"的矛盾，协调重在解决发展不均衡的问题；针对经济发展与人口、资源、环境之间的矛盾，绿色重在解决人与自然不和谐的问题；针对我国经济转型升级客观要求与对外开放水平总体不高的矛盾，开放重在解决发展内外联动不充分的问题；针对经济效率与社会公平的矛盾，共享重在解决发展为了谁的这一根本性问题。五大发展理念之间既各有侧重又相互支撑，既相互贯通又相互促进，是具有内在联系的集合体。创新是引领发展的第一动力，协调是持续健康发展的内在要求，绿色是永续发展的必要条件，开放是国家繁荣发展的必由之路，共享是中国特色社会主义本质属性的根本体现。

以法治思维促改革。法律是治国之重器，法治是国家治理体系和治理能力的重要依托。法治思维，就是基于对法律和法治的信仰和遵守，自觉运用法治理念、原则和逻辑来认识、分析和解决问题的思维方式。党的十八大以来，以习近平同志为核心的党中央从坚持和发展中国特色社会主义全局出发，从实现国家治理体系和治理能力现代化的高度提出了全面依法治国的重大战略部署。党的十八届四中全会通过了全面推进依法治国的决定，要求运用法治思维和法治方式深化改革，推动发展，要求不断提升党员干部法治思维和依法办事能力。这关系我们党执政兴国、关系人民幸福安康、关系党和国家长治久安。

习近平总书记指出："各级领导机关和领导干部要提高运用法治思维和法治方式的能力，努力以法治凝聚改革

第二章　马克思主义辩证法既是科学世界观,又是科学认识论和方法论

共识、规范发展行为、促进矛盾化解、保障社会和谐。"①在市场经济条件下,人们的思想观念多元多样多变,利益分歧和矛盾冲突相互交织,只有法治才能有效整合各种张力、化解各种冲突,为全面深化改革保驾护航。要推动我国经济社会持续健康发展、不断解放和增强社会活力、促进社会公平正义、维护社会和谐稳定,就必须全面推进社会主义法治国家建设,切实提高运用法治思维推进改革的能力和水平。

领导干部要率先确立和运用法治思维。习近平总书记强调:"党员干部是全面推进依法治国的重要组织者、推动者、实践者,要自觉提高运用法治思维和法治方式深化改革、推动发展、化解矛盾、维护稳定能力,高级干部尤其要以身作则、以上率下。"② 主动学法,不断增强法律意识、强化法治观念。自觉守法,是领导干部的行为底线,守住底线是树立法治思维的基本要求。善于用法,是实现法治思维的实践手段。各级领导干部都应善于用法治深化改革,强化法治对改革的规范,实现立法和改革决策相衔接,做到重大改革于法有据、立法主动适应改革和社会发展需要;用法治推动发展,面对经济发展新常态,运用法治理念、法治手段促发展;用法治化解矛盾,适应人民群众多元化诉求和需求,运用法治思维解决问题、协调关

---

① 习近平:《习近平谈治国理政》第1卷,外文出版社2018年版,第145页。

② 《中共中央关于全面推进依法治国若干重大问题的决定(2014年10月23日)》,载《十八大以来重要文献选编》(中),中央文献出版社2016年版,第178页。

系，维护人民权益、保障社会稳定。

以底线思维控风险。底线思维，就是考虑问题、办事情要留有充分余地，从最坏处着眼，从最好处着手，善于做转化争取工作，掌握主动权。习近平总书记指出，作决策、办事情，要善于运用底线思维的方法，凡事从坏处准备，努力争取最好的结果，这样才能有备无患、遇事不慌，牢牢把握主动权。①

《礼记·中庸》有云："凡事预则立，不预则废。"这是古人对底线思维高度凝练的概括。无论做什么事，都要预先知道事情的可能发展前景，预先看到事情发展可能遇到的困难，预先防止可能发生的最坏情况，预先为争取事情最好发展结果而做好各方面准备。这样，事情就一定能立得住、站得稳、取得成功、获得胜利。

领导干部必须善于运用底线思维。一是要有原则意识。无论干什么工作，都要明确基本原则、基本方向和基本目标，不能脚踩西瓜皮，滑到哪里算哪里。习近平总书记强调："改革是社会主义制度自我完善和发展，怎么改、改什么，有我们的政治原则和底线，要有政治定力。"② 越过底线，就会走向事物的反面。对于那些不能改的，再过多久也不能改。二是要有短板意识。木桶的容量取决于最短的那块木板，要正确处理好亮点、成绩与安全阀、稳压

---

① 参见人民日报社理论部编《深入学习习近平同志系列讲话精神》，人民出版社2013年版，第143页。

② 《习近平关于全面深化改革论述摘编》，中央文献出版社2014年版，第49页。

器和保险杠的关系，防止一着不慎而导致满盘皆输。当前，我国经济社会发展中的各种深层次矛盾日益凸显，诸多民生难题牵一发而动全身。直面挑战，需要逢山开路、遇河架桥的勇气，也需要管控风险、防守底线。三是要有边界意识。对党纪国法要时刻怀有敬畏之心，党纪严于国法，做到不越边界、不踩红线、不碰高压线，这样才能少走"弯路"，不入"歧途"。四是要有小节意识。习近平总书记告诫大家，"多积尺寸之功，经常防微杜渐"。在道德修养、生活情趣方面，要落细落小，时刻自励自省，勿以恶小而为之，勿以善小而不为。"纷繁世事多元应，击鼓催征稳驭舟。"只有在守住底线的前提下攻坚克难，"中国号"巨轮才能直挂云帆、长风破浪，驶抵胜利的彼岸。

第三章

掌握实践和认识的辩证关系，坚持实践第一

实践第一是辩证唯物主义的基本观点，也是马克思主义生命力的重要保证。习近平总书记指出："学习掌握认识和实践辩证关系的原理，坚持实践第一的观点，不断推进实践基础上的理论创新。"① 坚持实践第一，辩证理解实践与理论的内在关系，坚持理论联系实际的马克思主义学风，是习近平新时代中国特色社会主义思想的重要哲学内涵。

第一节 实践出真知，在实践中摸规律

2012年12月31日，习近平总书记在十八届中共中央政治局第二次集体学习时指出："摸着石头过河就是摸规律……从实践中获得真知。……摸着石头过河和加强顶层设计是辩证统一的。"② 在马克思主义哲学思想发展史上，

---

① 习近平：《辩证唯物主义是中国共产党人的世界观和方法论》，《求是》2019年第1期。

② 《习近平关于协调推进"四个全面"战略布局论述摘编》，中央文献出版社2015年版，第54—55页。

这是第一次正面回答"摸着石头过河"的具体内涵，是对马克思主义哲学中国化思想内容的丰富与发展。它不仅使人们更加深入地看到"实践出真知"的客观性与重要性，而且使人们对于"摸着石头过河"的实践内涵与认识论意义有了更准确的把握，特别是针对"摸着石头过河"与顶层设计的内在关系，也做出了辩证的阐释与正面的解答。

实践出真知是马克思主义哲学最根本的认识论立场。坚持实践出真知，就是坚持马克思主义实践观与认识论。什么是实践？所谓实践，就是马克思所说的"人的感性活动"，是人们"根据于一定的思想、理论、计划、方案以从事于变革客观现实"的活动，是"主观见于客观的东西"①。强调实践的重要性，是马克思主义哲学区别于旧哲学的根本特点。

主张"实践第一"，注重实践对于认识的本源意义，是由马克思主义实践观引发出来的马克思主义认识论的根本观点。马克思主义实践观与马克思主义认识论之间是辩证统一的关系：要想弄懂马克思主义认识论，必须充分掌握马克思主义实践观；要想真正理解马克思主义实践观，必须深入把握马克思主义认识论。马克思主义实践观是把握马克思主义认识论的重要钥匙，马克思主义认识论是理解马克思主义实践观的主要环节。一定要在坚持马克思主义实践观的基础上，深入理解与贯彻马克思主义认识论，积极肯定实践在认识中的重要作用。也就是说，要像习近平总书记所倡导的那样，坚持"从实践中获得真知"。

---

① 参见《毛泽东选集》第 1 卷，人民出版社 1991 年版，第 295 页。

>> 开辟当代马克思主义哲学新境界

习近平总书记指出:"实行改革开放,发展社会主义市场经济,我们的老祖宗没有讲过,其他社会主义国家也没有干过,只有通过实践、认识、再实践、再认识的反复过程,从实践中获得真知。"① 这段论述清楚地表明,我们不仅要始终坚持"实践出真知"这一马克思主义哲学的认识论立场,同时还要深刻认识到,坚持"实践出真知"就是要坚持"在干中学"。有关改革开放、发展社会主义市场经济的认识是坐等不来的,只有先干起来,才有从实践中获得真知的可能。否则,获得真知只会是一句空话。在福建工作时期,习近平同志明确提出了"行动至上"的思想。他说:"马克思说过:'一步实际运动比一打纲领更重要。'我不主张多提口号,提倡行动至上。过去采取的很多有效的办法,要像接力赛一样,一棒一棒接着干下去,脚踏实地干出成效来。"② 在浙江工作期间,习近平同志向浙江人民提出"走在前列,干在实处"。这就将实践的重要性提到了新的认识高度,使人们深刻领悟到实践不仅是认识的来源,同时也是在实践中保持先进性的重要保证。中国特色社会主义事业的发展壮大以及人民生活水平的日益提高,都不是坐等而来的,人们必须在不断的实践和不断的认识总结中,才能使之得以实现,并逐步完善。

坚持"实践出真知",就是要坚持"从实践中来,到

---

① 《习近平关于全面深化改革论述摘编》,中央文献出版社2014年版,第34页。

② 习近平:《摆脱贫困》,福建人民出版社2014年版,第77页。

实践中去"的方法论原则。习近平总书记指出:"改革开放只有进行时没有完成时。没有改革开放,就没有中国的今天,也就没有中国的明天。……改革开放中的矛盾只能用改革开放的办法来解决。"① 中国的改革开放是中国共产党人需要不断坚持与发展的伟大实践事业,改革开放的成功经验来源于实践,改革开放中的矛盾与问题也只能通过不断总结经验教训来加以解决。在这里,人们深入地看到实践作为认识的起点与宗旨的重要意义。

习近平总书记多次告诫我们,空谈误国,实干兴邦。这是马克思主义实践论的真理,也是古今中外历史经验的总结。他强调,制定出一个好文件,只是万里长征走完了第一步,关键还在于落实文件,"要防止徒陈空文、等待观望、急功近利……必须有时不我待的紧迫意识和夙夜在公的责任意识。……要抓实、再抓实"②。一分部署,九分落实。抓落实是领导工作中极为重要的环节,是党的思想路线和群众路线的根本要求,也是衡量党员干部世界观正确与否和党性强不强的重要标志。所谓落实,就是把中央精神落实到实践中去、落实到基层中去、落实到群众中去,使之成为广大党员、干部、群众的自觉行动,以确保党和国家确定的目标任务顺利实现。实践证明,抓落实而不紧等于不抓,抓落实而不实等于白抓,一定要在求实、务实上下工夫。要以抓铁有痕、踏石留印的劲头,坚持不

---

① 《习近平关于协调推进"四个全面"战略布局论述摘编》,中央文献出版社2015年版,第56页。

② 同上书,第156页。

懈地抓落实。从实践与认识的内在关系来看，抓落实并不仅仅是一个实践问题，而且还是出思想、出观念、出点子、出方法的重要环节。这正如习近平总书记所强调的："我们推进各项工作，根本的还是要靠实践出真知。"①

在实践中摸规律。"摸着石头过河，就是在实践中摸规律"，这是习近平总书记从实践角度对"摸着石头过河"的高度概括和准确定义，是对在改革开放中脱颖而出的"摸着石头过河"重要思想的充分肯定，是马克思主义中国化的创新性发展。十一届三中全会以来，我们党始终强调在改革开放中坚持"摸着石头过河"的重要性。从"摸着石头过河就是摸规律"这一提法中人们可以深入地看到，"摸着石头过河"并不是一种随意性行动，而是有着明确目的，勇于在实践中摸索事物发展规律的探索性活动。大力探索改革开放的发展规律，不断开创改革开放的新局面，是"摸着石头过河"的最终目标。

"摸着石头过河"重要思想被广泛应用到各方面改革之中，成为我们党领导改革开放和社会主义现代化建设的重要方法论。习近平总书记指出："摸着石头过河，是富有中国智慧的改革方法，也是符合马克思主义认识论和实践论的方法。"② 这不仅肯定了"摸着石头过河"的马克思主义认识论与实践论意义，而且也肯定了它的方法论意

---

① 习近平：《辩证唯物主义是中国共产党人的世界观和方法论》，《求是》2019年第1期。

② 《习近平关于协调推进"四个全面"战略布局论述摘编》，中央文献出版社2015年版，第71页。

义。"摸着石头过河",就是摸规律,主动、积极地从实践中获得真知,以循序渐进的方法,边干边摸索经验,边干边提升认识。实践是认识的来源、动力和目的,也是检验认识真理性的标准。改革开放是一项前无古人的开创性事业,没有现成的方法可以学、没有现成的道路可以走。"摸着石头过河",就是我们党在建设中国特色社会主义过程中的一种探索性尝试与实践。这正如邓小平同志所说的:"没有现成的经验可学。我们只能在干中学,在实践中摸索。"[①]

习近平总书记指出:"我们的改革开放是有方向、有立场、有原则的。"[②] 针对"摸着石头过河",一定要看到,它是实事求是原则在改革开放实践中的方法论体现,强调人们必须始终根据实际情况随时调整改革的步伐和重点;是一种有原则性的探索,强调人们必须遵循一定的原则和经验规律,沿着正确的方向进行改革;是一种有目标性的探索,强调人们要有的放矢而不是茫无目标,积极稳妥而不是盲目冒进;是一种有规则的探索,强调人们一定"要按照已经认识到的规律来办,在实践中再加深对规律的认识,而不是脚踩西瓜皮,滑到哪里算哪里"[③]。正是通过"摸着石头过河",我们才能更好地了解实践、认识实践,搞清楚究竟什么是社会主义、怎样建设社会主义,才

[①] 《邓小平文选》第3卷,人民出版社1993年版,第258—259页。

[②] 《习近平关于协调推进"四个全面"战略布局论述摘编》,中央文献出版社2015年版,第51页。

[③] 同上书,第71页。

能有更大的勇气、更大的热情推动改革，发展社会主义，并最终形成正确的理论来指导实践。

习近平总书记指出，"摸着石头过河"和加强顶层设计是辩证统一的关系。强调"摸着石头过河"，反映对实践的重视；强调加强顶层设计，是对实践的尊重。"摸着石头过河"，是做好顶层设计的实践基础。没有在实践中的摸索和总结经验，再好的顶层设计也会失去原有的重要意义，在探索过程中迷失方向、背离实际、丧失根本，甚至会由此走弯路、入歧途。顶层设计是"摸着石头过河"的重要原则。通过加强顶层设计，能够加强改革的系统性、整体性、协同性，为"摸着石头过河"提供更多的依据。中国特色社会主义事业需要经历不同的实践阶段来完成不同的任务，以解决实践过程中出现的不同问题。在改革开放过程中，会出现许多人们无法预料的新情况、新问题，这就要求我们必须依据不断变化着的实际情况，从顶层设计上进行调整和补充，做到主观与客观相符合。只有把"摸着石头过河"与顶层设计有机统一起来，才能保证改革开放既具有前瞻性又具有探索性，既具有谋划性又具有突破性，才能更好地坚持和发展中国特色社会主义。

"顶层设计"原本是工程学的一个概念，本义是统筹考虑项目各层次和各要素，追根溯源，统揽全局，在最高层次上寻求问题的解决之道。"不谋全局者不能谋一域，不足谋万世者不足谋一时。"加强改革的顶层设计，就是要从全局谋划和部署改革，加强对改革开放进行总体性的设计、全局性的谋划，整体地、全方位地为改革提供一种指导性的方案。顶层设计解决的是实践的前瞻性问题，所设计的是主要原则、总体思路、重点领域、基本规划等，对于作好改革开放这篇大文章是必不可少、不可或缺的。如果说我们在探索过程中形成的理论是认识的第一次飞跃，即感性认识上升到理性认识，我们还需要完成认识的第二次飞跃即用认识来指导实践。加强顶层设计关键要做到如下两点：一是要有的放矢，抓核心、抓重点，改什么、如何改，目标和方向必须明确。一些不具有全局意义的短期性问题、非关键性问题和日常性问题不必列入顶层设计的内容。二是要进行理论上的创新，运用创新性思维指导进一步的改革，设计出适应中国未来改革的目标理念和实施方案，实现经济发展、政治民主、文化繁荣和社会和谐。

"摸着石头过河"侧重实践范畴。顶层设计侧重认识范畴，它以科学理论为指导，为改革开放和现代化建设提供了总体思路和基本规划。"摸着石头过河"与顶层设计相结合就是实践与认识相结合。这种结合的重要意义，正如习近平总书记所指出的："我们提出加强顶层设计和摸着石头过河相结合、整体推进和重点突破相促进，这是全面深化改革必须遵循的重要原则，也是历史唯物主义的要求。"①

第二节 理论必须同实践相统一，反对主观主义

习近平总书记多次强调，"理论必须同实践相统一"②，

---

① 《习近平关于协调推进"四个全面"战略布局论述摘编》，中央文献出版社2015年版，第77页。

② 习近平：《辩证唯物主义是中国共产党人的世界观和方法论》，《求是》2019年第1期。

要坚持问题导向，反对主观主义、教条主义、形式主义，"坚持理论联系实际的马克思主义学风"①。他告诫全党同志，在新时代的征程上一定要弘扬理论联系实际的学风，紧密联系党和国家事业发生的历史性变革，紧密联系中国特色社会主义进入新时代的新实际，紧密联系我国社会主要矛盾的重大变化，紧密联系"两个一百年"奋斗目标和各项任务，自觉运用理论指导实践，使各方面工作更符合客观规律、科学规律的要求，不断提高新时代坚持和发展中国特色社会主义的能力，把党的科学理论转化为万众一心推动实现"两个一百年"奋斗目标、实现中华民族伟大复兴中国梦的强大力量。②这些论述既让人们进一步看到正确理解理论与实践关系的重要性，同时也告诫我们，一定要坚持理论同实践相统一原则，弘扬马克思主义理论联系实际的学风，在理论与实践上反对教条主义和经验主义。

理论必须同实践相统一。"理论必须同实践相统一"是习近平总书记对全党同志的殷切告诫，也是马克思主义哲学认识论原则。实践作为人类社会赖以生存与发展的物质性、能动性活动，本质上是属于人的社会性活动。实践是主观与客观、精神与物质的天然统一体，实践与人的精神活动和认识活动天然地联结在一起。人类的认识活动本质上是实践的，而实践又必然是主体的、能动的、批判

---

① 习近平：《在全国党校工作会议上的讲话》，《求是》2016年第9期。

② 参见习近平《在党的十九届一中全会上的讲话》，《求是》2018年第1期。

的、创新的。所以,我们探究与把握人类的社会实践活动,就必须研究与把握人类的认识活动,因为人类的认识活动是构成社会实践的不可缺少的重要环节。从这个意义上说,如果没有科学的认识方法、思维方式,就不可能有积极的有效的实践活动,人类的实践活动就不可能在充分的意义上实现它的能动性、批判性与创新性。也正是在这个意义上,马克思主义哲学讲理论必须与实践相结合、相统一,理论必须同实践相统一原则是马克思主义哲学基本的认识论原则。

一切真知都出自实践,因此,实践是理论的基础;一切实践都必须尊重客观实际,因此,实际是实践的基础。实践是理论的基础,实际是实践的基础。习近平总书记指出:"我们党现阶段提出和实施的理论和路线方针政策,之所以正确,就是因为它们都是以我国现时代的社会存在为基础的。"① 在此,可以看到我们党的理论的正确性,与积极将理论的基础落实到客观实际、真正做到以我国现时代的社会存在为基础紧密相连。理论是人们通过实践对外部实际对象加以反映的结果。有怎样的实际对象,才会有怎样的实践内容,从而也才会有怎样的理论内容;而理论内容是否正确地反映实际对象,正确的程度如何,是受主体所处的实际环境制约的。理论的内容与形式,永远不会超越实践的范围;而实践也永远不会跳出由客观实际所划定的界限,客观实际通过规定实践而最终规定理论。因此,

---

① 《推动全党学习和掌握历史唯物主义 更好认识规律更加能动地推进工作》,《人民日报》2013年12月5日第1版。

理论一定要与实践相结合,理论一定要与实际相结合。

习近平总书记指出:"随着世情、国情、党情的不断变化,影响从严治党的因素更加复杂,提出了很多新课题。我们要深入基层、深入实际,深入研究管党治党实践,通过纵向和横向的比较,进行去伪存真、由表及里的分析,正确把握掩盖在纷繁表面现象后面的事物本质,深化对从严治党的认识。"① 又说:"当代中国最大的客观实际是什么?就是我国仍处于并将长期处于社会主义初级阶段。这是我们认识当下、规划未来、制定政策、推进事业的客观基点,不能脱离这个基点,否则就会犯错误,甚至犯颠覆性的错误。"② 在这里,人们不仅深入地看到把握客观实际的重要性,而且还对中国的当前最大的客观实际有了具体认识。理论与实践的结合,必须实现理论与实际的结合,这一点是马克思主义认识论的唯物主义立场始终坚持的根本内容。如果我们在将理论与实践相结合、相统一的过程中忘记了客观实际,其结果必然会陷入唯心主义的泥潭,从而直接影响到中国特色社会主义建设实践的发展。

习近平总书记明确提出"坚持理论联系实际的马克思主义学风"。保证理论与实践相结合的成功,保证理论与实践的统一,其中起决定性作用的是实行理论与实际相结合。这正如毛泽东同志所说的:"这里的关键,就在于把

---

① 《习近平关于协调推进"四个全面"战略布局论述摘编》,中央文献出版社2015年版,第142页。

② 习近平:《辩证唯物主义是中国共产党人的世界观和方法论》,《求是》2019年第1期。

主观和客观二者之间好好地符合起来。"① 如果理论与实际相脱离，主观与客观相分裂，在这种条件下理论与实践的结合也会归于失败。习近平总书记明确指出："辩证分析我国经济发展阶段性特征，准确把握我国不同发展阶段的新变化新特点，使主观世界更好符合客观实际，按照实际决定工作方针，这是我们必须牢牢记住的工作方法。"②

坚持理论联系实际的马克思主义学风，就是要坚持在实践中学习，将研究理论与实际问题，作为我们认识世界、改造世界的重要钥匙。习近平总书记指出："要发扬理论联系实际的马克思主义学风，带着问题学，拜人民为师，做到干中学、学中干，学以致用、用以促学、学用相长，千万不能夸夸其谈、陷于'客里空'。"③"带着问题学"非常重要。由于问题意识来自客观实际，又会反作用于客观实际，因此，理论与实际相结合，在一定意义上就是强调人们必须以问题为导向，使理论在正视与解决现实的实际问题中实现创新性发展，而不是盲目自信或故步自封。这也就是习近平总书记所说的，"马克思主义必须同中国实际相结合，实现中国化、时代化"④。增强问题意

---

① 《毛泽东、周恩来、刘少奇、朱德、邓小平著作主题集成》，人民出版社1991年版，第252页。

② 习近平：《辩证唯物主义是中国共产党人的世界观和方法论》，《求是》2019年第1期。

③ 习近平：《习近平谈治国理政》第1卷，外文出版社2018年版，第406页。

④ 《习近平在七大会址论党的实践创新和理论创新：永无止境》，2015年2月15日，新华网。

识，就是增强对客观实际的重视程度，将关注客观实际具体落实为以注重现实实际问题为特点的问题导向。习近平总书记明确强调："坚持问题导向是马克思主义的鲜明特点"①，"我们中国共产党人干革命、搞建设、抓改革，从来都是为了解决中国的现实问题"②。

坚持理论联系实际，反对主观主义。习近平总书记积极倡导"坚持理论联系实际的马克思主义学风"的根本立足点，就是为了坚定不移地坚持理论联系实际，反对教条主义、经验主义等主观主义认识论错误。毛泽东同志在党的七大会议上指出："共产党里闹别扭的有两个主义：一个是教条主义，一个是经验主义。"他还曾经一针见血地说道："教条主义、经验主义，两者都是主观主义，是从不同的两极发生的东西"③，是主观主义不同的表现形式。从历史上看，在马克思主义中国化的过程中影响最大的两种错误就是教条主义和经验主义。教条主义和经验主义最为典型的特点，就是把马克思主义理论与中国革命和建设的具体实际割裂开来，因此，反对教条主义与经验主义，只有在不断坚持理论联系实际中才能加以实现与完成。面对新形势新任务，习近平总书记明确提出"反对主观主义、教条主义、形式主义，防止空对空、两张皮"的问

---

① 习近平：《在哲学社会科学工作座谈会上的讲话》，人民出版社2016年版，第14页。

② 习近平：《习近平谈治国理政》第1卷，外文出版社2018年版，第74页。

③ 《毛泽东、周恩来、刘少奇、朱德、邓小平著作主题集成》，人民出版社1991年版，第435页。

题，使人们看到了当前形势下坚持理论联系实际，反对主观主义，反对教条主义与经验主义的紧迫性与重要性。

习近平总书记指出："对待马克思主义，不能采取教条主义的态度，也不能采取实用主义的态度。如果不顾历史条件和现实情况变化，拘泥于马克思主义经典作家在特定历史条件下、针对具体情况作出的某些个别论断和具体行动纲领，我们就会因为思想脱离实际而不能顺利前进，甚至发生失误。什么都用马克思主义经典作家的语录来说话，马克思主义经典作家没有说过的就不能说，这不是马克思主义的态度。同时，根据需要找一大堆语录，什么事都说成是马克思、恩格斯当年说过了，生硬'裁剪'活生生的实践发展和创新，这也不是马克思主义的态度。"① 在此，习近平总书记特别强调了在对待马克思主义的问题上反对教条主义的重要性。如果采取教条主义与实用主义的态度，我们就会在思想上脱离实际，就不能顺利前进，甚至会出现严重的失误。

"改革开放是前无古人的崭新事业，必须坚持正确的方法论，在不断实践探索中推进。"② 中国的改革开放没有现成的道路可走，必须依靠中国共产党人在实践中摸索通向成功的道路，因此，在中国共产党人的革命实践中，经验是很重要的一个组成部分。尽管经验是很重要的，但

---

① 习近平：《在哲学社会科学工作座谈会上的讲话》，人民出版社2016年版，第13—14页。

② 《习近平关于协调推进"四个全面"战略布局论述摘编》，中央文献出版社2015年版，第54页。

是，一旦从重视经验极端地发展成为经验主义，势必会对中国改革开放的成功形成严重的危害性。因此，习近平总书记在批判教条主义的同时，也严肃地批判了经验主义。在当前，经验主义的主要表现形式是"闭门造车"，认为经过40年的实践，中国改革开放已经取得了巨大的成功，我们不需要再以开放的心态去接受国外的东西。例如，针对法治问题，习近平总书记明确指出："坚持从我国实际出发，不等于关起门来搞法治。"① 像"关起门来搞法治"，就是"闭门造车"，这是必须坚决反对的。

习近平总书记提出："学习借鉴不等于是简单的拿来主义，必须坚持以我为主、为我所用，认真鉴别、合理吸收，不能搞'全盘西化'，不能搞'全面移植'，不能照搬照抄。"② 在中国特色社会主义事业进程中，反对教条主义与经验主义有其特殊性，对此我们一定要有清醒认识。从总体上看，反对教条主义主要表现出以下四个特点：一是不能搞简单的拿来主义；二是不能搞"全盘西化"；三是不能搞"全面移植"、照搬照抄；四是不能搞唯书、唯上。反对经验主义主要表现出以下四个特点：一是不能搞闭门造车；二是要加强全面学习，不仅要学习直接经验，而且还要学习间接经验；三是不能重经验而轻理论；四是不能重个别而轻一般。只有坚持"以我为主、为我所用"，坚持理论与实践相统一，"将理论高度与实践深度有机地

---

① 《习近平关于协调推进"四个全面"战略布局论述摘编》，中央文献出版社2015年版，第104页。

② 同上。

结合起来"①，才能在社会主义现代化建设中避免教条主义和经验主义错误，从而推动经济社会持续健康发展。

第三节　高度重视理论的指导作用，增强理论自信

高度重视理论的指导作用，是马克思主义认识论的应有之义。习近平总书记强调："必须高度重视理论的作用，增强理论自信和战略定力，对经过反复实践和比较得出的正确理论，不能心猿意马、犹豫不决，要坚定不移坚持。"② 在此，人们不仅看到了高度重视理论指导作用问题的提出，同时也深刻认识到增强理论自信的重要性。

必须高度重视理论的作用。"必须高度重视理论的作用"是习近平总书记在马克思主义实践观基础上对于理论重要性的充分肯定。实践是认识的基础，但是实践的"主观见之于客观"的特点决定了认识必须在实践中发挥重要作用，人们必须积极运用理论指导实践活动，因此，高度重视理论的指导作用是马克思主义认识论的重要内容。理论对实践的指导作用，就在于它能为人们的实践指出明确的方向，规定自觉的任务，指明正确的道路，从而帮助人们以高度的自觉性能动地改造世界，达到预期的目的。

---

① 习近平：《振兴闽东一刻也离不开理论的指导》，2015年4月2日，新华网。
② 习近平：《辩证唯物主义是中国共产党人的世界观和方法论》，《求是》2019年第1期。

>> 开辟当代马克思主义哲学新境界

在福建工作期间,习近平同志明确指出:"正在从事的振兴闽东的宏伟大业,一刻也离不开理论的指导。"① 他强调,在前进道路上,我们一定要加强全党的理论武装。马克思主义理论素养是领导干部领导素质的核心和灵魂,掌握马克思主义理论是领导干部的基本功;领导干部特别是高级干部要把系统掌握马克思主义基本理论作为看家本领。他特别要求,新干部、年轻干部尤其要抓好理论学习,通过坚持不懈学习,学会运用马克思主义立场、观点、方法观察和解决问题,坚定理想信念。马克思主义理论是我们的必修课,党的各级领导干部和全体党员都应充分重视马克思主义理论学习和研究,自觉用马克思主义科学理论武装头脑,并指导自己的实际工作。

习近平同志指出:"马克思主义经典著作思想深刻,要深入理解马克思主义的精神实质和思想精髓,必须专心致志地读、原原本本地读,努力掌握贯穿经典著作中的马克思主义立场观点方法,学懂学通马克思主义基本原理。"② 他还强调:"我们一定要认识到学习马列主义理论的重要性和紧迫性。反复学习马克思主义的经典原著,反复琢磨、深刻领会。当前应特别注意学好马克思主义哲学。因为马克思主义哲学是科学的世界观和方法论。正像陈云同志说的'学好哲学,终身受用'。学好哲学,掌握

---

① 习近平:《振兴闽东一刻也离不开理论的指导》,2015 年 4 月 2 日,新华网。

② 习近平:《学习马克思主义经典著作 推进中国特色社会主义事业》,2011 年 5 月 16 日,人民网。

分析、解决问题的科学方法,能使我们在错综复杂的革命建设实践中不迷失方向。"① 马克思主义是认识与改造世界的最锐利的思想武器,马克思主义对于中国革命与建设的指导作用,是在学习马列主义理论中实现,如果不反复认真学习马克思主义经典理论,掌握正确的马克思主义理论,"真学真信"马克思主义,马克思主义在实践中的方法论意义就是无法得到全面、完整的实现的,我们在错综复杂的革命建设实践中就有可能迷失方向。

只有依靠学习,才能走向未来。在党的十九大报告中,习近平总书记强调:"要增强学习本领,在全党营造善于学习、勇于实践的浓厚氛围,建设马克思主义学习型政党,推动建设学习大国。"② 他告诫全党领导干部:"在新的时代条件下,领导干部要不断提高自己、完善自己,经受住各种考验,就要坚持在读书学习中坚定理想信念、提高政治素养、锤炼道德操守、提升思想境界,坚持在读书学习中把握人生道理、领悟人生真谛、体会人生价值、实践人生追求,努力使自己成为一个高尚的人,一个纯粹的人,一个有道德的人,一个脱离了低级趣味的人,一个有益于人民的人。"③ 人必须学习一辈子,要重视学习和善

---

① 习近平:《振兴闽东一刻也离不开理论的指导》,2015年4月2日,新华网。

② 习近平:《决胜全面建成小康社会 夺取新时代中国特色社会主义伟大胜利——在中国共产党第十九次全国代表大会上的报告》,人民出版社2017年版,第68页。

③ 习近平:《领导干部要爱读书读好书善读书》,2009年5月13日,新华网。

于学习，要有"一物不知，深以为耻"的精神，加强理论学习。只有通过学习，我们才能做到海纳百川，不搞闭门造车；只有通过学习，我们才能获得除直接经验之外的间接经验；只有通过学习，我们才能破除经验的束缚而接纳更多的理论知识；只有通过学习，我们在实践中所获得的大量的个别性的认识才能与一般性的认识相结合，成为更具有一般性意义的理论。"好学才能上进。中国共产党人依靠学习走到今天，也必然要依靠学习走向未来。我们的干部要上进，我们的党要上进，我们的国家要上进，我们的民族要上进，就必须大兴学习之风，坚持学习、学习、再学习，坚持实践、实践、再实践。"① 学习是我们每个人进步的有效途径，也是我们党和国家未来走向成功的助推器。

增强理论自信，提升理论自觉。马克思主义是中国共产党人的指导思想，增强马克思主义理论自信，是提升用马克思主义指导中国革命与建设的理论自觉的根本保证。对于马克思主义的理论指导意义，如果我们缺乏足够的理论自信，我们就会既不能达到"真学真信"，更无法实现在实践中对它的自觉运用。在谈到中国发展道路问题时，习近平总书记巧妙地打了一个比喻："'鞋子合不合脚，自己穿了才知道'。一个国家的发展道路合不合适，只有这个国家的人民才最有发言权。"② 毫无疑问，这个道理同样

---

① 《习近平谈治国理政》第 1 卷，外文出版社 2018 年版，第 407 页。

② 同上书，第 273 页。

适合于中国共产党对于马克思主义的正确选择。他指出："事实一再告诉我们，马克思、恩格斯关于资本主义社会基本矛盾的分析没有过时，关于资本主义必然消亡、社会主义必然胜利的历史唯物主义观点也没有过时。这是社会历史发展不可逆转的总趋势"①，党的最高理想和最终目标是实现共产主义，"我们现在的努力以及将来多少代人的持续努力，都是朝着最终实现共产主义这个大目标前进的"②。但是，"一些人认为共产主义是可望而不可及的，甚至认为是望都望不到、看都看不见的，是虚无缥缈的。我们一些同志之所以理想渺茫、信仰动摇，根本的就是历史唯物主义观点不牢固。"③ 在针对马克思主义的问题上，我们一定要增强理论自信，真正做到在理论上不动摇、信仰上不摇摆，从而把马克思主义的理论指导意义用足用好。

中国化的马克思主义是马克思主义在中国的丰富、发展和创新。增强马克思主义自信，理所当然地包含对中国化的马克思主义的自信，对毛泽东思想、邓小平理论、"三个代表"重要思想、科学发展观的自信，对中国特色社会主义理论体系的自信，对习近平新时代中国特色社会主义思想的自信。中国化的马克思主义自信，来源于对实践的科学把握，来源于对中国化的马克思主义内涵的准确

---

① 习近平：《关于坚持和发展中国特色社会主义的几个问题（2013年1月5日）》，载《十八大以来重要文献选编》（上），中央文献出版社2014年版，第117页。

② 同上书，第115页。

③ 同上书，第116页。

把握，来源于对世情党情国情的充分认识。2013 年 6 月 25 日，习近平总书记在十八届中共中央政治局第七次集体学习时强调指出："我们说的道路自信、理论自信、制度自信，来源于实践、来源于人民、来源于真理。"[①] 由此可见，针对理论自信，一定要看到它与实践、人民以及真理之间的内在联系。中国共产党人对于马克思主义的理论自信，来源于中国革命与建设实践的巨大成功，来自人民群众对于中国革命与建设实践的积极肯定与大力支持，来自马克思主义的科学的真理性。中国共产党成立 90 多年的历史告诉我们，正是在马克思主义的指导下，中国革命取得了巨大的成功，中国特色社会主义道路正在一步一步地坚实地走向成功。中国共产党人对于马克思主义的理论自信，绝不是盲目自信的产物，在此我们也绝对不能犯盲目自信的错误。

增强理论自信包括五个维度：第一个维度是理论自觉。理论自觉体现为对理论重要作用的自觉认识，对理论发展规律的自觉把握，对理论指导实践作用的自觉应用，对理论创新的自觉坚持；理论自信体现为对科学理论真理性、正确性的坚信，对科学理论民族性、人民性的坚守，对科学理论实践性、创新性的坚持。理论自觉与理论自信之间是相辅相成的关系：增强理论自觉可以促进理论自信，增强理论自信则可以深化理论自觉。习近平总书记指

---

① 习近平：《在对历史的深入思考中更好走向未来 交出发展中国特色社会主义合格答卷》，《人民日报》2013 年 6 月 27 日第 1 版。

出:"只有学懂了马克思列宁主义、毛泽东思想、邓小平理论、'三个代表'重要思想、科学发展观,特别是领会了贯穿其中的马克思主义立场、观点、方法,才能心明眼亮,才能深刻认识和准确把握共产党执政规律、社会主义建设规律、人类社会发展规律,才能始终坚定理想信念,才能在纷繁复杂的形势下坚持科学指导思想和正确前进方向,才能带领人民走对路,才能把中国特色社会主义不断推向前进。"① 这是对如何做到理论自觉的充分强调。

第二个维度是与时俱进。习近平总书记指出:"我们要及时总结党领导人民创造的新鲜经验,不断开辟马克思主义中国化新境界,让当代中国马克思主义放射出更加灿烂的真理光芒。"② 这一论述充分强调了马克思主义与时俱进的重要性。与时俱进是马克思主义的重要理论品质,同时也是增强理论自信的重要路径选择。我们对于马克思主义理论自信的不断增强,不是来自对马克思主义真理性的盲目相信,而是来自马克思主义能够在实践中不断发展与创新,来自马克思主义的与时俱进。马克思主义的根本立场、观点和方法具有普遍性真理性,而马克思主义关于社会变革和发展的具体思想又"随时随地都要以当时的历史条件为转移",随着时代的变化和实践的发展而不断创新发展,因此,马克思主义在不断发展中喷发出旺盛的理论活力,成为我们增强马克思主义理论自信的重要保证。

---

① 习近平:《习近平谈治国理政》第 1 卷,外文出版社 2018 年版,第 404—405 页。

② 同上书,第 27 页。

第三个维度是以人为本。马克思主义讲的以人为本，就是以人民为主体，以人民为中心。在庆祝中国共产党成立95周年大会上的讲话中，习近平总书记充分强调了以人为本的重要性。他明确指出："全党同志要把人民放在心中最高位置，坚持全心全意为人民服务的根本宗旨，实现好、维护好、发展好最广大人民根本利益，把人民拥护不拥护、赞成不赞成、高兴不高兴、答应不答应作为衡量一切工作得失的根本标准，使我们党始终拥有不竭的力量源泉。"[①] 以人为本是增强理论自信的价值取向，坚持以人为本是建设和发展中国特色社会主义的基本原则和必然要求。从理论发展上看，坚持以人为本，就是要在理论研究中关注人民群众最关心的问题，回答好时代面临的最重要的问题，解决好民族发展的最紧迫的问题。习近平总书记提出"人民对美好生活的向往，就是我们的奋斗目标"[②]，用朴实、生动、真切的语言表达了我们党全心全意为人民服务的宗旨和发展为了人民的目的。

第四个维度是实践检验。理论一旦经过实践检验是正确的，就可以更加自信。任何科学理论和制度，必须经得起实践检验，才能真正起到作用。习近平总书记反复讲，坚持和发展中国特色社会主义，必须高度重视理论的作用，增强理论自信和战略定力，对经过反复实践和比较得

---

① 习近平：《在庆祝中国共产党成立95周年大会上的讲话》，人民出版社2016年版，第18页。

② 习近平：《习近平谈治国理政》第1卷，外文出版社2018年版，第424页。

出的正确理论，要坚定不移坚持。同时要根据时代变化和实践发展，不断深化认识，不断总结经验，不断实现理论创新和实践创新良性互动。

第五个维度是综合创新。综合创新是增强理论自信的不竭动力。习近平总书记强调："构建中国特色哲学社会科学是一个系统工程，是一项极其繁重的任务，要加强顶层设计，统筹各方面力量协同推进。"[①]增强理论自信，进行综合创新，是一项长期的任务。要推进理论创新，不断赋予当代中国马克思主义鲜明的实践特色、民族特色、时代特色。要探索形式创新，中国特色社会主义理论体系必然随着时代的发展创造出新的表现形式。要实现内容和形式的统一，既要有反映时代特征和中国国情的内容，又要有中国气派和中国特色的民族形式，真正实现二者的有机统一。

第四节 不断推进实践基础上的理论创新，实现理论创新和实践创新的互动

时代是思想之母，实践是理论之源。习近平总书记指出："实践没有止境，理论创新也没有止境。世界每时每刻都在发生变化，中国也每时每刻都在发生变化，我们必须在理论上跟上时代，不断认识规律，不断推进理论创新、实践创新、制度创新、文化创新以及其他各方

---

① 习近平：《在哲学社会科学工作座谈会上的讲话》，人民出版社2016年版，第24页。

面创新。"① 我们要根据时代变化和实践发展，不断实现理论创新和实践创新的良性互动。

　　坚持实事求是，就要不断推进实践基础上的理论创新。习近平总书记在纪念毛泽东同志诞辰120周年座谈会上发表重要讲话，指出"坚持实事求是，就要不断推进实践基础上的理论创新"②。这一论述不仅谈到了在实践基础上推进理论创新的重要性，而且还在实事求是与理论创新之间建立了内在联系。从实事求是的高度把握理论创新的重要性，是习近平总书记的创新性发展，是对马克思主义中国化的新贡献。一方面，我们在实践基础上不断地推进理论创新，就是坚持实事求是思想路线，就是在理论创新过程中将实事求是思想路线落到实处；另一方面，理论创新的重大意义，就在于它真正体现了对于实事求是思想路线的坚持。有没有在实践基础上不断推进理论创新的勇气、决心与行动，是一个能不能坚持实事求是思想路线的根本性问题。

　　2016年5月17日，习近平总书记在哲学社会科学工作座谈会上指出，坚持和发展中国特色社会主义，需要不断在实践和理论上进行探索、用发展着的理论指导发展着的实践。我们必须高度重视哲学社会科学，加快构建中国特色哲学社会科学。"理论的生命力在于创新。创新是哲

---

　　① 习近平：《决胜全面建成小康社会　夺取新时代中国特色社会主义伟大胜利——在中国共产党第十九次全国代表大会上的报告》，人民出版社2017年版，第26页。

　　② 习近平：《习近平谈治国理政》第1卷，外文出版社2018年版，第26页。

学社会科学发展的永恒主题，也是社会发展、实践深化、历史前进对哲学社会科学的必然要求。社会总是在发展的，新情况新问题总是层出不穷的，其中有一些可以凭老经验、用老办法来应对和解决，同时也有不少是老经验、老办法不能应对和解决的。如果不能及时研究、提出、运用新思想、新理念、新办法，理论就会苍白无力，哲学社会科学就会'肌无力'。哲学社会科学创新可大可小，揭示一条规律是创新，提出一种学说是创新，阐明一个道理是创新，创造一种解决问题的办法也是创新。"他还指出："理论思维的起点决定着理论创新的结果。理论创新只能从问题开始。从某种意义上说，理论创新的过程就是发现问题、筛选问题、研究问题、解决问题的过程。"[①] 这些论述充分说明了理论创新的重要性。

我们强调理论创新的重要性，并不仅仅因为这是一种理论上的追求。从理论创新与实事求是的关系上说，这是一个直接关涉能否真正做到坚持实事求是的重大问题。坚持实事求是，就是坚持马克思主义认识论的辩证唯物主义立场，坚持从客观实际中"发现问题、筛选问题、研究问题、解决问题"，而不是从头脑中臆造出问题来加以研究、探讨与解决。在谈到实践与物质的关系时，毛泽东同志指出："实践使人们确信物质是客观的存在。"[②] 在坚持辩证

---

① 习近平：《在哲学社会科学工作座谈会上的讲话》，人民出版社2016年版，第20页。

② 《毛泽东哲学批注集》，中央文献出版社1988年版，第11页。

唯物主义的前提下，毛泽东同志始终强调实践的意义并不在于否认物质第一性观点的存在，而在于可以使人们进一步确信物质是第一性的。由此可见，坚持辩证理解理论创新与实事求是之间的内在关系，是对马克思主义认识论辩证唯物主义的坚持与发展，也是正确理解实践与理论关系的重要前提。认识来源于实践，但是，实践的根本在于它是对物质客观性的进一步确认，所以，从辩证唯物主义角度来看，强调在实践基础上不断推进理论创新，从本质上说就是为了坚定不移地坚持实事求是的思想路线，让我们的理论与认识符合客观现实，而不是远离或背离客观现实。坚持实事求是的思想路线，可以防止我们在理论创新过程中把"假学问"当作"真学问"来做，把"假问题"当作"真问题"来研究，由此一来，我们不仅不能实现理论创新，反而会误入认识的歧途。习近平总书记强调，"立志做大学问、做真学问"，应该是哲学社会科学工作者的社会责任。

不断推进实践创新与理论创新，实现实践创新和理论创新的良性互动。2015年2月13—16日，习近平总书记在陕西考察调研时指出："落实好全面建成小康社会、全面深化改革、全面依法治国、全面从严治党的战略布局，要求全党同志以与时俱进、奋发有为的精神状态，不断推进实践创新和理论创新，继续书写马克思主义中国化、时代化新篇章。"[①] 我们不仅看到了不断推进实践创新与理论

[①] 《习近平关于协调推进"四个全面"战略布局论述摘编》，中央文献出版社2015年版，第161页。

创新的重要性,而且也看到了实现实践创新与理论创新良性互动的重要性。

创新思想的提出源于马克思。马克思把科学看成是历史的有力杠杆,看成是最高意义的革命力量。科学创新和科学革命推动社会生产力的发展,从而引起生产关系,以至社会关系的变革。习近平总书记继承、发展了马克思主义经典作家的创新思想,充分阐明了紧跟时代发展不断实现理论创新的原因与意义。他强调,马克思主义发展历程、马克思主义中国化发展历程都告诉我们:世界在变化,时代在前进,实践发展永无止境,我们认识真理、不断进行理论和实践创新、不断开创事业新局面的征程也永无止境。坚持马克思主义,最重要的就是坚持马克思主义的科学原理和科学精神、创新精神,根据新的实践不断进行新的探索,使我们党的理论不断向前发展,不断为实践提供新的理论指导,保证我们党始终走在时代前列。[①]

理论之所以具有强大的生命力,就在于它是时代精神的集中反映,能顺应时代发展的步伐,不断与时俱进。理论创新与实践创新相结合,是理论发展的内在要求,也是社会实践发展的必然要求。习近平总书记明确提出,在现实中,要"敢于和善于分析回答现实生活中和群众思想上迫切需要解决的问题,不断深化改革开放,不断有所发现、有所创造、有所前进,不断推进理论创新、实践创

---

① 参见《中共中央举行学习〈胡锦涛文选〉报告会 习近平发表重要讲话》,《人民日报》2016年9月30日第1版。

新、制度创新"①。离开了实践创新的支持，空洞的理论创新因为缺乏解决实际问题的能力，往往会被束之高阁，最终沦为一纸空文。离开了理论支持的实践创新也容易陷入盲目，且易偏离方向，或者探索成本较高，也就是"找到一条路是很不容易的"。人们在进行理论创新时，既要具备一种执着探索、创新改革、实事求是的科学精神，以及敏锐深刻的理论洞察力，也要与实践创新相结合，谨防出现空洞无物、脱离实践的"理论创新"。

习近平总书记指出："我们过去取得的实践和理论成果，能够帮助我们更好面对和解决前进中的问题，但不能成为我们骄傲自满的理由，更不能成为我们继续前进的包袱。"② 这既是对我们过去的实践创新与理论创新所取得的成果的充分肯定，也是对我们今后进行实践创新与理论创新的美好展望。实践创新永无止境，理论创新就永无止境。回首改革开放40年来，中国经济每一次创造奇迹的背后，都有着在理论创新与实践创新良性互动下为其提供的强大理论支持。我们不能因为现有理论的真理性和科学性就故步自封。相反，要在面向现实、"走向未来"的基础上，不断进行理论创新，使我们的理论真正结合中国的国情，真正解决实际问题，发挥其有用的功能。

理论与实践相比，具有相对稳定性，而实践则处于永恒的变动之中。要实现理论创新与实践创新的良性互动，

---

① 《习近平关于协调推进"四个全面"战略布局论述摘编》，中央文献出版社2015年版，第6页。

② 同上书，第5页。

必须注意两方面的问题：一方面，不能为了维持理论的相对稳定性，而对大量涌现出来的实践创新，采取漠视或视而不见的态度，这也是习近平总书记提出"实践创新和理论创新永无止境"希望克服的弊端。另一方面，不能因为认识来源于实践，而为了适应实践的创新性发展，以至于不断地变动理论，进行所谓的"理论创新"，从而使理论丧失了其相对稳定性特点。关于这一点，正如习近平同志所强调的："推进马克思主义中国化，一定要以科学态度对待马克思主义，正确处理坚持和发展、一脉相承和与时俱进的辩证统一关系。党的指导思想和基本理论与时俱进的历程说明，每一次理论创新都是把马克思主义基本原理同中国具体实际相结合而不断追求真理、大胆探索的结果。这个结合，是坚持马克思主义和发展马克思主义的统一。"①

理论与实践相比具有普遍性，而特定范围的实践则具有具体性。实现理论创新与实践创新的良性互动必须注意两点：一是不能因为理论的普遍性，认为通过创新涌现出来的理论具有包治百病的功能，从而忽视任何实践以及实践创新所具有的具体性与特殊性，以至于在理论创新的过程中犯"教条主义"错误。也就是说，拿着理论创新的成果当作"教条"去要求实践创新，从而使实践创新丧失其应有的活力。二是不能因为实践的具体性与特殊性，认为实践创新的成果是具有自己独特的经验特点的，从而强调

---

① 习近平：《中国共产党90年来指导思想和基本理论的与时俱进及历史启示》，《党建研究》2011年第7期。

"白马非马"，认为任何理论创新都无法全面、准确地概括实践创新的成果，从而在实践创新中犯"经验主义"错误。在经验主义错误存在的情况下，大量的实践创新成果可能无法上升为理论创新成果，如此一来，不仅导致理论创新受阻，同时也会使实践创新在新的发展中由于缺乏理论创新的指导而走入歧途，甚至走向失败。

第四章

运用历史唯物主义,把握规律,运用规律

历史唯物主义即唯物史观,是马克思主义关于社会历史发展问题的哲学总说明,是我们共产党人认识社会、解决社会问题、推进社会进步的思想武器。习近平总书记指出:"在革命、建设、改革各个历史时期,我们党运用历史唯物主义,系统、具体、历史地分析中国社会运动及其发展规律,在认识世界和改造世界过程中不断把握规律、积极运用规律,推动党和人民事业取得了一个又一个胜利。"① 他谆谆告诫我们:历史和现实都充分表明,只有坚持历史唯物主义,科学分析中国社会运动及其发展规律,才能不断把对中国特色社会主义规律的认识提高到新的水平,才能不断推进中国特色社会主义的发展,不断开辟当代中国马克思主义发展新境界。②

---

① 《推动全党学习和掌握历史唯物主义 更好认识规律更加能动地推进工作》,《人民日报》2013年12月5日第1版。

② 同上。

开辟当代马克思主义哲学新境界

第一节 运用历史唯物主义的世界观和方法论,把握历史发展总趋势和中国特色社会主义前进方向

习近平总书记运用唯物主义的历史观和方法论,站在历史的高度上,全面地揭示历史发展的总规律,科学地认识人类历史发展的总趋势,牢牢地把握中国特色社会主义的前进方向。他指出,我们既要看到国际金融危机所体现出来的资本主义必然灭亡、资本主义内在矛盾不可克服的历史趋势,又要实事求是地看到资本主义现在还有自我调节的能力,要做好长期斗争的思想准备。正是基于对唯物史观中"两个必然",即资本主义必然灭亡、社会主义必然胜利的认识,习近平总书记告诫我们,要通过不断改革创新,使中国特色社会主义在解放和发展社会生产力、解放和增强社会活力、促进人的全面发展等方面比资本主义制度更有效率,更能激发全体人民的积极性、主动性和创造性,更能为社会发展提供有利条件,更能在竞争中赢得比较优势,把中国特色社会主义制度的优越性充分体现出来。

习近平总书记反复强调,要从马克思主义关于人类社会发展规律的高度来认识当今世界的变化及趋势,来认识新的发展阶段及新的时代特点。他指出:"学习马克思,就要学习和实践马克思主义关于人类社会发展规律的思想。马克思科学揭示了人类社会最终走向共产主义的必然

趋势。"① 从1848年《共产党宣言》发表到今天，科学社会主义思想已经成为现实，成为正在探索和建设中的新的社会主义社会形态，巨大的历史变迁雄辩地证明了历史唯物主义关于时代判断和历史趋势的真理性。世界历史进程的客观逻辑，决定了中国只能顺应世界历史进程和时代发展潮流，中国只有选择社会主义，进而选择中国特色社会主义，才能实现现代化，实现"中国梦"。当前，国际金融危机造成国际形势发生了重大转变，世界力量对比发生了深刻变化，"西强我弱"的局面正在悄然发生转变，这又决定了当代中国只有坚持和发展中国特色社会主义，才能实现中华民族伟大复兴的"中国梦"。

习近平总书记教导我们，学习马克思，就要学习和实践马克思主义关于世界历史的思想，就要学会站在世界历史的高度来审视中国特色社会主义道路。他要求我们"审视当今世界发展趋势和面临的重大问题，坚持和平发展道路，坚持独立自主的和平外交政策，坚持互利共赢的开放战略，不断拓展同世界各国的合作，积极参与全球治理，在更多领域、更高层面上实现合作共赢、共同发展，不依附别人、更不掠夺别人，同各国人民一道努力构建人类命运共同体，把世界建设得更加美好"②。

"中国特色社会主义进入新时代"是站在历史与时代高度的政治论断。习近平总书记在党的十九大报告中强

---

① 习近平：《在纪念马克思诞辰200周年大会上的讲话》，人民出版社2018年版，第16页。

② 同上书，第22—23页。

调，经过长期努力，中国特色社会主义进入了新时代，这是中国发展新的历史方位。这"意味着近代以来久经磨难的中华民族迎来了从站起来、富起来到强起来的伟大飞跃，迎来了实现中华民族伟大复兴的光明前景；意味着科学社会主义在二十一世纪的中国焕发出强大生机活力，在世界上高高举起了中国特色社会主义伟大旗帜；意味着中国特色社会主义道路、理论、制度、文化不断发展，拓展了发展中国家走向现代化的途径，给世界上那些既希望加快发展又希望保持自身独立性的国家和民族提供了全新选择，为解决人类问题贡献了中国智慧和中国方案"①。

习近平总书记认为，必须树立坚定的共产主义远大理想和中国特色社会主义共同理想。中华民族伟大复兴的"中国梦"，真正体现了共产主义远大理想和中国特色社会主义共同理想的有机统一。他指出："一些人认为共产主义是可望而不可及的，甚至认为是望都望不到、看都看不见的，是虚无缥缈的。这就涉及是唯物史观还是唯心史观的世界观问题。我们一些同志之所以理想渺茫、信仰动摇，根本的就是历史唯物主义观点不牢固。"② 习近平总书记的这一论断表明，牢固的历史唯物主义世界观方法论，是树立坚定的共产主义远大理想和中国特色社会主义共同

---

① 习近平：《决胜全面建成小康社会 夺取新时代中国特色社会主义伟大胜利——在中国共产党第十九次全国代表大会上的报告》，人民出版社2017年版，第10页。

② 习近平：《关于坚持和发展中国特色社会主义的几个问题（2013年1月5日）》，载《十八大以来重要文献选编》（上），中央文献出版社2014年版，第116页。

理想的思想基础。而后者又是坚持中国特色社会主义道路、理论、制度、文化的坚定前提。习近平总书记告诫我们，依据共产主义和社会主义理想确立了中国特色社会主义道路、理论、制度、文化，这样整个逻辑才成立。如果前提都不要了，就完全变成了实用主义。他反复讲，革命理想高于天。理想信念是中国共产党人的政治灵魂。中国共产党能够历经挫折而不断奋起，历尽苦难而淬火成钢，归根到底在于千千万万中国共产党人心中的远大理想和革命信念始终坚定执着，始终闪耀着火热的光芒。[①]

坚持中国特色社会主义不动摇，说到底要有彻底的历史唯物主义的哲学支撑，要靠对马克思主义、科学社会主义的坚定信仰，对共产主义和中国特色社会主义的坚定信念，对党和人民事业的坚定信心，对党和人民的无限忠诚；要把最高纲领和最低纲领统一起来，把远大理想和共同理想统一起来，苦干实干，扎扎实实地推进中国特色社会主义伟大实践。

坚持中国特色社会主义不动摇，离不开对中国特色社会主义科学内涵的准确把握。习近平总书记联系中国发展的历史进程和当前面临的挑战，运用唯物史观对中国特色社会主义的科学内涵做出了准确的定位，指明它是科学社会主义理论逻辑和中国社会发展历史逻辑的辩证统一，是根植于中国大地、反映中国人民意愿、适应中国和时代发展进步要求的科学社会主义，是全面建成

[①] 参见习近平《在纪念周恩来同志诞辰120周年座谈会上的讲话》，人民出版社2018年版，第10页。

小康社会、加快推进社会主义现代化、实现中华民族伟大复兴的必由之路。他强调："中国特色社会主义是社会主义而不是其他什么主义,科学社会主义基本原则不能丢,丢了就不是社会主义。一个国家实行什么样的主义,关键要看这个主义能否解决这个国家面临的历史性课题。"① 只有社会主义才能救中国,只有中国特色社会主义才能发展中国,这是历史的结论、人民的选择。随着中国特色社会主义不断发展,中国社会主义制度必将越来越成熟,其优越性必将进一步显现,中国特色社会主义道路必将越走越宽广。我们要有这样的道路自信、理论自信、制度自信和文化自信,真正做到"千磨万击还坚劲,任尔东西南北风"。

坚持中国特色社会主义不动摇,离不开对习近平新时代中国特色社会主义思想和基本方略的准确把握。习近平新时代中国特色社会主义思想具有重大理论价值和丰富思想内涵。它"明确坚持和发展中国特色社会主义,总任务是实现社会主义现代化和中华民族伟大复兴,在全面建成小康社会的基础上,分两步走在本世纪中叶建成富强民主文明和谐美丽的社会主义现代化强国;明确新时代我国社会主要矛盾是人民日益增长的美好生活需要和不平衡不充分的发展之间的矛盾,必须坚持以人民为中心的发展思想,不断促进人的全面发展、全体人民共同富裕;明确中国特色社会主义事业总体布局是'五位一体'、战略布局

---

① 习近平:《习近平谈治国理政》第 1 卷,外文出版社 2018 年版,第 22 页。

第四章　运用历史唯物主义,把握规律,运用规律

是'四个全面',强调坚定道路自信、理论自信、制度自信、文化自信;明确全面深化改革总目标是完善和发展中国特色社会主义制度、推进国家治理体系和治理能力现代化;明确全面推进依法治国总目标是建设中国特色社会主义法治体系、建设社会主义法治国家;明确党在新时代的强军目标是建设一支听党指挥、能打胜仗、作风优良的人民军队,把人民军队建设成为世界一流军队;明确中国特色大国外交要推动构建新型国际关系,推动构建人类命运共同体;明确中国特色社会主义最本质的特征是中国共产党领导,中国特色社会主义制度的最大优势是中国共产党领导,党是最高政治领导力量,提出新时代党的建设总要求,突出政治建设在党的建设中的重要地位"[①]。习近平总书记基于历史唯物主义的世界观和方法论,阐述了中国特色社会主义道路、中国特色社会主义理论体系和中国特色社会主义制度、中国特色社会主义文化四位一体的基本内涵,要求我们必须坚定"四个自信",即中国特色社会主义的道路自信、理论自信、制度自信和文化自信。他明确指出,中国共产党人"坚持不忘初心、继续前进",就要坚持"四个自信"。他还强调指出,"文化是一个国家、一个民族的灵魂。文化兴国运兴,文化强民族强。没有高度的文化自信,没有文化的繁荣兴盛,就没有中华民族伟大复兴。要坚持中国特色社会主义文化发展道路,激发全民

---

① 习近平:《决胜全面建成小康社会　夺取新时代中国特色社会主义伟大胜利——在中国共产党第十九次全国代表大会上的报告》,人民出版社2017年版,第19—20页。

族文化创新创造活力，建设社会主义文化强国"①。他多次讲："中国特色社会主义不是从天上掉下来的，是党和人民历尽千辛万苦、付出巨大代价取得的根本成就。中国特色社会主义，既是我们必须不断推进的伟大事业，又是我们开辟未来的根本保证。"② 这一论断告诉我们：中国特色社会主义道路是实现社会主义现代化的必由之路，是创造人民美好生活的必由之路；中国特色社会主义理论体系是指导党和人民沿着中国特色社会主义道路实现中华民族伟大复兴的正确理论，是立于时代前沿、与时俱进的科学理论；中国特色社会主义制度是当代中国发展进步的根本制度保障，是具有鲜明中国特色、明显制度优势、强大自我完善能力的先进制度；中国特色社会主义文化是激励全党全国各族人民奋勇前进的强大精神力量。"全党要更加自觉地增强道路自信、理论自信、制度自信、文化自信，既不走封闭僵化的老路，也不走改旗易帜的邪路，保持政治定力，坚持实干兴邦，始终坚持和发展中国特色社会主义。"③ 在党的十八届六中全会上，以习近平同志为核心的党中央不仅赋予了共同理想和远大理想新的内涵，而且对

---

① 习近平：《决胜全面建成小康社会　夺取新时代中国特色社会主义伟大胜利——在中国共产党第十九次全国代表大会上的报告》，人民出版社2017年版，第40—41页。

② 习近平：《在庆祝中国共产党成立95周年大会上的讲话》，人民出版社2016年版，第12页。

③ 习近平：《决胜全面建成小康社会　夺取新时代中国特色社会主义伟大胜利——在中国共产党第十九次全国代表大会上的报告》，人民出版社2017年版，第17页。

我们共产党人坚定信仰信念、坚定中国特色社会主义"四个自信"提出了新的要求。习近平总书记认为，必须把坚定理想信念作为开展党内政治生活的首要任务。共产主义远大理想和中国特色社会主义共同理想，是中国共产党人的精神支柱和政治灵魂，也是保持党的团结统一的思想基础。必须把对马克思主义的信仰、对社会主义和共产主义的信念作为毕生追求，坚定对中国特色社会主义的道路自信、理论自信、制度自信、文化自信。必须毫不动摇地坚持马克思主义指导思想，党的各级组织必须坚持不懈抓好理论武装。领导干部特别是高级干部，必须自觉抓好学习、增强党性修养，以实际行动让党员和群众感受到理想信念的强大力量。

第二节　掌握社会基本矛盾理论，学会运用社会基本矛盾观点分析问题

生产力和生产关系的矛盾、经济基础和上层建筑的矛盾，存在于一切社会形态之中，规定着社会性质和社会基本结构，推动着人类社会由低级向高级发展，是社会历史发展的内在动力。只有从整体上观察社会基本矛盾的状况，才能全面把握整个社会的发展。习近平总书记多次强调掌握唯物史观基本矛盾理论，对于共产党人认识社会、改造社会的强大思想武器的作用。

中国特色社会主义进入新时代，我国社会主要矛盾已经转变为人民日益增长的美好生活需要和不平衡不充分的发展之间的矛盾。习近平总书记强调，这是关系全局的历

史性变化，对党和国家工作提出了许多新要求。同时必须认识到，我国社会主要矛盾发生重大变化，没有改变我们对我国社会主义所处历史阶段的判断，我国仍处于并将长期处于社会主义初级阶段的基本国情没有变，我国是世界最大发展中国家的国际地位没有变。我们既要牢牢把握社会主义初级阶段这个基本国情，又要积极顺应社会主要矛盾的新变化，坚持党的基本路线这个党和国家的生命线、人民的幸福线，在继续推动发展的基础上，着力解决好发展不平衡不充分问题，大力提升发展质量和效益，更好满足人民在经济、政治、文化、社会、生态等方面日益增长的需要，更好推动人的全面发展、社会全面进步。

习近平总书记指出："要学习和掌握社会基本矛盾分析法，深入理解全面深化改革的重要性和紧迫性。"① 全面深化改革，首先要在历史唯物主义层面进行思考，在分析中国社会基本矛盾状况的基础上加以把握。基于这种认识，习近平总书记强调，只有把生产力和生产关系的矛盾运动同经济基础和上层建筑的矛盾运动结合起来观察，把社会基本矛盾作为一个整体来观察，才能全面把握整个社会的基本面貌和发展方向。当生产关系基本适应生产力发展、上层建筑基本适应经济基础发展时，只需要对不适应部分进行调整或改革。社会主义社会的状况属于这一类，对不适应部分，可通过改革来解决，改革是解决社会主义社会基本矛盾的基本途径。在此基础上，习近平总书记提

---

① 《推动全党学习和掌握历史唯物主义　更好认识规律更加能动地推进工作》，《人民日报》2013年12月5日第1版。

出了"关键一招"的论断:"改革开放是决定当代中国命运的关键一招,也是决定实现'两个一百年'奋斗目标、实现中华民族伟大复兴的关键一招。"① 这揭示了改革开放在当代中国发展中的决定性意义和关键性意义。

坚持和发展中国特色社会主义,必须要适应我们社会基本矛盾的变化。衡量社会基本矛盾对社会发展的影响状况,可以通过社会发展的动力机制和平衡机制状况来把握。社会基本矛盾之间适应或不适应,一般是通过上述两种机制状况体现出来的。当社会基本矛盾之间基本不适应时,就使社会既缺乏发展动力和创新活力,也会失去平衡与和谐,就会出现一系列突出的矛盾和问题。习近平总书记深刻地认识到,中国特色社会主义能否有序、可持续发展,要看这两种机制能否有效发挥作用且相互配合。没有动力机制,中国特色社会主义就会因失去活力而无法保持发展进步;没有平衡机制,中国特色社会主义就会因失去和谐而无法保持稳定与可持续发展。坚持和发展中国特色社会主义,必须不断适应社会生产力发展调整生产关系,不断适应经济基础发展完善上层建筑。我们提出进行全面深化改革,就是要适应我国社会基本矛盾运动的变化来推进社会发展。

习近平总书记反复讲,改革是由问题倒逼而产生,又在不断解决问题中而深化。总体来看,当今中国特色社会主义发展的动力机制和平衡机制基本上能够有效发挥作

---

① 习近平:《习近平谈治国理政》第1卷,外文出版社2018年版,第71页。

用，但也存在一定改革发展的空间和潜力。在动力机制上，经济社会发展动力和创新活力相对不足，劳动者的自主创新能力和创造活力不是很高，市场的巨大潜力尚未完全发挥出来。在平衡机制上，社会和谐稳定也显得不够。改革说到底就是调整机制。习近平总书记强调，完善和发展社会主义制度、推进国家治理体系和治理能力现代化，就是破解好改革发展稳定这个根本性问题的，就是要发挥好动力机制和平衡机制的作用。正如他所说："三中全会提出的全面深化改革的总目标，就是完善和发展中国特色社会主义制度、推进国家治理体系和治理能力现代化。我们讲过很多现代化，包括农业现代化、工业现代化、科技现代化、国防现代化等，国家治理体系和治理能力现代化是第一次讲。深刻理解和准确把握这个总目标，是贯彻落实各项改革举措的关键。"[1]

总体来讲，当今我国的生产关系与生产力、上层建筑与经济基础是基本适应的，对促进社会发展进步发挥着积极作用。但也存在值得关注的新情况，上层建筑在某些方面阻碍了经济基础的发展。比如，政府职能越位、缺位、错位的问题，实质上是作为政治上层建筑重要组成部分的行政体制不完全适应经济基础的要求。为此，习近平总书记在谈及行政体制改革时指出，行政体制改革是推动上层建筑适应经济基础的必然要求。实现全面建成小康社会和全面深化改革开放的目标，必须深化已进行30多年并取

---

[1] 《习近平关于全面深化改革论述摘编》，中央文献出版社2014年版，第25—26页。

得重要成果的行政体制改革,破除制约经济社会发展的体制机制弊端。

改革开放只有进行时、没有完成时,这是历史唯物主义的态度。习近平总书记深刻认识到,社会基本矛盾总是不断发展的,所以,调整生产关系、完善上层建筑需要相应地不断进行下去。他强调,改革开放是一项长期的、艰巨的、繁重的事业,必须一代又一代人接力干下去。这是从唯物史观的高度,对改革开放持久性的时态规律做出的科学结论。强调改革的持久性,既是对历史实践的总结,也是对未来奋斗的期许,它是对国内外围绕中国的改革开放政策会不会变的疑虑做出的"永远不会变"的肯定回答,是对社会上的种种模糊认识做出的"中国的改革开放永远不会停滞"的郑重表态。习近平总书记的上述论断,展示了中国共产党人对中国特色社会主义伟大事业的道路自信、理论自信、制度自信和文化自信,展示了以习近平同志为核心的党中央深谋远虑、责任担当和继续坚定不移推进改革开放的坚定信念,勾画出了中华民族、中国特色社会主义和党的事业继往开来、薪火相传、与时俱进的壮阔前景。

第三节 发展是解决我国一切问题的基础和关键

习近平总书记以唯物史观的远见卓识,既深刻地认识到了历史发展的光明前景,又清醒地看到了当前存在的困难和问题。他在全面深化改革的实践中,在不断回答"什么是社会主义,怎样建设社会主义""实现什么样的发展,怎样发展"这些中国特色社会主义的重大时代课题时告诉我们，发展是解决我国一切问题的基础和关键。

社会主义的本质要求是解放和发展社会生产力。习近平总书记指出："实现'两个一百年'奋斗目标、实现中华民族伟大复兴的中国梦，不断提高人民生活水平，必须坚定不移把发展作为党执政兴国的第一要务，坚持解放和发展社会生产力，坚持社会主义市场经济改革方向，推动经济持续健康发展。"① 以习近平同志为核心的党中央始终团结带领着全党全国各族人民，继续解放思想，坚持改革开放，不断解放和发展社会生产力，努力解决群众的生产生活困难，坚定不移走共同富裕的道路。在深入阐释党的十八大精神时，他强调，我们党领导人民全面建设小康社会、进行改革开放和社会主义现代化建设的根本目的，就是通过发展社会生产力，不断提高人民物质文化生活水平，促进人的全面发展。他要求我们，必须围绕发展这个第一要务全面深化各个领域的改革，通过进一步解放思想、进一步解放和增强社会活力；要通过深化改革，让一切劳动、知识、技术、管理、资本等要素的活力竞相迸发，让一切创造社会财富的源泉充分涌流。他反复告诫我们："必须认识到，我国社会主要矛盾的变化，没有改变我们对我国社会主义所处历史阶段的判断，我国仍处于并长期处于社会主义初级阶段

---

① 习近平：《决胜全面建成小康社会 夺取新时代中国特色社会主义伟大胜利——在中国共产党第十九次全国代表大会上的报告》，人民出版社2017年版，第29—30页。

的基本国情没有变，我国是世界最大发展中国家的国际地位没有变。"① 他指出，必须充分认清这两个"没有变"，强调发展仍是解决中国所有问题的关键，必须坚持以经济建设为中心不动摇。

发展社会主义生产力的根本目的是提高人民的生活水平，实现共同富裕。在发展的过程中，我们要正确处理好"做蛋糕"与"分蛋糕"的关系。习近平总书记指出，并不是蛋糕做好了再来分，而是一边做大，一边分好。要在不断发展的基础上，尽量促进社会公平正义，既尽力而为，又量力而行，努力使全体人民在学有所教、劳有所得、病有所医、老有所养、住有所居上持续取得新进展。

发展生产力，实现社会公平正义，实现人民共同富裕，是社会主义的本质。实现社会公平正义是由多种因素决定的，最主要的还是经济社会发展水平。在不同发展水平上，在不同历史时期，不同的阶级、阶层，对社会公平正义的认识和诉求也会不同。习近平总书记指出，我们讲促进社会公平正义，就要从最广大人民根本利益出发，多从社会发展水平、从社会大局、从全体人民的角度看待和处理这个问题。我国现阶段存在的有违公平正义的现象，许多是属于发展中的问题，是能够通过不断发展，通过制度安排、法律规范、政策支持加以解决的。

发展是以生产力为主的全面、协调、可持续的科学发

---

① 习近平：《决胜全面建成小康社会 夺取新时代中国特色社会主义伟大胜利——在中国共产党第十九次全国代表大会上的报告》，人民出版社2017年版，第12页。

展。坚持"发展是硬道理"的本质要求就是坚持科学发展，而科学发展的实质就是要保持发展的全面性、协调性和可持续性。习近平总书记反复讲，坚持以科学发展为主题，按照稳中求进的工作总基调，扎实推动我国经济持续健康发展。他要求我们，必须转变经济发展方式，综合考虑社会需求、承载条件和内在潜力，寻求发展速度、质量、结构、效益之间的有机平衡，并保持适当的发展节奏，使资源环境的承载能力和社会的承受能力与之相适应，防止经济社会运行之弦绷得过紧。

发展社会生产力必须保持一定的速度，但并不是单纯追求增长速度，而是追求有效益、有质量、可持续的发展。习近平总书记为此强调，再也不能简单地以国内生产总值增长率来论英雄了。衡量经济发展好坏，不是速度高一点，形势就"好得很"，也不是速度下来一点，形势就"糟得很"，而是要看有没有质量和效益，就是投资有回报、产品有市场、企业有利润、员工有收入、政府有税收、环境有改善，这才是我们要的发展。提高经济发展质量和效益，要把转方式调结构放到更加重要的位置，更加扎实地推进经济持续健康发展。

认识新常态，适应新常态，引领新常态，是当前和今后一个时期我国经济发展的大逻辑。习近平总书记认为，新常态是在中国经济长期高速发展之后出现的新状态，是中国三十多年改革开放之后出现的新阶段。中国经济进入新常态是客观的，不以人的意志为转移，但是，新常态不等于任由经济下滑，也不是静等经济自然好转，而是要更加积极地适应新常态、引领新常态，更加主动地推动中国经济在更高层次上以更高质量更好发展。这正如他所强调的："新常态不是不干事，不是不要发展，不是不要国内生产总值增长，而是要更好发挥主观能动性、更有创造精神地推动发展。"① 在新常态下，要更加全面、更加深化地进行新一轮改革开放，在更高层次上、更高水平上更加彻底地改革开放。面对新形势新任务，必须通过全面深化改革，着力解决我国发展面临的一系列突出矛盾和问题，不断推进中国特色社会主义制度自我完善和发展。

第四节 必须始终坚持"五位一体"总体布局和"四个全面"战略布局

习近平总书记站在时代的战略高度，从唯物史观出发，顺应了新起点、新阶段的历史性转折与变化，把握了新起点新阶段的基本特征和客观规律，提出了"五位一体"总体布局和"四个全面"战略布局。"五位一体"总体布局和"四个全面"战略布局相辅相成、相互贯通、相得益彰，为坚持和发展中国特色社会主义开创了新领域、新局面、新境界，为坚定不移地走中国特色社会主义道路提供了行动纲领。习近平总书记强调，"坚持不忘初心、继续前进，就要统筹推进'五位一体'总体布局，协调推进'四个全面'战略布局，全力推进全面建成小康社会进

---

① 习近平：《在省部级主要领导干部学习贯彻党的十八届五中全会精神专题研讨班上的讲话》，人民出版社2016年版，第7页。

程，不断把实现'两个一百年'奋斗目标推向前进"①。

唯物史观认为，社会整体结构是人们的物质生活关系、政治生活关系、精神生活关系和社会生活关系的总和。"不同要素之间存在着相互作用。每一个有机整体都是这样。"② 以唯物史观社会有机体理论为思想基础，习近平总书记创造性地把生态文明建设与经济建设、政治建设、文化建设、社会建设并列在一起，形成了中国特色社会主义事业"五位一体"总体布局。经济建设是根本，政治建设是保证，文化建设是灵魂，社会建设是条件，生态文明建设是基础，相互协调、相互促进，构成一个有机整体。"五位一体"总体布局的提出，标志着我们党对中国特色社会主义规律的认识达到了新的高度，为实现"两个一百年"奋斗目标、实现中华民族伟大复兴中国梦进行了顶层设计。

以经济建设为中心，发展社会主义市场经济，建设社会主义物质文明，坚持走中国特色社会主义新型工业化、信息化、城镇化、农业现代化道路。习近平总书记反复告诫我们，"要坚持发展是硬道理的战略思想，坚持以经济建设为中心"③，推动经济持续健康发展。要以科学发展为主题、以加快转变经济发展方式为主线，全面深化经济体

---

① 习近平：《在庆祝中国共产党成立95周年大会上的讲话》，人民出版社2016年版，第14页。

② 《马克思恩格斯选集》第2卷，人民出版社2012年版，第699页。

③ 习近平：《在第十二届全国人民代表大会第一次会议上的讲话》，人民出版社2013年版，第5页。

制改革,扎扎实实抓好实施创新驱动发展战略、推进经济结构战略性调整、推动城乡发展一体化、全面提高开放型经济水平,促进工业化、信息化、城镇化、农业现代化同步发展。打胜全面深化经济体制改革和加快转变经济发展方式这场硬仗,把我国经济发展活力和竞争力提高到新的水平。

加强社会主义民主政治建设,发展人民民主,建设社会主义政治文明,走中国特色社会主义政治发展道路。习近平总书记强调,要坚持党的领导、人民当家作主、依法治国的有机统一。他认为,社会主义政治建设说到底就是发展人民民主。社会主义民主政治建设要以保证人民当家作主为根本,以增强党和国家活力、调动人民积极性为目标,以加强党的领导为根本保证,以实行社会主义法治为基本保障,继续积极稳妥地推进政治体制改革,扩大社会主义民主,加快建设社会主义法治国家,发展社会主义政治文明。

发展社会主义先进文化,构建社会主义精神文明,建设社会主义文化强国,走中国特色社会主义文化发展道路。在坚持以经济建设为中心的同时,必须始终把文化建设放在党和国家全局工作的重要战略地位。习近平总书记对此形象地说:"当高楼大厦在我国大地上遍地林立时,中华民族精神的大厦也应该巍然耸立。"[①] 他反复讲,要坚持物质文明和精神文明两手抓,不断深化文化体制改革,

---

① 习近平:《在文艺工作座谈会上的讲话》,人民出版社2015年版,第6页。

努力推动文化建设与经济建设、政治建设、社会建设、生态文明建设协调发展，以建设社会主义核心价值体系为根本任务，以满足人民精神文化需求为出发点和落脚点，全面提高公民道德素质，丰富人民精神文化生活，增强文化整体实力和竞争力，努力建设社会主义文化强国。

改善民生和加强社会建设，发展社会事业，建设社会主义社会文明，走中国特色社会主义社会建设道路。习近平总书记指出："让老百姓过上好日子是我们一切工作的出发点和落脚点。"[①] 他要求我们，必须在经济发展基础上，从维护最广大人民根本利益的高度，以保障和改善民生为重点，更加注重社会建设，加快健全基本公共服务体系，解决好人民最关心最直接最现实的利益问题，在学有所教、劳有所得、病有所医、老有所养、住有所居上持续取得新进展，使发展成果更多更公平惠及全体人民，努力让人民过上更好生活，推动社会主义和谐社会建设。

推进生态文明建设，构建资源节约型、环境友好型社会，建设生态文明，走中国特色社会主义生态文明发展道路。习近平总书记提出："生态兴则文明兴，生态衰则文明衰。"[②] 他强调，推进生态文明建设，是涉及生产方式和生活方式根本性变革的战略任务。必须把生态文明建设融入经济建设、政治建设、文化建设、社会建设各方面和全过程，坚持节约资源和保护环境的基本国策。必须把生态

---

① 《习近平总书记系列重要讲话读本（2016年版）》，学习出版社、人民出版社2016年版，第213页。

② 同上书，第231页。

文明建设放在突出地位，着力推进绿色发展、循环发展、低碳发展，努力建设美丽中国。习近平总书记提出生态文明建设，使全面建设小康社会目标的内涵更加丰富，使中国特色社会主义事业总体布局更加完善。

在总结改革开放以来我们党关于中国特色社会主义事业总体布局的一系列提法的基础上，提出"五位一体"总体布局的同时，习近平总书记还从坚持和发展中国特色社会主义全局出发，立足中国实际、总结中国经验、针对中国难题，提出了"四个全面"作为新的历史条件下党和国家各项工作的战略布局。其中，全面建成小康社会是处于引领地位的战略目标，也是实现中华民族伟大复兴中国梦的关键一步；全面深化改革为其他三个"全面"提供基本动力，全面依法治国为其他"三个全面"提供基本保障；全面从严治党为其他"三个全面"提供基本支撑。"四个全面"相互之间密切联系，有机统一，共同支撑起中国特色社会主义事业全局。

"四个全面"战略布局的提出，是唯物史观的现实运用。它标志着我们党对共产党执政规律、社会主义建设规律、人类社会发展规律有了更高的科学认识，为在新的历史条件下深化改革开放、加快推进社会主义现代化提供了科学理论指导和行动指南。正如习近平总书记所说，我们党在各个历史时期运用历史唯物主义，不断把握中国社会运动及其发展规律，积极运用规律，推动党和人民事业不断取得胜利。"四个全面"战略布局的提出，为我们把握和运用中国社会运动及其发展规律树立了良好的典范。今后，我们不仅要更加深入认识共产党执政规律、社会主义建设规律和人类社会发展规律的内涵，还要不断认识和把握现代化一般规律、普遍规律和特殊规律，认识和把握中国共产党执政规律，认识和把握可持续发展背后的自然规律、科学发展背后的经济规律、包容性发展背后的社会规律，把中国特色社会主义伟大事业推向更加辉煌的未来。

协调推进"五位一体"总体布局和"四个全面"战略布局，必须坚持马克思主义理论指导，坚持科学社会主义方向。"五位一体"总体布局和"四个全面"战略布局的提出，是运用马克思主义立场、观点、方法全面分析国内外局势，准确把握客观实际、科学掌握客观规律的创新产物。协调推进"五位一体"总体布局和"四个全面"战略布局，一定要坚持马克思主义理论指导，坚持社会主义方向，一切从中国国情实际出发，从客观事物的规律出发，制定并实施正确的政策和举措，更加有效地应对各种风险和挑战，集中力量把自己的事情办好，不断开拓发展新境界。

第五节 必须坚定不移贯彻创新、协调、绿色、开放、共享的发展理念

坚持发展要有科学的发展理念。科学发展理念是马克思主义的唯物辩证法和唯物史观在发展问题上的观点和方法。发展理念是战略性、纲领性、引领性的，是发展思路、发展方向、发展着力点的集中体现。创新、协调、绿色、开放、共享"新发展理念"，是新时代中国特色社会

第四章 运用历史唯物主义,把握规律,运用规律

主义的基本方略之一,是对马克思主义唯物辩证法和唯物史观的丰富和发展,是对马克思主义发展观和科学发展观的丰富和发展;它创造性地回答了新形势下我们要实现什么样的发展、如何实现发展的重大问题,为决胜全面建成小康社会提供了有力的原则遵循。

创新是引领发展的第一动力,必须把创新摆在国家发展全局的核心位置。习近平总书记指出,要着力实施创新驱动发展战略,抓住了创新,就抓住了牵动经济社会发展全局的"牛鼻子"。抓创新就是抓发展,谋创新就是谋未来。适应和引领我国经济发展新常态,关键是要依靠科技创新转换发展动力。他告诫我们,要充分认识创新是第一动力,提供高质量科技供给,着力支撑现代化经济体系建设。上述论断与唯物史观中的"科学技术是第一生产力"一脉相承,既是继承,也是发展,是对新常态下中国经济转型发展方向、路径和着力点的精辟概括。

科学技术转化是创新驱动发展的前提,只有转化了的科学技术才能成为现实的生产力。习近平总书记指出,实施创新驱动发展战略,最根本的是要增强自主创新能力,最紧迫的是要破除体制机制障碍,要最大限度解放和激发科技作为第一生产力所蕴藏的巨大潜能。他强调,要破除影响科技成果转化的关卡,让科技与经济之间的通道更通畅。科技成果只有同国家需要、人民要求、市场需求相结合,完成科学研究、实验开发、推广应用的三级跳,才能真正实现创新价值,实现创新驱动发展。面对新形势新挑战,必须加快从要素驱动为主向创新驱动发展转变,发挥科技创新的支撑引领作用,推动实现有质量、有效益、可

持续的发展。我们坚持创新驱动实质是人才驱动，强调人才是创新的第一资源，不断改善人才发展环境、激发人才创造活力，大力培养造就一大批具有全球视野和国际水平的战略科技人才、科技领军人才、青年科技人才和高水平创新团队。

协调是持续健康发展的内在要求，坚持统筹规划协调发展是社会主义制度在发展方面的最大优越性。习近平总书记指出："统筹兼顾是中国共产党的一个科学方法论。它的哲学内涵就是马克思主义辩证法。中国共产党特别强调统筹兼顾。"① 在他看来，协调发展是下好发展"一盘棋"的制胜要诀。协调具有双重属性，它既是发展手段又是发展目标，同时还是评价发展的标准和尺度，是发展的"两点论"和"重点论"的统一，是发展的平衡和不平衡的统一，是发展的优势和短板的统一，是发展的现状与潜力的统一。

坚持协调发展，必须牢牢把握中国特色社会主义事业总体布局，正确处理发展中的重大关系。城乡联系、区域联系、经济与社会的联系、人与自然的联系、国内发展与对外开放的联系，都是客观存在的。如果我们违背联系的普遍性和客观性，不注意协调好它们之间的关系，就会顾此失彼，导致发展失衡。习近平总书记告诉我们，要学会运用辩证法，善于"弹钢琴"，处理好局部和全局、当前

---

① 习近平：《干在实处　走在前列——推进浙江新发展的思考与实践》，中共中央党校出版社2006年版，第25页。

第四章 运用历史唯物主义,把握规律,运用规律

和长远、重点和非重点的关系,着力推动区域协调发展、城乡协调发展、物质文明和精神文明协调发展,推动经济建设和国防建设融合发展,以确保如期全面建成小康社会。

绿色是永续发展的必要条件,是社会主义实现人民对美好生活追求的重要体现。"绿水青山就是金山银山","建设生态文明,关系人民福祉,关乎民族未来","自然生态要山清水秀,政治生态也要山清水秀","像保护眼睛一样保护生态环境,像对待生命一样对待生态环境",等等,句句处处体现着习近平总书记绿色惠民、绿色富国、绿色承诺的发展理念。绿色发展和可持续发展是当今世界的时代潮流,中国经济要适应"新常态"。绿色发展理念实质是马克思主义人与自然相统一的唯物辩证法的具体化,是既把马克思主义生态理论与当今时代发展特征相结合,又融汇了东方文明而形成的新的发展理念;是将生态文明建设融入经济、政治、文化、社会建设各方面和全过程的新的发展理念。坚持绿色发展理念,引领中国走向永续发展、文明发展新道路。

绿色发展是坚持人民主体地位的具体体现。习近平总书记在中央政治局第六次集体学习时指出,要清醒认识加强生态文明建设的重要性和必要性,以对人民群众、对子孙后代高度负责的态度和责任,为人民创造良好生产生活环境。绿色发展是实施可持续发展战略的具体行动。他告诉我们,经济发展、GDP数字的加大不是全部的追求,要注重社会进步、文明兴盛的指标,特别是人文指标、资源指标和环境指标。绿色发展是实现全面建成小康社会目标

的重要途径。他强调，现在的发展目的是加快全面建设小康社会、提前基本实现现代化，不能盲目发展，要按照统筹人与自然和谐发展的要求，做好人口、资源、环境工作。绿色发展是增强综合实力和国际竞争力的必由之路，中国必须落实创新、协调、绿色、开放、共享的发展理念，形成人与自然和谐发展现代化建设新格局。

开放是国家繁荣发展的必然之路，是发展中国特色社会主义的基本国策。"当今世界，开放融通的潮流滚滚向前。人类社会发展的历史告诉我们，开放带来进步，封闭必然落后。世界已经成为你中有我、我中有你的地球村，各国经济社会发展日益相互联系、相互影响，推进互联互通、加快融合发展成为促进共同繁荣发展的必然选择。"[①]以习近平同志为核心的党中央提出的开放发展理念，是运用唯物辩证法，运用唯物史观，准确把握了当今世界和我国发展大势，直面我国对外开放中的突出矛盾和问题，体现了我们党对经济社会发展规律认识的深化、对外开放思想的丰富和发展。开放发展是深化认识发展规律的科学理念。正如习近平总书记所说：各国经济，相通则共进，相闭则各退。中国将在更大范围、更宽领域、更深层次上提高开放型经济水平。我们将坚定不移奉行互利共赢的开放战略，继续从世界汲取发展动力，也让中国发展更好惠及世界。贯彻落实开放发展理念，我们将以对外开放的主动

---

① 习近平：《开放共创繁荣 创新引领未来——在博鳌亚洲论坛2018年年会开幕式上的主旨演讲》，《人民日报》2018年4月11日第3版。

赢得经济发展和国际竞争的主动，在扩大开放中同世界各国形成深度融合的互利合作格局。

坚持互利共赢，打造人类命运共同体。习近平总书记指出，当今世界，人类生活在不同文化、种族、肤色、宗教和不同社会制度所组成的世界里，各国人民形成了你中有我、我中有你的命运共同体。中国"愿扩大同各国的利益交汇点，推动构建以合作共赢为核心的新型国际关系，推动形成人类命运共同体和利益共同体"[1]。"坚持和平发展道路，坚持互利共赢开放战略，推动构建人类命运共同体，对促进人类和平发展的崇高事业具有重大意义。"[2]"命运共同体"这一概念准确反映了经济全球化的时代特点，为我国进一步扩大对外开放、深化国际合作、构建互利共赢国际新格局指明了方向。中国在对外开放中应充分展示负责任的大国形象，这是习近平总书记始终强调的。中国要永远做一个学习大国，不论发展到什么水平，都虚心向世界各国人民学习，以更加开放包容的姿态，加强同世界各国的互容、互鉴、互通，不断把对外开放提高到新的水平。

共享是社会主义国家发展的目的，坚持共享发展是中国特色社会主义的本质要求。共享发展理念揭示了发展的价值取向、当代中国发展的根本出发点和落脚点。习近平

---

[1] 习近平：《在庆祝中国共产党成立95周年大会上的讲话》，人民出版社2016年版，第20页。

[2] 《中国共产党第十九届中央委员会第二次全体会议公报》，2018年1月19日，新华网。

总书记指出:"广大人民群众共享改革发展成果,是社会主义的本质要求,是我们党坚持全心全意为人民服务根本宗旨的重要体现。我们追求的发展是造福人民的发展,我们追求的富裕是全体人民共同富裕。改革发展搞得成功不成功,最终的判断标准是人民是不是共同享受到了改革发展成果。"①

坚持共享发展,必须准确把握共享发展的科学内涵。习近平总书记多次阐述共享发展问题,其具体内涵包括全民共享、全面共享、共建共享和渐进共享等。他指出,坚持共享发展,就是要坚持发展为了人民、发展依靠人民、发展成果由人民共享,使全体人民在共建共享发展中有更多获得感,朝着共同富裕方向稳步前进。共享发展就是要共享国家经济、政治、文化、社会、生态各方面建设成果,全面保障人民在各方面的合法权益,促进人的全面发展。在共享发展中要充分调动人民积极性、主动性、创造性,形成人人参与、人人尽力、人人都有成就感的生动局面。习近平总书记告诉我们,共享发展必将有一个从低级到高级、从不均衡到均衡的过程,要立足国情、立足经济社会发展水平来思考设计共享政策。要整体理解和把握上述各个方面,更好地把共享的发展理念贯穿到各项工作中,不断朝着全体人民共同富裕的目标前进。

---

① 《征求对中共中央关于制定国民经济和社会发展第十三个五年规划的建议的意见 中共中央召开党外人士座谈会 习近平主持并发表重要讲话》,《人民日报》2015年10月31日第1版。

第四章 运用历史唯物主义,把握规律,运用规律

第六节　马克思主义政治立场首先就是阶级立场,进行阶级分析

阶级观点和阶级分析法,是马克思主义认识阶级社会、改造阶级社会的基本观点和基本方法。习近平总书记强调,看待政治制度模式,必须坚持马克思主义政治立场。马克思主义政治立场,首先就是阶级立场,进行阶级分析。只要人类还处于阶级社会,阶级观点和阶级分析方法就不会过时。习近平总书记为我们树立了运用阶级观点和阶级分析方法,认识阶级社会、分析阶级社会问题、指导社会主义建设的良好榜样。

坚持工人阶级的地位和作用不容动摇。工人阶级是我国的领导阶级,是我国先进生产力和生产关系的代表,是我们党最坚实最可靠的阶级基础,是全面建成小康社会、坚持和发展中国特色社会主义的主力军。在当代中国,工人阶级和广大劳动群众始终是推动我国经济社会发展、维护社会安定团结的根本力量。基于对工人阶级上述地位和作用的认识,习近平总书记告诫我们,必须坚定不移地依靠工人阶级,充分调动工人阶级和广大劳动群众的积极性、主动性、创造性;要坚持工人阶级的国家领导阶级地位,推进基层民主建设,更加有效地落实职工群众的知情权、参与权、表达权、监督权;要把全心全意依靠工人阶级的根本方针贯彻到经济、政治、文化、社会、生态文明建设以及党的建设各方面,落实到党和国家制定政策、推进工作的全过程,体现到企业生产经营各环节。

在阐述工人阶级地位和作用的同时，习近平总书记还重点批评了关于工人阶级作用的三种错误的和有害的观点，即，无视我国工人阶级成长进步的观点，无视我国工人阶级主力军作用的观点，以为科技进步条件下工人阶级越来越无足轻重的观点。他强调："不论时代怎样变迁，不论社会怎样变化，我们党全心全意依靠工人阶级的根本方针都不能忘记、不能淡化，我国工人阶级地位和作用都不容动摇、不容忽视。"①

要充分信任知识分子。习近平总书记深刻认识到，知识分子是工人阶级的一个部分，是推动社会经济发展和社会文明进步的重要力量。在此基础上，他强调要把知识分子工作作为党的一项十分重要的工作。他要求各级党委和政府，要切实尊重知识、尊重人才，充分信任知识分子，加快形成有利于知识分子干事创业的体制机制，放手让广大知识分子把才华和能量充分释放出来。要减少对知识分子创造性劳动的干扰，让他们把更多精力集中于本职工作。要善于运用沟通、协商、谈心等方式做好知识分子思想工作，多了解他们工作学习生活中的困难，多同他们共同探讨一些问题，多鼓励他们取得的成绩和进步。各级党委和政府以及各级领导干部要就工作和决策中的有关问题主动征求知识分子的意见和建议。对于来自知识分子的意见和批评，习近平总书记提出要作具体分析，强调"只要出发点是好的，就要热忱欢迎，对的就要积极采纳。即使

---

① 习近平：《在庆祝"五一"国际劳动节暨表彰全国劳动模范和先进工作者大会上的讲话》，人民出版社2015年版，第11页。

第四章 运用历史唯物主义,把握规律,运用规律

一些意见和批评有偏差,甚至不正确,也要多一些包容、多一些宽容,坚持不抓辫子、不扣帽子、不打棍子"①。

决不能忽视和忘记农民阶级。习近平总书记所作的党的十九大报告指出:我国是工人阶级领导的、以工农联盟为基础的人民民主专政的社会主义国家。工农联盟是工人阶级和农民阶级的联盟,是我国的政权基础。以工农两个阶级的联盟为我国政权的基础,是由我国的基本国情决定的。工农联盟代表了我国人口的绝大多数,不但构成了人民民主专政的坚实基础,而且表明了人民民主专政政权充分的民主性和广泛的代表性。习近平总书记从理论和现实出发,告诫我们在任何时候都不能忽视农业、不能忘记农民、不能淡漠农村。他指出,必须始终坚持强农惠农富农政策不减弱、推进农村全面小康不松劲,在认识的高度、重视的程度、投入的力度上保持好势头。要健全城乡发展一体化体制机制,加快建设现代农业,加快推进农民增收,加快建设社会主义新农村,走出一条集约、高效、安全、持续的现代农业发展道路。

要广泛团结新的社会阶层人士。这是巩固党的阶级基础、扩大党的群众基础的需要,是巩固和发展最广泛爱国统一战线的需要,是推动中国特色社会主义伟大事业的需要。当前,非公经济经营者、新社会组织从业人员、留学人员和新媒体从业者,构成了新的社会阶层的重要支柱,是中国特色社会主义事业的建设力量。为此,习近平总书

---

① 习近平:《在知识分子、劳动模范、青年代表座谈会上的讲话》,人民出版社2016年版,第7页。

记深刻阐述了如何做好新时期各个新兴阶层人士的工作、充分发挥他们的作用。他强调，促进非公有制经济健康发展和非公有制经济人士健康成长，要坚持团结、服务、引导、教育的方针，一手抓鼓励支持，一手抓教育引导，关注他们的思想，关注他们的困难，有针对性地进行帮助引导，引导非公有制经济人士特别是年轻一代致富思源、富而思进，做到爱国、敬业、创新、守法、诚信、贡献。要高度重视和做好新经济组织、新社会组织中的知识分子工作，引导他们发挥积极作用。要坚持支持留学、鼓励回国、来去自由、发挥作用的方针，鼓励留学人员回国工作或以多种形式为国服务。要加强和改善对新媒体中的代表性人士的工作，建立经常性联系渠道，加强线上互动、线下沟通，让他们在净化网络空间、弘扬主旋律等方面展现正能量。

坚持工人阶级领导的、以工农联盟为基础的人民民主专政的社会主义国体。习近平总书记指出，要认识到一定范围内的阶级斗争，不能削弱人民民主专政的职能。坚持以工人阶级和农民阶级联盟为最主要的基础，对少数敌人实行专政，对大多数人民群众实行最广泛的人民民主，这是人民民主专政的要义。新形势下，剥削阶级在我国作为阶级已经消灭，但是阶级斗争还将在一定范围内长期存在。中国人民对敌视和破坏我国社会主义制度的国内外的敌对势力和敌对分子，必须进行斗争。他在中央政法工作会议上强调，各级党委要切实担负起维护一方稳定的政治责任，把政法工作摆到经济社会发展全局中来谋划，培育造就一支忠于党、忠于国家、忠于人民、忠于法律的政法队伍，确保"刀把子"牢牢掌握在党和人民手中。他告诫我们，必须始终坚持工人阶级领导的、以工农联盟为基础的人民民主专政的社会主义国体。

正确认识和妥善解决人民内部矛盾问题。在我国社会主义初级阶段，阶级矛盾已经不是主要矛盾了，人民内部矛盾是我国社会的主要矛盾。为了维护安定团结的政治局面，完善和巩固社会主义制度，必须正确处理好人民内部矛盾问题，最大限度地调动全社会的积极性、主动性和创造性，为实现中华民族伟大复兴而共同奋斗。习近平总书记反复讲，必须团结一切可以团结的力量，最大限度增加和谐因素，增强社会创造活力，确保人民安居乐业、社会安定有序、国家长治久安。针对领导干部与人民群众之间的矛盾这一相对突出和值得关注的人民内部矛盾，习近平总书记告诫全党："密切党群、干群关系，保持同人民群众的血肉联系，始终是我们党立于不败之地的根基。一个政党，一个政权，其前途和命运最终取决于人心向背。如果我们脱离群众、失去人民拥护和支持，最终也会走向失败。"①"干部作风是人民群众观察评价党风的晴雨表。党的十八大以来的实践证明，作风建设必须以上率下，用钉钉子精神抓落实。"② 他要求各级干部转变工作作风，牢固树立群众观点，保持奋发有为的精神状态，发扬钉钉子的

---

① 习近平：《紧紧围绕坚持和发展中国特色社会主义，学习宣传贯彻党的十八大精神——在十八届中共中央政治局第一次集体学习时的讲话》，人民出版社2012年版，第11—12页。

② 习近平：《在党的十九届一中全会上的讲话》，《求是》2018年第1期。

精神,把转变工作作风和解决群众反映强烈的突出问题结合起来,把群众工作做实、做深、做细,确保群众安居乐业,确保社会和谐稳定。

实现伟大梦想,必须进行伟大斗争,就必须善于区分矛盾性质,针对不同性质的矛盾展开有针对性的有效斗争。要正确区分两类不同性质的矛盾,正确处理好人民内部矛盾,制定正确的斗争策略,采取适当的斗争方式和方法,以期取得最大的斗争实效。在处理人民内部矛盾的方式上,习近平总书记指出运用法律和制度来处理是建设法治国家的必然要求。他强调,要完善立法工作机制和程序,扩大公众有序参与,充分听取各方面意见,使法律准确反映经济社会发展要求,更好协调利益关系,发挥立法的引领和推动作用。新时期面临的挑战和困难很多,面临的问题和矛盾也很复杂,必须加快经济立法和其他各方面立法,加强社会各领域制度建设,从而为正确处理人民内部矛盾奠定基础。在当前创新社会管理模式、正确处理人民内部矛盾的新形势下,习近平总书记指出"法律红线不能触碰、法律底线不能逾越"①,这对于以法治为基础解决人民内部矛盾问题具有十分重要的意义。

第七节 学习历史唯物主义,提高历史思维能力

研究历史、认识历史,把握今天、开创明天,必须认

---

① 习近平:《习近平谈治国理政》第 1 卷,外文出版社 2018 年版,第 149 页。

真学习历史唯物主义，提高历史思维能力，以历史思维鉴古今。宏大的历史视野、清醒的历史思维，是习近平总书记一以贯之的鲜明品格。他指出，历史是一个民族、一个国家形成、发展及其盛衰兴亡的真实记录，是前人的"百科全书"，即前人各种知识、经验和智慧的总汇。他历来提倡运用历史思维，研究历史，认识历史，为现实服务。

所谓历史思维，是指运用马克思主义唯物史观从历史视野和发展规律中思考分析问题、把握前进方向、指导现实工作的科学思维方式。习近平总书记总是善于把事物放在历史长河中来考察，从正反两方面历史经验教训中作总结，从历史分析中判断未来的发展趋势。所谓历史思维能力，就是以史为鉴、知古鉴今，善于运用历史眼光认识发展规律、把握前进方向、指导现实工作的能力。他告诉我们，提高历史思维能力，就要学习历史唯物主义，牢固树立正确历史观，既不能割断历史，也不能虚无历史；就要加强对中国历史、党史国史、社会主义发展史和世界历史的学习，深刻总结历史经验、把握历史规律、认清历史趋势，在对历史的深入思考中做好现实工作、更好走向未来，不断交出坚持和发展中国特色社会主义的合格答卷。

学习历史唯物主义，提高学习历史和对待历史的思维能力。习近平总书记强调，历史是最好的老师，是最好的教科书，是最好的"营养剂"，是不能割断的，是重大原则问题，是民族安身立命的基础。在他看来，历史是一个民族、一个国家形成、发展及其盛衰兴亡的真实记录，是前人各种知识、经验和智慧的总汇。它忠实记录下每一个国家走过的足迹，也给每一个国家未来的发展提供启示。

学历史可以"看成败、鉴得失、知兴替",他要求各级领导干部"要认真学习党史、国史,知史爱党,知史爱国"①;要求他们通过学习历史不断深化对人类社会发展规律、社会主义建设规律和共产党执政规律的认识,不断丰富自己的历史知识,从而开阔眼界和胸襟,提高认识能力和精神境界,不断提升领导工作水平。

在如何对待历史特别是不同的历史时期方面,习近平总书记提出,要正确认识和处理改革开放前后两个历史时期的辩证关系,不能用改革开放后的历史时期否定改革开放前的历史时期,也不能用改革开放前的历史时期否定改革开放后的历史时期。要坚持实事求是的思想路线,分清主流和支流,坚持真理,修正错误,发扬经验,吸取教训,在这个基础上把党和人民事业继续推向前进。在对历史人物的评价方面,他强调应采取全面、历史的科学分析方法,把他们放在其所处时代和社会的历史条件下分析,客观、公允地看待他们。在这个过程中,要做到"六个不能":"不能离开对历史条件、历史过程的全面认识和对历史规律的科学把握,不能忽略历史必然性和历史偶然性的关系;不能把历史顺境中的成功简单归功于个人,也不能把历史逆境中的挫折简单归咎于个人。不能用今天的时代条件、发展水平、认识水平去衡量和要求前人,不能苛求前人干出只有后人才能干出的业绩来。"② 习近平总书记的

---

① 习近平:《在中央党校建校80周年庆祝大会暨2013年春季学期开学典礼上的讲话》,人民出版社2013年版,第8页。

② 习近平:《在纪念毛泽东同志诞辰120周年座谈会上的讲话》,人民出版社2013年版,第11页。

第四章 运用历史唯物主义,把握规律,运用规律

上述论断都深化和发展了历史唯物主义的方法论,体现了马克思主义的科学历史观。

学习历史唯物主义,提高观察历史和研究历史问题的思维能力。正确地观察历史和研究历史,必须要有正确的观点、科学的方法。习近平总书记强调,首先要贯通历史,深刻认识历史曲折发展的客观规律。历史、现实和未来是相通的,历史是过去的现实,现实是未来的历史。人类社会发展的历史证明,无论遇到什么样的曲折,历史都总是按照自己的规律向前发展,没有任何力量能够阻挡历史前进的车轮。在研究历史的过程中,切莫割断历史的内在联系。尤其是在研究中华人民共和国成立以来的历史时,要认识好改革开放前和改革开放后的两个历史时期之间的区别,同时要把握它们之间的联系,即它们本质上都是我们党领导人民进行社会主义建设的实践探索。

要全面、客观、辩证、发展地研究和阐述党的历史。习近平总书记明确要求,坚持实事求是研究和宣传党的历史,就要牢牢把握党的历史发展的主题和主线、主流和本质,旗帜鲜明地揭示和宣传中国共产党在中国的领导地位和核心作用形成的历史必然性,揭示和宣传中国人民走上社会主义道路的历史必然性,揭示和宣传通过改革开放和社会主义现代化建设实现中华民族伟大复兴的历史必然性,揭示和宣传党在革命、建设、改革各个历史时期领导人民所取得的伟大胜利和辉煌成就,揭示和宣传党在长期奋斗中积累的宝贵经验、形成的光荣传统和优良作风,坚决反对任何歪曲和丑化党的历史的错误倾向。习近平总书记的这些论断和观点,体现了马克思主义的唯物史观,为

我们正确观察历史提供了科学方法和基本遵循，对我们正确研究历史尤其是正确研究党的历史提出了明确要求。

　　学习历史唯物主义，提高以历史的视角认识一系列现实重大问题的思维能力。在论述历史问题时，习近平总书记总是着眼于党和国家的中心工作大局，以及现实国际国内的一系列重大问题，而不是为了历史而讲历史。例如，在如何看待中国特色社会主义的问题上，习近平总书记强调它所具有的深厚的历史渊源和广泛的现实基础，明确指出它是党和人民90多年奋斗、创造、积累的根本成就，是改革开放30多年实践的根本总结，并在此基础上提出了实现中华民族伟大复兴的"中国梦"。在如何对待改革开放的问题上，他总结出了实施这一历史性决策的主要原因，并在将其作为当代中国的鲜明标志和活力源泉、发展中国特色社会主义必由之路的基础上，做出了全面深化改革的战略部署。在培育和践行社会主义核心价值观方面，他指出社会主义核心价值把涉及国家、社会、公民的价值要求融为一体，既体现了社会主义本质要求，继承了中华优秀传统文化，也吸收了世界文明有益成果，体现了时代精神。在论述国家治理体系的问题上，他强调"以史为鉴"，指出一个国家选择什么样的治理体系，是由这个国家的历史传承、文化传统、经济社会发展水平决定的，是由这个国家的人民决定的；我国今天的国家治理体系，是在我国历史传承、文化传统、经济社会发展的基础上长期发展、渐进改进、内生性演化的结果。

　　善于运用历史，借鉴历史经验，这是习近平总书记一贯重视并倡导的重要思想和方法。他强调，历史之中有智慧，历史之中有营养，要在对历史的深入学习思考中汲取前人的智慧、养分和力量，在现实工作中"照好"历史这面"镜子"，既要善于总结和汲取历史上的经验教训，做到以史为鉴、更好地走向未来，又要善于总结和汲取工作中的经验教训，做到修正错误、更好地前进发展，做到学以增智、学以修身、学以致用，不断提升历史思维能力。

第五章

坚持以人民为主体的群众观点

习近平总书记在党的十九大报告中指出:"坚持以人民为中心。人民是历史的创造者,是决定党和国家前途命运的根本力量。必须坚持人民主体地位,坚持立党为公、执政为民,践行全心全意为人民服务的根本宗旨,把党的群众路线贯彻到治国理政全部活动之中,把人民对美好生活的向往作为奋斗目标,依靠人民创造历史伟业。"[①] 群众观点是唯物史观的根本观点,群众路线是马克思主义群众观点在工作指导路线上的具体化,是我们党的根本工作路线。习近平总书记始终强调共产党人必须坚持人民至上,以人民为中心、以人民为主体的群众观点,坚持"一切为了群众、一切依靠群众,从群众中来、到群众中去"的群众路线。群众观点和群众路线是历史唯物主义的重要内容,是无产阶级政党的立党之本、执政之基、力量之源。

---

① 习近平:《决胜全面建成小康社会 夺取新时代中国特色社会主义伟大胜利——在中国共产党第十九次全国代表大会上的报告》,人民出版社2017年版,第21页。

第五章 坚持以人民为主体的群众观点

第一节 坚持人民是历史创造者的根本观点，尊重人民主体地位，发挥人民首创精神

习近平总书记指出，唯物史观是解决"为了谁、依靠谁、我是谁"问题的总开关，一切从人民群众的根本利益出发是历史唯物主义的基本立场，坚持人民群众是历史的创造者是历史唯物主义的根本观点，"一切为了群众，一切依靠群众，从群众中来，到群众中去"是历史唯物主义的根本工作路线。始终站在人民群众立场上，诚心诚意为人民谋利益，这是马克思列宁主义的根本出发点和落脚点，也是毛泽东思想、邓小平理论、"三个代表"重要思想、科学发展观、习近平新时代中国特色社会主义思想的根本出发点和落脚点。始终站在人民群众立场上，始终不脱离、不动摇这个根本立场，这是共产党人掌握马克思主义世界观的重大问题，也是广大党员干部要解决好的重大问题。共产党员要守住自己的政治生命线，守住正确的人生价值观，就必须树立历史唯物主义的群众史观。

人民立场是决定我们党的性质的根本政治问题。"我国是工人阶级领导的、以工农联盟为基础的人民民主专政的社会主义国家，国家一切权力属于人民。我们必须始终坚持人民立场，坚持人民主体地位，虚心向人民学习，倾

听人民呼声，汲取人民智慧。"① 在马克思主义哲学中，群众观点是极其重要的观点。习近平总书记指出："人民既是历史的创造者、也是历史的见证者，既是历史的'剧中人'、也是历史的'剧作者'。"② 他关于人民在历史上的作用和地位的论述，既与唯心主义的英雄史观划清了界限，也与资产阶级的"人民主权论"划清了界限。讲政治，离不开人民群众，实现、维护和发展人民群众的利益，始终是我们党最大最重要的政治。习近平总书记强调："人民立场是中国共产党的根本政治立场，是马克思主义政党区别于其他政党的显著标志。"③ 坚持人民立场，全心全意为人民服务，是我们党同一切剥削阶级政党的根本区别。马克思和恩格斯在《共产党宣言》中从历史的人民性出发，进一步阐述了无产阶级革命运动的人民性："过去的一切运动都是少数人的，或者为少数人谋利益的运动。无产阶级的运动是绝大多数人的，为绝大多数人谋利益的独立的运动。"④ 无产阶级革命运动的人民性根源于历史的人民性，即人民群众是人类历史的创造者。在历史发展中，人民群众的生产实践活动构成整个社会生活的基

---

① 习近平：《在第十三届全国人民代表大会第一次会议上的讲话》，《人民日报》2018年3月21日第2版。

② 《习近平总书记重要讲话文章选编》，党建读物出版社、中央文献出版社2016年版，第191页。

③ 习近平：《在庆祝中国共产党成立95周年大会上的讲话》，人民出版社2016年版，第18页。

④ 《马克思恩格斯选集》第1卷，人民出版社2012年版，第411页。

础。人民群众既是社会物质财富的创造者,也是社会精神财富的创造者。无论是在革命年代还是在改革、建设年代,人民群众都是决定性的推动社会变革的力量。

习近平总书记鼓励大家"不忘初心、继续前进"。这颗"初心",就是人民至上的"心";不忘初心,最根本的是不忘人民,以人民为中心。他在中央政治局召开的民主生活会上指出:"中南海要始终直通人民群众,我们要始终把人民群众放在心中脑中。中央政治局的同志必须做到以人民忧乐为忧乐、以人民甘苦为甘苦,牢固树立以人民为中心的发展思想,始终怀着强烈的忧民、爱民、为民、惠民之心,察民情、接地气,倾听群众呼声,反映群众诉求。"[①] 他告诫全党同志,在新时代的征程上一定要抓住人民最关心最直接最现实的利益问题,坚持把人民群众关心的事当作自己的大事,从人民群众关心的事情做起,多谋民生之利,多解民生之忧,在幼有所育、学有所教、劳有所得、病有所医、老有所养、住有所居、弱有所扶上不断取得新进展,不断促进社会公平正义,不断促进人的全面发展、全体人民共同富裕。[②] 我们党始终坚持人民立场,把增进人民福祉,促进人的全面发展,作为发展的出发点和落脚点,体现在经济社会发展的各个环节。无论是部署经济工作、制定经济政策、推动经济发展,还是进行

---

① 《对照贯彻落实党的十八届六中全会精神 研究加强党内政治生活和党内监督措施》,《人民日报》2016年12月28日第1版。

② 参见习近平《在党的十九届一中全会上的讲话》,《求是》2018年第1期。

全面深化改革；无论是保证人民平等参与、平等发展的权利，还是提高政法工作亲和力、公信力；无论是扶贫、城镇化建设、医疗卫生和发展网信事业，还是创作及研究导向、作风建设和反腐败工作，都要求以人民利益为重，让人民有更多的成就感、获得感、幸福感和舒适度。自觉运用历史唯物主义的群众史观，把坚持人民立场与尊重社会发展规律统一起来，把为崇高理想奋斗与为最广大人民谋利益统一起来，把完成党的各项工作与实现人民愿望统一起来，在理论和实践的结合上，习近平总书记对马克思主义的群众观点做出了重要的发挥和发展。

坚持人民主体地位，发挥人民首创精神。党的十八届五中全会首次提出"以人民为中心"的发展思想，反映了坚持人民主体地位的内在要求，彰显了人民至上的价值取向。习近平总书记指出，着力践行以人民为中心的发展思想，体现了人民是推动发展的根本力量的唯物史观。"人民是创造历史的动力，我们共产党人任何时候都不要忘记这个历史唯物主义最基本的道理。"[①] 只有坚持这一基本原理，才能把握历史前进的基本规律和历史发展的总体趋势；只有按照历史规律办事，才能取得成功。坚持人民主体地位，以人民为中心，把实现人民幸福作为发展的目的和归宿，做到发展为了人民、发展依靠人民、发展成果由人民共享。共享理念体现了逐步实现共同富裕的要求。共同富裕，是马克思主义的一个基本目标，也是自古以来中

---

① 习近平：《深入学习中国特色社会主义理论体系 努力掌握马克思主义立场观点方法》，《求是》2010年第7期。

国人民的一个基本愿景。

在共产党的领导下，人民群众既是革命、建设和改革的主体，同时也是共享革命、建设和改革成果的主体。习近平总书记指出，共享理念的核心是人民主体论，它包括四层内涵：一是全民共享，共享发展是人人享有，不是少数人享有。二是全面共享，全面保障人民在经济、政治、文化、社会、生态各方面的成果和权益。三是共建共享，共建的过程也是共享的过程。要充分发扬民主，广泛汇聚民智，最大激发民力，形成人人参与、人人尽力、人人都有成就感的生动局面。四是渐进共享，共享发展有一个从低级到高级、从不均衡到均衡的辩证过程。习近平总书记认为，以人民为中心的发展思想，不是什么抽象、玄奥的概念，而要使它体现在经济社会发展的各个环节。要坚持人民主体地位，顺应人民群众对美好生活的向往，不断实现好、维护好、发展好最广大人民根本利益。要坚持深化改革、创新驱动，提高经济发展质量和效益，不断满足人民日益增长的物质文化需要。要坚持社会主义基本经济制度和分配制度，调整再分配调节机制，维护社会公平正义，使发展成果更多更公平惠及全体人民。[1]

习近平总书记强调："人民是历史的创造者，是真正的英雄。"[2] 人民群众是历史的真正创造者，要相信人民群

---

[1] 参见习近平《在省部级主要领导干部学习贯彻党的十八届五中全会精神专题研讨班上的讲话》，《人民日报》2016年5月10日第2版。

[2] 习近平：《在庆祝中国共产党成立95周年大会上的讲话》，人民出版社2016年版，第6页。

众,要尊重和发挥人民群众的首创精神。他提出,"群众的实践是最丰富最生动的实践,群众中蕴藏着巨大的智慧和力量","要解决矛盾和问题,就要深入基层、深入群众,拜群众为师"①。坚持以人民为中心的发展思想,坚持人民主体地位,首先要充分尊重人民所表达的意愿、所创造的经验、所拥有的权利、所发挥的作用。尊重人民首创精神,自觉拜人民为师,向能者请教,向智者问策,从群众中汲取无穷无尽的智慧和力量。"人民,只有人民,才是创造世界历史的动力。"② 中国革命胜利是党领导人民英勇牺牲换来的,中国社会主义建设的成就是党领导人民用汗水浇出来的,中国改革开放事业是党领导人民探索、创造出来的。在新的历史条件下,必须紧紧依靠人民,充分发挥人民首创精神,广泛动员和组织人民投身到党领导的中国特色社会主义伟大事业中来。

做人民群众的全心全意的服务者。习近平总书记指出:"我们讲宗旨,讲了很多话,但说到底还是为人民服务这句话。我们党就是为人民服务的。中央的考虑,是要为人民做事。"③ 毛泽东在解释共产党的根本宗旨时说:"为群众服务,这就是处处要想到群众,为群众打算,把群众的利益放在第一位。这是我们与国民党的根本区别,

---

① 习近平:《之江新语》,浙江人民出版社2007年版,第61页。
② 《毛泽东选集》第3卷,人民出版社1991年版,第1031页。
③ 习近平:《做焦裕禄式的县委书记》,中央文献出版社2015年版,第24页。

也是共产党员革命的出发点和归宿。"① 共产党的全心全意为人民服务的宗旨是建立在马克思主义群众史观基础上的。

习近平总书记指出，马克思主义的群众观点使我们"进一步认识到人民是历史的创造者，我们党来自人民、植根人民，各级干部无论职位高低都是人民公仆，必须全心全意为人民服务"②。我们党从最初起，就是为了服务于人民而建立的，我们的一切奋斗、努力和牺牲，都是为了人民群众的利益和解放，这是共产党人最大的光荣和使命。邓小平同志在《关于修改党的章程的报告》中指出，党的全部任务就是全心全意地为人民群众服务；党对于人民群众的领导作用，就是正确地给人民群众指出斗争的方向，帮助人民群众自己动手，争取和创造自己的幸福生活。它之所以能够领导人民群众，正因为，而且仅仅是因为，它是人民群众的全心全意的服务者，它反映人民群众的利益和意志，并且努力帮助人民群众组织起来，为自己的利益而斗争。③ 历史归根结底是由人民群众创造的，我们党的执政能力和执政地位从根本上说都是来自人民。习近平总书记认为，全心全意为人民服务是我们党的根本宗旨，也是我们党区别于其他一切政党的根本标志。在革命战争年代，我们党能够赢得人民群众的衷心拥护，取得新

---

① 中共中央党校进修部编：《论党性修养》，中共中央党校出版社2014年版，第169页。

② 习近平：《在党的群众路线教育实践活动总结大会上的讲话》，《人民日报》2014年10月9日第2版。

③ 《邓小平文选》第1卷，人民出版社1994年版，第218页。

民主主义革命的胜利，根本原因在于党以自己的实际行动证明自己是为人民的利益奋斗的。我们党执政近70年来，尽管经历过这样那样的曲折，但全心全意为人民服务的宗旨始终没有变。这既使我们党赢得了人民群众的衷心拥护，获得了为人民利益不懈奋斗的强大动力，又使我们党从人民群众中汲取了夺取胜利的无穷智慧。

永远保持同人民的血肉联系。习近平总书记在庆祝建党95周年讲话中强调，要永远保持对人民的赤子之心。对人民赤胆忠心是习近平总书记代表全党对人民的郑重承诺。老子在《道德经》中说："圣人恒无心，以百姓之心为心。"只有永葆对人民的赤子之心，才能时时处处做到以百姓之心为心。"党与人民风雨同舟、生死与共，始终保持血肉联系，是党战胜一切困难和风险的根本保证。"[①] 永远信任人民，永远忠于人民，永远保持同人民群众的血肉联系，一以贯之地落实和体现到党的全部理论和实践中，我们党就无往而不胜。

共产党人对人民赤胆忠心的理论基础是唯物史观，唯物史观是中国共产党进行革命、建设和改革的根本指导思想，是治国理政的理论基础。遵循历史唯物主义这一观点，我们党提出了群众路线，并把它作为党的生命线和根本工作路线。事实证明，我们党有许多优势，根本的一条是同人民群众保持血肉联系。政治问题，说到底，是党对人民群众的态度问题以及与人民群众的关系问题。离开人

[①] 习近平：《在庆祝中国共产党成立95周年大会上的讲话》，人民出版社2016年版，第18页。

第五章 坚持以人民为主体的群众观点

民群众的拥护和支持，党的执政能力和地位就会成为无源之水、无本之木。能否始终保持党同人民群众的血肉联系，是对党的执政能力和执政地位最根本的考验。习近平总书记多次强调，一个政党如果不能保持同人民群众的血肉联系，就会使党失去生命力，就会从根本上失去先进性。他在谈到党风廉政建设的重大意义时指出，我们党之所以能够取得新民主主义革命的胜利，带领人民建立了中华人民共和国，原因有很多条，其中重要一条是我们党始终保持同人民群众的血肉联系，最终"用延安作风打败西安作风"[1]。作风的实质是党同人民群众的关系问题，90多年的实践证明，党的作风关系党的生命。以密切党同人民群众的血肉联系为重点，加强党的作风建设，是长期执政条件下党的建设一项重大而长期的任务。

把人民满意作为工作的根本标准。习近平总书记要求，"把人民群众满意作为行使权力的根本标准"[2]。人民群众既是历史的创造者，又是历史的评判者。唯物史观认为，人民是历史前进的推动者、坚持人民主体地位、把实现人民利益作为党的最高价值、全心全意为人民服务、始终以人民为工作价值的最高裁决者，这几个方面是相互联系、相互补充的。把人民满意作为党的工作的根本标准，是落实人民主体地位、实现人民当家作主的重要条件。同样地，将人民满意作为判断标准，内在地包含着党的一切

---

[1] 参见《习近平总书记重要讲话文章选编》，党建读物出版社、中央文献出版社 2016 年版，第 329 页。

[2] 中共中央党校进修部编：《论党性修养》，中共中央党校出版社 2014 年版，第 426 页。

工作都要体现人民意愿，都要以人民利益为重、以人民期盼为念。

习近平总书记指出，得民心者得天下。"民为邦本，未有本摇而枝叶不动者"，"天下之治乱，不在一姓之兴亡，而在万民之忧乐"，我们共产党人必须有这样的情怀。[1] 中国共产党在中国执政就是要为民造福，而只有做到为民造福，我们党的执政基础才能坚如磐石。习近平总书记的话表明，以人民期盼为念，以人民满意为标杆，直接与共产党的政治情怀和历史担当有关。他在谈到中央领导集体的理想信念时说："在我们这个岗位上的人，都应该能够豁得出去。党和人民需要我们献身时，我们都要毫不犹豫挺身而出，把个人生死置之度外。我们都做不到，让谁去做？我们的一切都应该为了人民，没有自我，先公后私，克己奉公。我们最核心的这一层人，应该是具有献身精神的一批人。"[2] 人民的期盼，就是共产党人奋斗的动力。那么，怎样把人民的期盼化为工作的动力？习近平总书记列举了两位伟人的事例来表达他的志向。中华人民共和国成立初期，毛泽东同志给自己定下三条原则：念亲，但不为亲徇私；念旧，但不为旧谋利；济亲，但不以公济私。[3] 1973 年，周恩来同志陪同外宾到延安参观访问，看

---

[1] 参见《习近平总书记重要讲话文章选编》，党建读物出版社、中央文献出版社 2016 年版，第 280 页。

[2] 《习近平总书记重要讲话文章选编》，党建读物出版社、中央文献出版社 2016 年版，第 338 页。

[3] 参见《习近平总书记重要讲话文章选编》，党建读物出版社、中央文献出版社 2016 年版，第 355 页。

到当地群众贫困的生活情况,含着泪说:"解放都这么多年了,延安经济还没有发展起来,人民生活还这么艰难,我作为国务院总理,对此负有直接责任,今天要当众做自我批评。"[①] 习近平总书记以伟人为榜样,经常性地走访老少边穷地区,看望那里的乡亲,所到之处目的只有一个,就是看真贫、知真贫。他在中央扶贫开发工作会议上强调,现在我们国家发展起来了,大多数群众生活条件好了,但不能忘了农村还有不少穷乡亲。大力发展经济,让广大人民群众都富裕起来,过上丰衣足食的好日子,共产党人必须有这样的情怀和担当。

第二节 以人民为中心,一切为了人民, 一切从人民利益出发

人民主体论是共产党人的历史观,也是共产党人的价值观,两者是相互融通、不可分离的。坚持以人民为中心,就是坚持人民主体地位,一切为了人民,一切依靠人民,坚持人民至上,实现好、维护好、发展好最广大人民的根本利益。

"一切为了人民"的价值观源于历史观。以人民为中心,一切为了人民,一切从人民利益出发,这是我们党执政理念的核心思想,这一思想深深地植根于历史唯物主义的群众史观之中。习近平同志在1990年5月写给宁德地直

---

① 参见《习近平总书记重要讲话文章选编》,党建读物出版社、中央文献出版社2016年版,第280页。

机关领导干部的临别赠言中说,"人民群众是人类历史发展的动力","中国共产党的性质决定了我们党的各级干部都是人民公仆,必须密切联系群众,党的宗旨就是全心全意为人民服务。人民群众是我们党的力量源泉,群众路线是我们党的根本工作路线"。[①] 这短短的几句话,深刻地揭示了唯物史观与共产党人价值观的内在联系。

习近平同志指出,要把实现好、维护好、发展好最广大人民的根本利益作为党的核心价值追求,坚持立党为公、执政为民,这是我们党领导改革开放和社会主义现代化建设不断取得胜利的一条根本经验。[②] 人民群众是我们党的力量之源、执政之基。首先,老百姓是共产党人的衣食父母,我们要一心一意为百姓做事。他说:"对于我们共产党人来说,老百姓是我们的衣食父母。要像爱自己的父母那样爱老百姓,为老百姓谋利益,带老百姓奔好日子。"[③] 他在讲话中曾多次引用河南内乡县一座古县衙的一副对联:"得一官不荣,失一官不辱,勿道一官无用,地方全靠一官;穿百姓之衣,吃百姓之饭,莫以百姓可欺,自己也是百姓。"他认为,共产党人的爱民情怀要高于封建时代的官吏。其次,在谈到权力的来源时,他指出:"我们共产党人的权力无论大小,都是人民给的,也只能

---

① 习近平:《摆脱贫困》,福建人民出版社1992年版,第208页。

② 参见习近平《改革开放30年党的建设回顾与思考》,《学习时报》2008年9月8日第1版。

③ 习近平:《习近平谈治国理政》第1卷,外文出版社2018年版,第432页。

第五章 坚持以人民为主体的群众观点

受命于人民,为人民谋利益。人民把权力交给了我们,我们在使用权力的时候就要让人民放心。"① 他多次强调,人民把权力交给我们,我们就必须以身许党许国、报党报国。最后,我们党的执政能力和执政地位从根本上说都来自人民。人民的支持和拥护,是党治国理政最牢固的政治基础和最深厚的力量源泉。坚持以人民为中心,加强和改进党的建设,始终把最广大人民的根本利益作为党全部工作的出发点和落脚点,做到权为民所用、情为民所系、利为民所谋。

自觉地将群众观点化为宗旨、立场、标准。一切为了人民、全心全意为人民服务是共产党的根本宗旨。在《干部的基本功——密切联系群众》一文中,习近平总书记详细地分析了确立宗旨对共产党人的重大意义。他在引述了黄炎培希望"中共诸君"找出一条新路,跳出历代统治者从艰苦创业到脱离群众的周期律的问题之后指出:"毛泽东同志高度概括总结了中国共产党的理论和实践,提出了'全心全意为人民服务'这一庄严而伟大的号召,并把它作为我党的唯一宗旨写进党章之中。"② 这一宗旨解释了共产党的性质和使命,我们党从最初起,就是为了服务于人民而建立的,我们党的一切努力、斗争和牺牲,都是为了人民群众的解放和幸福,这正是共产党人最大的光荣和最值得自豪的地方。

---

① 习近平:《摆脱贫困》,福建人民出版社1992年版,第29页。
② 同上书,第15页。

一切为了人民、全心全意为人民服务作为党的宗旨，体现了马克思主义政党最鲜明的政治立场。加强党性和党的宗旨教育，关键是引导党员干部自觉站在人民群众的立场上。所谓群众立场，就是想问题办事情都要把实现人民群众的利益作为出发点和落脚点。习近平总书记指出："立场，是人们观察、认识和处理问题的立足点。这个立足点，从根本上讲是由人们的经济政治社会利益和地位决定的。"① 就利益而言，人民的利益就是党的利益，除了人民的利益之外，党再没有自己的特殊利益。就地位而言，党的领导地位和执政地位也是由党群关系决定的。群众在我们心中的分量有多重，我们在群众心中的分量就有多重。一个政党、一个政权，其前途和命运最终取决于民心向背。始终站在人民立场上，而不是站在少数人或个人的立场上说话办事，始终代表最广大人民群众的利益而不是代表某一部分人的利益，是决定事业成败的关键。

一切为了人民、全心全意为人民服务作为根本宗旨是党的一切理论和实践活动的根本目的，是党必须始终践行的根本政治要求。习近平总书记指出："全党同志要把人民放在心中最高位置，坚持全心全意为人民服务的根本宗旨，实现好、维护好、发展好最广大人民根本利益，把人民拥护不拥护、赞成不赞成、高兴不高兴、答应不答应作为衡量一切工作得失的根本标准，使我们党始终拥有不竭

---

① 习近平：《深入学习中国特色社会主义理论体系　努力掌握马克思主义立场观点方法》，《求是》2010年第7期。

的力量源泉。"① 是否一切为了人民、是否一切从人民利益出发成为检验党的工作的根本标准。共产党人想事情、做工作,想得对不对、做得好不好,要有一个根本的衡量尺度。"人民拥护不拥护、赞成不赞成、高兴不高兴、答应不答应"是衡量改革和一切事业得失成败的根本标准。他说:"立党为公、执政为民是我们党的执政理念,是领导干部掌权用权的本质要求。领导干部无论官当多大、权有多重,都只有为人民服务的义务。而且官越大、权越重,为人民服务越应该作出成绩,越应该把人民群众利益放在行使权力的最高位置,把人民群众满意作为行使权力的根本标准。"② 他告诫领导干部要心存对群众的敬畏、手握党性的戒尺,"要经常问问自己,我们是不是在忙着与党的根本宗旨毫不相关的事情?……有没有一心一意在为老百姓做事情?是不是在围绕党和国家中心任务而工作?古时候讲,食君之禄,忠君之事。现在就是要服务人民"③。只有做到心中有民,关注人民群众的所想、所盼、所急,才能从根本上杜绝蛮干乱干的"政绩"、急功近利的"政绩"、不切实际的"政绩",把求真务实落到实处。

实现宗旨要干在实处、走在前列。"空谈误国,实干兴邦。"习近平总书记在为《摆脱贫困》一书所写的"跋"中说:"我是崇尚行动的。实践高于认识的地方正在

---

① 习近平:《在庆祝中国共产党成立95周年大会上的讲话》,人民出版社2016年版,第18页。

② 中共中央党校进修部编:《论党性修养》,中共中央党校出版社2014年版,第426页。

③ 习近平:《做焦裕禄式的县委书记》,中央文献出版社2015年版,第24页。

于它是行动。"① 在怎样做到一切从人民利益出发的问题上，他牢记毛泽东同志的至理名言，坚持调查开局、调研开路，凡事眼睛向下，先当学生，不耻下问，问计于基层、问计于群众，在实践中探索出一套切实可行的办法，把共产党的核心价值观落到实处。

　　落实为人民服务的宗旨，要牢固树立群众利益无小事的思想。习近平同志指出，"群众利益无小事"，群众的一桩桩"小事"，是构成国家、集体"大事"的"细胞"，小的"细胞"健康，大的"肌体"才会充满生机与活力。对老百姓来说，他们身边每一件琐碎的小事，都是实实在在的大事，有的甚至还是急事、难事。如果这些"小事"得不到及时有效的解决，就会牵动他们的思想情绪，影响他们的生产生活。广大党员干部必须树立正确的群众观和政绩观，从群众最关心的具体事项入手，为群众诚心诚意办实事，尽心竭力解难事，坚持不懈做好事。实现好人民的利益不是抽象的，而是具体的。为民办实事不能停留在口号和一般要求上，必须具体地落实到关心群众生产生活的实际工作中去，带着深厚的感情帮助群众解决具体问题和实际困难，使广大群众真正成为现代文明成果的创造者和享有者。古往今来，许多有作为的"官"，都以关心百姓的疾苦为己任，党的干部是人民的公仆，思想境界应该比封建士大夫高得多，一定要把群众的安危冷暖挂在心上，以"天下大事必作于细"的态度，抓实做细事关群众

---

　　① 习近平：《摆脱贫困》，福建人民出版社1992年版，第216页。

第五章　坚持以人民为主体的群众观点

切身利益的每项工作，努力办实每件事，赢得万人心。①

实现为人民服务的宗旨，要把深入群众、深入基层放在重要位置。习近平同志指出，基层是一切工作的落脚点，抓落实的重心一定要放在基层一线，各级领导干部都要坚持眼睛向下看、身子往下沉，深入群众，及时了解在上面难以听到的新情况新问题，掌握第一手资料以利于不断推进各项工作的落实。② 在宁德时，他提出信访接待下基层、现场办公下基层、调查研究下基层、政策宣传下基层的"四下基层"要求。到福州后，他建立了领导干部下访接待群众制度。后来他又在浙江大力推行这项制度，全省各级普遍建立了领导下访的长效机制。他指出，下访接待群众是考验领导干部能力和水平的大考场，来访群众是考官，信访案件是考题，群众满意是答案。下访制度变群众上访为领导主动下访，是一项一举多得的有益创举：一是从源头上减少了信访问题的产生；二是密切了干群关系，领导干部深入基层，面对面地开展群众工作，实打实地解决信访问题，拉近了干部与群众的距离；三是有效地维护了群众利益。下访是深入群众、深入基层的重要形式，他强调要把领导下访活动作为坚定理想信念、践行党的宗旨的一个有效途径，我们要使群众带着问题而来，怀着满意而归，真正把服

---

① 参见习近平《干在实处　走在前列——推进浙江新发展的思考与实践》，中共中央党校出版社2006年版，第527页。

② 参见中共中央党校进修部编《论党性修养》，中共中央党校出版社2014年版，第426页。

务人民群众的目标要求落到实处。①

坚持以人民为中心的发展思想，实施脱贫攻坚工程。党的十九大报告明确提出："坚决打赢脱贫攻坚战。"② 习近平总书记说，党员干部心中要始终装着老百姓，千万要记住政府前面的"人民"两字。"小康不小康，关键看老乡，关键看贫困老乡能不能脱贫。"扶贫开发工作一直让习近平总书记念兹在兹、夙夜牵挂，扶贫事业成为他人生历程中从未忘却的实践，"40多年来，我先后在中国的县、市、省、中央工作，扶贫始终是我工作的一个重要内容，我花的精力最多"。③ 他的足迹走遍了中国绝大部分最贫困的地区，零距离体察民生疾苦。他牢记党的性质和宗旨，一遍遍强调脱贫的意义。"让贫困人口和贫困地区同全国一道进入全面小康社会是我们党的庄严承诺。"④ 在他看来，扶贫开发不仅是重大的经济问题，而且是重大的政治问题，它直接关系到人民福祉、国家长治久安。各级领导干部要从巩固党执政的阶级基础和群众基础、从保持同人

---

① 参见习近平《干在实处　走在前列——推进浙江新发展的思考与实践》，中共中央党校出版社2006年版，第543页。

② 习近平：《决胜全面建成小康社会　夺取新时代中国特色社会主义伟大胜利——在中国共产党第十九次全国代表大会上的报告》，人民出版社2017年版，第47页。

③ 习近平：《携手消除贫困　促进共同发展》，《人民日报》2015年10月17日第2版。

④ 习近平：《决胜全面建成小康社会　夺取新时代中国特色社会主义伟大胜利——在中国共产党第十九次全国代表大会上的报告》，人民出版社2017年版，第47页。

民群众的血肉联系的高度做好脱贫攻坚工作。消除贫困、改善民生、逐步实现共同富裕,是社会主义的本质要求,是我们党的重要使命。我们党领导广大农民"脱贫困、奔小康",就是要让广大农民过上好日子。

总之,在习近平总书记那里,党性和人民性、宗旨和立场、目标和标准,在唯物史观和群众史观的基础上达到了和谐的统一。他把历史唯物主义的群众观点具体化为了党的立场、政治担当以及个人的信念和境界。

第三节 从群众中来,到群众中去

习近平总书记从我们党担负的伟大历史使命着眼,突出强调人民群众是历史创造者的基本原理,并将其运用于党的全部工作,提出了人民主体论和以人民为中心的发展观,深化了党的群众路线的理论与方法,把历史观、价值观和认识论、方法论统一起来。他指出,学习和掌握马克思主义方法,必须学习和掌握群众路线的工作方法。一切为了群众、一切依靠群众,从群众中来、到群众中去的群众路线,是马克思主义历史唯物主义基本原理在实践工作中的具体体现,也是我们党始终坚持的根本工作路线和根本工作方法。[①]

领导和群众的关系是群众路线的基本问题,处理好这两者的关系是做好一切工作的基本功。早在宁德工作期

[①] 参见中共中央党校进修部编《论党性修养》,中共中央党校出版社2014年版,第425页。

间，习近平同志在谈到贫困地区的发展需要什么样的条件时指出，千条万条，最根本的只有两条：一是党的领导；二是人民群众的力量。党的领导是通过具体的路线、方针、政策来体现的，而我们的干部是党的路线、方针、政策的具体执行者，干部只有到人民群众中去，并且同人民群众保持血肉联系的关系，才能使党的方针、政策得到更好的贯彻。更重要的在于，党的方针和政策是客观规律的认识和反映，而规律性的东西，正是蕴藏在广大群众的实践中。[1] 很显然，领导工作，就是领导群众的工作。党是凭借路线、方针和政策来领导的，而所有这一切从根本上说是从群众中来的，而领导的过程是使之再回到群众中去。领导和群众的关系构成了群众路线的基本问题。习近平总书记指出，领导在与群众的矛盾中始终处于主要方面，这是我们党始终告诫党员干部要牢记群众路线的重要原因。他诚恳地说："在领导和群众的矛盾中，如果领导方面是错误的，群众方面是正确的，毫无疑问，领导是主要矛盾方面；如果群众方面是错误的，领导方面是正确的，矛盾的主要方面也在领导，在于领导对群众的说服教育工作没有到位，在于领导的工作措施不适应于群众。"[2]

群众观点是贯穿群众路线的核心观点。习近平总书记认为，要密切联系群众，最重要的是要坚持走群众路线。

---

[1] 参见习近平《摆脱贫困》，福建人民出版社1992年版，第13、14页。

[2] 习近平：《干在实处　走在前列——推进浙江新发展的思考与实践》，中共中央党校出版社2006年版，第532页。

第五章 坚持以人民为主体的群众观点

"走群众路线,首先要有一个群众观点。'诚于中者,形于外',有了群众观点,密切联系群众才会成为自觉的行动。"① 他在回答"怎样做焦裕禄式的县委书记?"这个问题时,强调要心中有党、心中有民、心中有责、心中有戒。这四个方面是内在统一的,心中要始终装着老百姓则是贯穿其余三个方面的红线。一方面,做一个县委书记,首先需要心中有党,"对党忠诚,是县委书记的重要标准。衡量一个县委书记当得怎么样,可以讲很多条,但主要看这一条。'善莫大于作忠'"②。另一方面,心中有党是具体的不是抽象的,心中有党就要自觉地增强党性,"共产党的党性集中表现为全心全意为人民服务。马克思说,无产阶级只有解放全人类,才能最后解放自己。共产党是无产阶级的政党,党的性质决定了党的领导干部必须全心全意为人民服务。所以,谈领导者的修养,第一条就是要增强为人民服务的党性观念。这个观念没有树立起来,其他都无从谈起。增强为人民服务的党性观念,最有效的办法就是深入基层,深入群众"③。他在另一处又说:"我们强调的党性,包含着人民性的深刻内涵。我们党是代表人民利益的党,她没有独立于人民利益的自身利益。"④ 群众观

---

① 习近平:《摆脱贫困》,福建人民出版社1992年版,第17页。
② 习近平:《做焦裕禄式的县委书记》,中央文献出版社2015年版,第4页。
③ 习近平:《摆脱贫困》,福建人民出版社1992年版,第43页。
④ 同上书,第83页。

· 163 ·

点是马克思主义政党的根本观点，是坚持群众路线的核心。

群众路线是党的根本的政治路线，既体现了党的根本宗旨和立场，也体现了党的根本的认识路线和工作方法。马克思主义的认识论是社会认识论，是以人民群众为实践主体的认识论。毛泽东同志指出："任何英雄豪杰，他的思想、意见、计划、办法，只能是客观世界的反映，其原料或者半成品只能来自人民群众的实践中。"所以，他突出地强调群众路线的认识论意义，认为马克思主义的认识论"简单地说，就是从群众中来，到群众中去"①。

习近平总书记对群众路线中的群众观点和领导与群众关系的论述，丰富了马克思主义的认识论。在领导与群众的相互关系中，他强调了领导的主导性和人民群众的根本性、基础性，把领导者的实践融入人民群众的社会历史实践之中，把领导者和领导机关的情感和认识与人民群众的情感和认识统一起来。群众路线既体现了马克思主义的认识论和真理观，又体现了马克思主义的历史观和价值观。习近平总书记在谈到群众路线和深入群众调查研究时，总是把这两者辩证地统一起来。一方面，他强调做任何事情都要从群众出发并以群众为归宿，把人民的根本利益作为党的核心价值和落脚点；另一方面，他又强调到基层第一线去，向群众的实践请教，向人民寻求真理。在习近平总书记那里，认识来源于群众与认识来源于实践是统一的，一切从群众出发与一切从实际出发也是统一的。2004年年

---

① 《毛泽东文集》第7卷，人民出版社1999年版，第358页。

第五章　坚持以人民为主体的群众观点

初,习近平同志以"求真务实"为内容写了一副对联,上联是"求客观真理之真",下联是"务执政为民之实",横批是"求真务实"。这副对联生动地体现了马克思主义真理观和价值观的统一。他在一次讲话中从四个方面阐明了落实"求真务实"的本质内涵,即贯彻立党为公、执政为民的本质要求,摆正同人民群众的关系,是坚持求真务实的根本准则;正确认识国情和省情,按照国情和省情制定政策和开展工作,是坚持求真务实的根本依据;认识规律、把握规律、遵循和运用规律,是坚持求真务实的根本要求;推进制度建设和创新,是坚持求真务实的体制保证。① 在这四个方面中,第一个方面讲的是价值观,第二、第三个方面讲的是真理观,第四个方面则是把价值观与真理观统一的成果升华为程序、制度和体制,目的是保证党的价值目标和价值追求奠定在真理和规律追求的基础之上。

习近平总书记关于实事求是与群众路线本质关系的论述发展了党的思想路线。邓小平同志在谈到"完整地准确地理解毛泽东思想"时说:"我认为,毛泽东同志倡导的作风,群众路线和实事求是这两条是最根本的东西。"② 群众路线是共产党人的历史观,也是共产党人的价值观和认识论。人民群众既是最基本的实践主体,也是最基本的价值主体和认识主体。群众路线集中体现了我们党关于价值

---

① 习近平:《干在实处　走在前列——推进浙江新发展的思考与实践》,中央党校出版社2013年版,第539—541页。

② 《邓小平文选》第2卷,人民出版社1994年版,第45页。

观与真理观相统一的原则。习近平总书记全面地论述了实事求是同群众路线的本质联系。他指出:"坚持实事求是,必须始终坚持一切为了群众、一切依靠群众,从群众中来、到群众中去的群众路线。群众路线是我们党的根本工作路线,它同党的实事求是的思想路线是相辅相成、在本质要求上完全统一的。"[①] 从马克思主义认识论来看,坚持群众路线是坚持实事求是的认识和实践的基础。一方面,实事求是是在实践基础上认识世界的过程,这一过程只有通过"从群众中来"才能实现。深入到群众的实践之中,倾听群众呼声,反映群众意愿,及时发现、总结、概括群众创造的新鲜经验,才能获得正确反映客观规律的真理性认识,才能制定出符合客观规律的科学决策。另一方面,实事求是又是在实践基础上改造世界的过程,这一过程只有通过"到群众中去"才能实现。党的奋斗目标与人民的根本利益、经济社会发展规律是根本一致的。马克思主义政党只有充分调动和发挥人民的积极性和创造性,才能实现自己的历史使命。这就必须把从群众中集中起来的意见、办法,拿到群众中去实践和验证,使正确的意见和真理性认识为群众所掌握,成为群众实践的思想武器,转化为改造世界的实际行动。习近平总书记指出:"我们要把坚持实事求是的思想路线与坚持从群众中来、到群众中去的根本工作路线紧密结合和统一起来,把对上级负责与对群众负责紧密结合和统一起来,坚持一切从人民根本利益

---

① 习近平:《坚持实事求是的思想路线》,《学习时报》2012年5月28日第1版。

出发，深入基层了解情况，深入群众听取意见，使各项决策和各方面工作符合实际情况、符合客观规律、符合人民意愿。"① 这些论述是对党的思想路线本质内涵的重要拓展和深化，从方法论的层面把历史观、价值观和认识论统一起来了。

第四节 密切联系群众，身入群众，心入群众

坚持群众路线，密切联系群众，必须解决好干部和群众心理距离拉大的问题。习近平总书记指出，共产党人对人民疾苦要有情怀，深入群众要带真心、动真情，要解决好"为了谁、依靠谁、我是谁"这个问题，拆除"心"的围墙，不仅要"身入"，更要"心入""情入"。② 事实表明，"情为民所系"是"权为民所用""利为民所谋"的重要思想感情基础。

"心入"群众的前提是"心系"群众。所谓心系群众，就是做到"心中有民"，即心里装着人民、时刻想着人民、讲话贴近人民、奋斗为了人民。习近平总书记在《做焦裕禄式的县委书记》中说，当好县委书记，必须始终做到"心中有民"。全心全意为人民服务是我们党的根本宗旨，县委书记是直接面对基层群众的领导干部，必须心系群

---

① 习近平：《坚持实事求是的思想路线》，《学习时报》2012年5月28日第1版。

② 参见《习近平总书记重要讲话文章选编》，党建读物出版社、中央文献出版社2016年版，第195页。

众，为民造福。党员干部心中要始终装着老百姓，先天下之忧而忧，后天下之乐而乐，做到不谋私利、克己奉公。①对老百姓"带真心、动真情"是习近平总书记为党和人民矢志奋斗中体现出来的情感意志品质，它表现为坚定的信念、高度的责任感和坚强的意志。习近平总书记的为民情怀，来源于他饱尝艰辛的特殊成长经历。在陕西农村7年的插队生活、7年的甘苦与共，这段与黄土高原纯朴乡亲摸爬滚打在一起、同吃同住同劳动的岁月，不仅让他和当地老百姓结下了深厚情谊，也使他深切了解到什么是中国的农村、什么是老百姓的喜怒哀乐、什么是中国的基本国情。他对人民的深情和对脚下这片土地的担当，深深融入他的人生追求之中。群众，在他的心中有着最重的分量；基层，是他去的最多的地方。习近平总书记多次要求广大党员干部要做到情为民所系，要培养和增强对人民群众的深厚感情，要求党员干部以先进人物为榜样，学习和树立五种崇高的情感。一要学习邓小平同志的情怀感。他说："我是中国人民的儿子，我深情地爱着我的祖国和人民。"二要学习雷锋同志的幸福感。他虽然只活了22年，但他说："什么是幸福？为人民服务是最大的幸福。"三要学习孔繁森同志的境界感。他有一句名言："爱的最高境界就是爱人民。"四要学习郑培民同志的责任感。他始终把"做官先做人，万事民为先"作为自己的行为准则。五要学习钱学森同志的光荣感。他把群众的口碑当作自己无上

---

① 参见习近平《做焦裕禄式的县委书记》，中央文献出版社2015年版，第6页。

的光荣。只有学习和树立这五种崇高的情感,才能心里装着群众,凡事想着群众,工作依靠群众,一切为了群众,切实解决好"相信谁、依靠谁、为了谁"的根本政治问题,努力为人民掌好权、用好权。①

习近平总书记提出的"心入群众"和"心系群众"具有很强的现实针对性。当前,干部与群众关系存在的主要问题是感情变化了,有的干部受拜金主义、享乐主义和极端个人主义的腐蚀,淡化、忘记甚至背离了执政为民的宗旨,与群众的关系越来越疏远,对群众的感情越来越淡薄,对老百姓的疾苦视而不见,引起了群众的强烈不满。这里面既有一个如何做群众工作的问题,更有一个为什么人执政的问题。习近平总书记曾批评个别干部不会说话,处于失语状态。"语言的背后是感情、是思想、是知识、是素质。不会说话是表象,本质还是严重疏离群众,或是目中无人,对群众缺乏感情。"② 干群关系说到底就是对群众的感情问题、情怀问题,如果不热爱人民,那就谈不上为人民而工作、而奋斗。所以,从感情入手考察干群关系,说到了事情的根柢处。阜平是晋察冀根据地的首府,聂荣臻等老一辈革命家曾在阜平战斗和生活了 11 年。聂荣臻对阜平非常关心,他讲过,阜平不富,死不瞑目。说到阜平老百姓生活依然贫困,聂荣臻掉了眼泪。习近平总书记对聂荣臻等老一辈革命家怀有深厚感情,对实现他们

---

① 参见习近平《干在实处　走在前列——推进浙江新发展的思考与实践》,中共中央党校出版社 2006 年版,第 527—528 页。

② 同上书,第 526 页。

的誓言怀有很深的情结。党的十八大开过不久，他就亲赴阜平县考察扶贫开发工作，让革命前辈的富民理想得以实现成为他的使命。

对群众的感情问题决定了对群众的立场问题。对群众的立场问题又夯实了对群众的感情问题。习近平总书记从情感入手解决干群关系问题，打通领导与群众相联系的情感通道，对于保持党的奋斗目标与人民利益的一致性具有重要意义。"心"是知、情、意的统一体，这三者是人的理想和信念的本体和基础。情感渗透理性因素，人的情感不仅发生于认识和实践过程，也会反过来对认识和实践过程产生重要影响。知、情、意作为调节人的活动的动力因素，体现了人的能动性。习近平总书记重视人的心理结构对人的行为的影响，注重发挥领导干部的主观能动作用去关心群众、动员群众、组织群众，去更好地实现党的奋斗目标，这充分表明了习近平总书记在贯彻群众路线过程中能自觉坚持历史辩证法。

对群众有真挚感情，这是领导干部老实做人的情感基础。习近平总书记说："对群众要满怀真情。领导干部如何对待人民群众，是一个根本的立场问题、世界观问题、党性问题，也是领导干部能不能老老实实做人的感情基础。"[①] 党员干部要对群众有真挚感情，缘于老百姓对共产党有很深的感情。习近平总书记到革命老区考察扶贫开发工作，所到之处，老区人民说的都是生活一年比一年好，

---

① 中共中央党校进修部编：《论党性修养》，中共中央党校出版社2014年版，第421页。

没有什么要求,"乡亲们心里只念着党和政府好,我很受感动"。正是这种党和群众之间的鱼水情深,使他认识到领导干部只有对人民群众满怀真情,才能从心里对得起广大群众。"将心比心"是习近平总书记经常对广大干部讲的话,党员干部与老百姓的交往是心与心的交流和碰撞,人心换人心,四两换半斤,这是干群关系健康发展的铁则。习近平总书记强调:"要将心比心,换取真心,而不要掉以轻心。群众也好,领导也好,人的感情都是一样的,并不是群众的感情可以简单一点、群众的需要可以降低一点,要将心比心。要获得群众的信任,主要靠平时认认真真、仔仔细细地做好群众工作,临时抱佛脚,佛也不会慈悲。"① 只有心中装着群众,事事为群众打算,才能得到群众真心实意的拥护。

民心是最大的政治,社情民意是观察政治问题的晴雨表。习近平总书记的"民心观"有如下三层含义:第一,党来自人民、植根人民、服务人民。失去人民的拥护和支持,党的事业和工作就无从谈起。党要继续经受住执政考验、改革开放考验、市场经济考验、外部环境考验,就必须始终密切联系群众。第二,得民心者得天下,失民心者失天下。"天下何以治?得民心而已!天下何以乱?失民心而已!"人民拥护和支持是党执政的最牢固根基。只要我们牢记党的宗旨,密切联系群众,就一定能防止"塔西佗陷阱",打破历代统治者从艰苦创业到脱离群众的"历

---

① 习近平:《干在实处 走在前列——推进浙江新发展的思考与实践》,中共中央党校出版社2006年版,第532页。

史周期律"。第三,对共产党人而言,"热爱人民"应该成为他们的座右铭。习近平总书记经常提到20世纪五六十年代福建东山县县委书记谷文昌,他一心一意为老百姓办事,当地老百姓逢年过节是"先祭谷公,后拜祖宗"。他在《在文艺工作座谈会上的讲话》中指出,有没有感情,对谁有感情,决定着文艺创作的命运。如果不爱人民,那就谈不上为人民创作。文艺工作者要想有成就,就必须自觉与人民同呼吸、共命运、心连心,欢乐着人民的欢乐,忧患着人民的忧患,做人民的孺子牛。这是唯一正确的道路,也是作家艺术家最大的幸福。①

"心入群众",才能得到群众的支持和拥护。怀抱真情去倾听人民的呼声、了解人民的愿望,是领导干部应尽的责任和义务。习近平总书记在《把心贴近人民》一文中指出:"信访工作的首义,在于时刻把自己看成人民中的一员,把心贴近人民。"②他举例说,党的好干部焦裕禄深入农村、深入生产,把群众冷暖安危放在心头,他带领县委委员到火车站看望逃荒的灾民;在大雪封门的时候还要求县委干部走出办公室到农民家里去体察灾情、解决问题;他一头钻进农民低矮的茅屋,坐在农民的床头,自称是农民的儿子。焦裕禄精神就是心中装着人民群众,唯独没有他自己的公仆情怀。不断增进对人民群众的真挚感情,设

---

① 参见《习近平谈治国理政》第2卷,外文出版社2017年版,第318页。

② 习近平:《摆脱贫困》,福建人民出版社1992年版,第60页。

身处地、换位思考,以群众的忧乐为忧乐,以百姓的疾苦为疾苦,切实为基层排忧解难,真心为群众办事谋利,才能得到群众的支持。

以"信念是本、作风是形"为指导,将心系群众落到实处。党的十八大以来,我们党提出抓作风建设,反对形式主义、官僚主义、享乐主义,反对奢靡之风,找到了一个夯实党的执政的群众基础的切入点。如果"四风"问题得不到有效遏制,就会像一座无形的墙把党和人民隔开,就会像一把无情的刀割断党同人民的血肉联系,其后果不堪设想。习近平总书记强调:"党的作风就是党的形象,关系人心向背,关系党的生死存亡。"① 对共产党人来讲,能不能解决好作风问题,是衡量对马克思主义信仰、对社会主义和共产主义信念、对党和人民忠诚的一把十分重要的尺子。那么,我们究竟应该怎样解决作风问题、解决党员对党和人民的忠诚问题呢?

解决"四风"问题,要筑牢思想防线,做到公私分明、克己奉公、严格自律。习近平总书记认为,"身之主宰便是心",古人说"一心可以丧邦,一心可以兴邦,只在公私之间尔"。"不能胜寸心,安能胜苍穹?"在作风问题上,起决定作用的是党性,衡量党性强弱的根本尺子是"公私"二字。作为党的干部,就是要讲大公无私、公私分明、先公后私、公而忘私,只有一心为公、事事出于公心,才能坦荡做人、谨慎用权,才能光明正大、堂堂正

---

① 《习近平关于党风廉政建设和反腐败斗争论述摘编》,中国方正出版社 2015 年版,第 8 页。

正。作风问题,很多是因公私关系没有摆正产生的,都与公私问题有联系,都与公款、公权有关系。公款姓公,一分一厘都不能乱花;公权为民,一丝一毫都不能私用。领导干部必须时刻清楚这一点,做到公私分明、克己奉公、严格自律。①

解决"四风"问题,要从理想信念抓起,补好共产党人精神上的"钙"。习近平总书记指出:"坚定理想信念,坚守共产党人精神追求,始终是共产党人安身立命的根本。"② 他形象地说,理想信念是共产党人精神上的"钙",理想信念不坚定,精神上就会"缺钙",就会得"软骨病"。只有用坚定的理想信念练就"金刚不坏之身",党员干部才能在大是大非面前旗帜鲜明,在风浪考验面前无所畏惧,在各种诱惑面前立场坚定,在关键时刻靠得住、信得过、能放心,永葆共产党人的政治本色。

解决"四风"问题,要从体制机制上破题,"把权力关进制度的笼子里"。党的十八届六中全会聚焦"从严治党",习近平总书记在会上指出:"必须筑牢拒腐防变的思想防线和制度防线,着力构建不敢腐、不能腐、不想腐的体制机制。"③ 许多问题,看起来是风气问题,往深处剖析又往往是体制机制问题。解决联系群众、服务群众"最后

---

① 参见《习近平谈治国理政》第1卷,外文出版社2018年版,第394页。

② 习近平:《习近平谈治国理政》第1卷,外文出版社2018年版,第15页。

③ 《中共十八届六中全会在京举行》,《人民日报》2016年10月28日第1版。

一公里"的问题,有大量的体制机制创新工作要做。作风建设是攻坚战,也是持久战。这么多年,作风问题我们一直在抓,但很多问题不仅没有解决,反而愈演愈烈,一些不良作风像割韭菜一样,割了一茬长一茬。症结就在于对作风问题的顽固性和反复性估计不足,缺乏常抓的韧劲、严抓的耐心,缺乏管长远、固根本的制度。一方面,"信念是本,作风是形,本正而形聚,本不正则形必散。保持和发扬党的优良作风,坚定理想信念是根本"①。另一方面,党要管党、从严治党,靠什么管,凭什么治?就要靠严明纪律。毛泽东同志说我们党是"一个有纪律的,有马克思列宁主义的理论武装的,采取自我批评方法的,联系人民群众的党"②,他特别把有纪律放在最前面,这不是偶然的,这是决定党能否坚持革命、战胜敌人、争取胜利的首要条件。干部出问题,都是因为纪律的突破。理想信念是"主心骨",纪律规矩是"顶梁柱",没有了这两样,必然背离党的宗旨,做人做事就会走偏走邪,思想就会百病丛生,人生就会迷失方向。严肃党内政治生活,任何时候都不能破纪律、坏规矩。

制度问题带有根本性、全局性、稳定性,没有健全的制度,权力没有关进制度的笼子里,腐败现象就控制不住。如何靠制度更有效地防治腐败,仍然是我们面临的一个重大课题。治理一个国家、一个社会,关键是要立规

---

① 《习近平关于党风廉政建设和反腐败斗争论述摘编》,中国方正出版社2015年版,第146页。

② 《毛泽东选集》第4卷,人民出版社1991年版,第1480页。

矩、讲规矩、守规矩。我们要狠抓制度执行，扎牢制度篱笆，真正让铁规发力、让禁令生威。以刚性的制度规定和严格的制度执行，确保改进作风规范化、常态化、长效化，切实防止"四风"问题反弹，确保作风建设要求真正落地生根，使群众观点和群众路线在中国大地永放光芒。

第六章

意识形态工作是党的一项极端重要的工作

意识形态工作始终是党的一项极端重要的工作。习近平总书记多次强调:"我们正在进行具有许多新的历史特点的伟大斗争,面临的挑战和困难前所未有,必须坚持巩固壮大主流思想舆论,弘扬主旋律,传播正能量,激发全社会团结奋进的强大力量。"① 他先后在全国宣传思想工作会议上、在文艺工作座谈会上、在全国党校工作会议上、在党的新闻舆论工作座谈会上、在两次全国网络安全和信息化工作座谈会上、在哲学社会科学工作座谈会上、在中共中央政治局第三十六次集体学习上都发表了重要讲话。他在党的十九大报告中指出牢牢掌握意识形态工作领导权,不断增强意识形态领域主导权和话语权。这些重要讲话站在党和国家发展战略全局高度,紧紧围绕坚持和发展中国特色社会主义,深刻阐释了党的意识形态工作的重要性,旗帜鲜明地指出要继续巩固马克思主义在意识形态领

---

① 习近平:《习近平谈治国理政》第 1 卷,外文出版社 2018 年版,第 155 页。

域的指导地位，提出关于加强党的意识形态工作的一系列重要论断，是做好新形势下党的意识形态工作的基本遵循和科学指南。

第一节　党的意识形态工作关乎旗帜，关乎道路，关乎国家政治安全

意识形态决定文化前进方向和发展道路。意识形态工作事关党和国家前途命运，是一项极端重要的工作。习近平总书记在全国宣传思想工作会议上提出了"三个事关"，即，"能否做好意识形态工作，事关党的前途命运，事关国家长治久安，事关民族凝聚力和向心力"。① 在党的新闻舆论工作座谈会上，对于作为党的意识形态工作重要组成部分的新闻舆论工作，他提出了"五个事关"，即，"做好党的新闻舆论工作，事关旗帜和道路，事关贯彻落实党的理论和路线方针政策，事关顺利推进党和国家各项事业，事关全党全国各族人民凝聚力和向心力，事关党和国家的前途命运"。② 这是关于意识形态工作重要性的又一重要论述。

马克思主义哲学基本原理告诉我们，经济基础决定上层建筑。上层建筑可以分成两部分，一部分是政治的上层

---

① 《习近平关于全面建成小康社会论述摘编》，中央文献出版社2016年版，第103页。
② 《习近平谈治国理政》第2卷，外文出版社2017年版，第331—332页。

第六章　意识形态工作是党的一项极端重要的工作

建筑，一部分是意识形态的上层建筑。剥削阶级的经济基础决定了剥削阶级的上层建筑，决定了剥削阶级的国家政权性质和剥削阶级的意识形态。同时，上层建筑具有相对独立性，可以反作用于经济基础。意识形态的上层建筑同样具有相对独立性和反作用力。剥削阶级的意识形态是为维持剥削阶级国家政权和经济基础服务的。当旧的经济基础被新的经济基础所代替，建筑在它之上的上层建筑也会发生变革，为新的上层建筑所代替。但旧的意识形态上层建筑还不能马上退出历史舞台，还要拼命地表现自己，并尽可能地维护旧的社会制度。这就决定了在社会主义国家，旧的剥削阶级的意识形态还存在，意识形态领域内的斗争远远没有结束。习近平总书记从经济基础与上层建筑相互关系的原理出发，站在党和国家全局的高度，指明了意识形态工作引领社会、凝聚人心、推动发展的强大支撑作用，道出了意识形态工作的根本性、战略性、全局性意义，强调了意识形态工作的极端重要性。他告诫我们，只有从推动党的事业长远发展、巩固党的执政基础的高度，认清肩负历史使命、面临严峻挑战，着眼于国内外纷繁复杂大气候，才能进一步增强做好意识形态和宣传思想工作的自觉性和坚定性。

　　习近平总书记所提出的"三个事关"和"五个事关"的论断，是经过历史和现实反复证明的。一个政党要执政兴国，开拓前进，就必须牢牢掌握意识形态领域阵地，夯实共同奋斗的精神根基。而敌对势力要搞垮一个政党、颠覆一个政权、搞乱一个社会，也往往先从意识形态领域打开缺口，占领舆论阵地，思想防线一旦失守，其他防线就很难守住。政治动荡、政权更迭可能在一夜之间发生，但思想演化是个长期过程，所以，为了避免执政党人亡政息的历史悲剧重演，不管到了任何时候，不管形势如何变幻，意识形态工作都决不能放松，导向都决不能错，阵地都决不能丢。

习近平总书记所提出的"三个事关"和"五个事关"的论断，是基于新形势下我们所面临新考验而总结出来的。随着对外开放全面深入，转型转轨加速进行，新旧矛盾叠加凸显，这些特点反映到意识形态领域，使各种"话语"空前活跃，思想意识争锋的形势愈发严峻。特别是以数字化、网络化为标志的信息技术发展，使信息传播、文化传播手段迅速快捷，舆论生态更加复杂多变。在众声喧哗、莫衷一是的舆论场中，健康向上的正面声音依然占据着重要领地，但唱衰抹黑的负面声音的恶劣影响也不容低估。此外，两者之间还存在大片由模糊摇摆声音构成的"中间地带"。意识形态的阵地我们不去占领，人家就会去占领。事实和真理的东西少了，谎言和谬误就会丛生。因此，巩固马克思主义在意识形态领域的指导地位，巩固全党全国人民团结奋斗的共同思想基础，这一任务就显得愈发紧迫。

意识形态工作事关旗帜和道路。举什么旗、走什么路始终是关系党和国家工作全局的重大问题，丝毫不能含糊。习近平总书记指出："马克思主义是我们立党立国的根本指导思想。背离或放弃马克思主义，我们党就会失去灵魂、迷失方向。在坚持马克思主义指导地位这一根本问题上，我们必须坚定不移，任何时候任何情况下都不能有丝毫动摇。"① "中国特色社会主义道路，是实现我国社会主义现代化的必由之路，是创造人民美好生活的必由之路。"②

意识形态工作事关贯彻落实党的理论和路线方针政策。党的理论和路线方针政策，是党的主张，要做到不折不扣地贯彻落实，首先就要求在思想上政治上行动上同党中央保持高度一致，因此，党的意识形态工作就显得尤为关键。习近平总书记强调指出："贯彻落实党的理论和路线方针政策，是政治纪律，是绝对不能违反的。"③

意识形态工作事关全党全国各族人民凝聚力和向心力。意识形态工作的好坏直接决定党和人民的福祸。习近平总书记强调，好的舆论可以成为发展的"推进器"、民意的"晴雨表"、社会的"黏合剂"、道德的"风向标"，不好的舆论可以成为民众的"迷魂汤"、社会的"分离器"、杀人的"软刀子"、动乱的"催化剂"。从这个意义上讲，做好党的意识形态工作，事关全党全国各族人民凝聚力和向心力。要深入开展中国特色社会主义宣传教育，把全国各族人民团结和凝聚在中国特色社会主义伟大旗帜之下。

意识形态工作事关党和国家的前途命运。在"三个事关"和"五个事关"的论述中，又以"事关党的前途命

---

① 习近平：《习近平谈治国理政》第2卷，外文出版社2017年版，第33页。

② 习近平：《习近平谈治国理政》第1卷，外文出版社2018年版，第9页。

③ 《习近平关于党风廉政建设和反腐败斗争论述摘编》，中国方正出版社2015年版，第36页。

运"最为关键。这正如习近平总书记所说：领导我们事业的核心力量是中国共产党，党建设好了，国家和民族才有希望，核心坚强有力，才能大局稳定，乘风破浪。这就是说，党的前途命运决定着国家和人民的前途命运，决定着国家是否长治久安，决定着民族是否有巨大的凝聚力和向心力。由此出发，习近平总书记进一步明确了党的意识形态工作的内涵，就是指党必须坚持、贯彻和落实马克思主义的理论和路线方针政策，坚持马克思主义的世界观、价值观、人生观。我们党作为工人阶级政党、马克思主义政党，与一切剥削阶级政党的世界观、价值观和政治主张是完全对立、格格不入的。

习近平总书记深刻地指出："中国是一个大国，决不能在根本性问题上出现颠覆性错误，一旦出现就无法挽回、无法弥补。"[①] 这里所谓的颠覆性错误，无非是两种情况：一种是走回封闭僵化的老路，另一种是走向改旗易帜的邪路。前一种情况我们有着沉痛的教训，改革开放之后，大门已经敞开，再关上是不可能的。而后一种情况，则有东欧剧变、苏联解体等前车之鉴。这两种情况都是由缺乏对共产党执政规律、社会主义建设规律、人类社会发展规律的深入认识所造成的，要么一知半解、自以为是，要么缺乏坚定的信念、正确的方法。坚持和发展中国特色社会主义是一项长期而艰巨的历史任务，因此必须时刻准备应对重大挑战、抵御重大风险、克服重大阻力、解决重

---

① 习近平：《习近平谈治国理政》第1卷，外文出版社2018年版，第348页。

第六章 意识形态工作是党的一项极端重要的工作

大矛盾。唯有始终坚持和发展中国特色社会主义,坚持和巩固党的领导地位和执政地位,才能使我们的党、我们的国家、我们的人民永远立于不败之地。

意识形态工作事关顺利推进党和国家各项事业。这正是习近平总书记所说的"高举旗帜、引领导向,围绕中心、服务大局"[①]中的"服务大局"。当前,思想观念、舆论环境和传播方式等发生着深刻变化,这对做好意识形态工作,统一思想、凝聚共识,既带来了很大的难度,又提出了很高的要求。如何使党的声音传播到千家万户?如何为改革发展稳定营造良好氛围?如何使社会主义核心价值观入脑入心并践行?这些都关乎党和国家各项事业的顺利推进。我们党要带领人民实现全面建成小康社会的宏伟目标,需要不断凝聚全国人民积极奋进的思想力量,需要发挥新闻舆论的引导作用。因而,做好意识形态工作,弘扬主旋律,传播正能量,对于振奋民族精神,推进党和国家各项事业的发展至关重要。

意识形态工作事关国家长治久安。意识形态安全是政治安全的重要组成部分。当今世界,思想文化领域交流交融频繁、斗争深刻复杂,尤其是外部势力把我国崛起视为对其价值观和制度模式的挑战,加紧通过互联网等各种渠道进行渗透分化。近年来,境外势力利用信息网络、课堂讲坛、独立媒体、地下教会等,传播西方思想文化和意识形态,诋毁我国主流意识形态,片面渲染、刻意放大我国

---

① 习近平:《习近平谈治国理政》第 2 卷,外文出版社 2017 年版,第 332 页。

的各种问题，甚至制造各种谣言，煽动人民的不满情绪。意识形态领域斗争尖锐复杂，"颜色革命""和平演变"暗流涌动。"冷战"结束以来，在西方价值观念鼓捣下，一些国家被折腾得不成样子。如果我们用西方资本主义价值体系来剪裁我们的实践，用西方资本主义评价体系来衡量我国的发展，符合西方标准就行，不符合西方标准就是落后的陈旧的，就要批判、攻击，那后果是不堪设想的！其结果，要么是跟在人家后面亦步亦趋，要么就只有挨骂的份儿。意识形态安全涉及国家的政权安全，一刻也不能轻视。

第二节　在集中精力进行经济建设的同时，一刻也不能放松意识形态工作

习近平总书记在全国宣传思想工作会议上强调，经济建设是党的中心工作，意识形态工作是党的一项极端重要的工作。他把意识形态工作的重要性与经济工作这一党的中心工作高度并提。

经济建设始终是中心工作。我国正处于并将长期处于社会主义初级阶段，坚持以经济建设为中心既是客观要求，也是实际需要。经济基础决定上层建筑，意识形态建设从根本上取决于经济基础建设。没有社会生产力的高度发展，没有物质文明的极大丰富，没有扎扎实实的发展成果，没有人民生活的不断改善，意识形态工作也难以取得最终最好成效。习近平总书记指出，党的十一届三中全会以来，我们党始终坚持以经济建设为中心，集中精力把经济建设搞上去、把人民生活搞上去。只要国内外大势没有

发生根本变化，坚持以经济建设为中心就不能也不应该改变。这是坚持党的基本路线100年不动摇的根本要求，也是解决当代中国一切问题的根本要求。党的十八大以来，习近平总书记围绕以经济建设为中心、立足提高质量和效益、推动经济持续健康发展，发表了一系列重要讲话，诸如善于把握大势，运用底线思维，着力质量效益，保持调控定力，深化改革开放等，内容丰富，思想深刻。只要坚持不懈地贯彻下去，将为推动经济持续健康发展，为全面建成小康社会和顺利实现中华民族伟大复兴的中国梦打下坚实的基础。

意识形态工作一刻也不能放松。改革开放以来，我国经济发展很快，人民生活水平提高也很快。与此同时，我国社会正处在思想大活跃、观念大碰撞、文化大交融的时代，出现了不少问题。其中比较突出的一个问题就是马克思主义的指导地位、社会主义和共产主义的理想信念在一些人的头脑中被淡化、被丢失；一些人正确的世界观、人生观、价值观缺失，观念没有善恶，行为没有底线，什么违反党纪国法的事情都敢干，什么缺德的勾当都敢做，没有国家观念、集体观念、家庭观念，不讲对错，不问是非，不知美丑，不辨香臭，浑浑噩噩，穷奢极欲。基于这种现状，习近平总书记深刻地指出："现在社会上出现的种种问题病根都在这里（指意识形态工作——笔者注）。"[1] 如果意识形态工作得不到加强和重视，放松的问题如果得不

---

[1] 习近平：《在文艺工作座谈会上的讲话》，人民出版社2015年版，第22—23页。

到有效解决，改革开放和社会主义现代化建设就难以顺利推进。

要围绕中心工作开展意识形态工作。坚持以经济建设为中心，并不是否定意识形态工作。相反，没有牢牢掌握意识形态工作的领导权、主动权，经济建设这一中心工作的动力就难以为继。习近平总书记准确地把握了经济建设与意识形态工作之间的关系，指出宣传思想工作一定要把围绕中心、服务大局作为基本职责，胸怀大局、把握大势、着眼大事，找准工作切入点和着力点，做到因势而谋、应势而动、顺势而为。

坚持"两手抓""两手都要硬"。这是习近平总书记从物质与精神的辩证关系、经济建设与意识形态工作的关系出发，做出的另一个准确而又深刻的论断。正确认识物质与精神的辩证关系，正确处理好经济建设与意识形态工作的关系，对于社会主义事业的健康发展至关重要。习近平同志既注重物质文明建设又注重精神文明建设，旗帜鲜明地指出"真正的社会主义不能仅仅理解为生产力的高度发展，还必须有高度发展的精神文明"，"在抓经济工作的同时，要加强精神文明建设，以更好地调动广大干部群众的积极性和创造性去战胜艰辛和困难"①，等等。

经济建设与意识形态工作相辅相成，相互促进。既要切实做好中心工作，为意识形态工作提供坚实物质基础，

---

① 习近平：《摆脱贫困》，福建人民出版社1992年版，第111—112页。

第六章 意识形态工作是党的一项极端重要的工作

又要切实做好意识形态工作,为中心工作提供有力保障;既不能因为中心工作而忽视意识形态工作,也不能使意识形态工作游离于中心工作。只有两者都搞好、都增强,全国各族人民物质生活和精神生活都改善,中国特色社会主义事业才能顺利向前推进。

实现中华民族伟大复兴的中国梦,是物质文明和精神文明均衡发展、相互促进的结果。民族复兴既需要物质力量,也需要精神力量。没有先进文化的积极引领,没有人民精神世界的极大丰富,没有民族精神力量的不断增强,一个国家、一个民族不可能屹立于世界民族之林。正如习近平总书记所说:"当高楼大厦在我国大地上遍地林立时,中华民族精神的大厦也应该巍然耸立。"①实现中国梦,就是物质文明和精神文明比翼双飞的发展过程。

我们要始终坚持"两手抓、两手都要硬"。正如习近平总书记所指出的,要以辩证的、全面的、平衡的观点正确处理物质文明和精神文明的关系,把包括意识形态工作在内的精神文明建设贯穿改革开放和现代化建设全过程、渗透社会生活各方面。②

---

① 《习近平总书记重要讲话文章选编》,中央文献出版社、党建读物出版社 2016 年版,第 185 页。

② 参见《习近平在会见第四届全国文明城市、文明村镇、文明单位和未成年人思想道德建设工作先进代表时强调 人民有信仰民族有希望国家有力量 锲而不舍抓好社会主义精神文明建设》,《学习活页文选》2016 年第 41 期。

第三节　坚持和巩固马克思主义在意识形态领域的指导地位

习近平总书记指出："宣传思想工作就是要巩固马克思主义在意识形态领域的指导地位，巩固全党全国人民团结奋斗的共同思想基础。"① 这"两个巩固"是统一的、一致的。意识形态工作的根本任务是要全面做到"两个巩固"。在新形势下，宣传思想工作的环境、对象、范围、方式发生了很大变化，但宣传思想工作的根本任务没有变，也不能变。解决好人民群众特别是党员干部对马克思主义和共产主义的信仰、对中国特色社会主义的信念问题，必须做到"两个巩固"。因此，我们必须用马克思主义指导宣传思想工作。

在我国，居于主导地位的意识形态就是马克思主义。马克思恩格斯在《德意志意识形态》中说："统治阶级的思想在每一时代都是占统治地位的思想。"② 在阶级社会中，任何国家社会中占统治地位的意识形态都是该国家社会统治阶级的意识形态，意识形态领域的主导思想从来都是一元的，决不能多元化。一个国家的政治法律制度和政权机构等，都是在占统治地位的意识形态指导下建立起来

---

① 习近平：《习近平谈治国理政》第 1 卷，外文出版社 2018 年版，第 153 页。
② 《马克思恩格斯选集》第 1 卷，人民出版社 2012 年版，第 178 页。

的。我国是社会主义国家，工人阶级及其广大劳动群众是统治阶级，工人阶级的意识形态就是马克思主义，马克思主义在我国意识形态领域内的指导地位是不可动摇的。习近平总书记从历史唯物主义的上述观点出发，反复强调坚持马克思主义的指导地位，必须把马克思主义立场、观点、方法和理论，贯穿于我们党的意识形态工作的各个方面。这里所说的马克思主义，是马克思列宁主义、毛泽东思想和包括邓小平理论、"三个代表"重要思想、科学发展观以及习近平新时代中国特色社会主义思想在内的中国特色社会主义理论体系的统称。马克思主义是社会主义意识形态的旗帜和灵魂，是我们立党立国的根本指导思想。

坚持和巩固马克思主义在意识形态领域的指导地位，要始终坚定马克思主义信仰和共产主义理想。习近平总书记指出："马克思主义是我们党的指导思想，共产主义是我们党的远大理想。没有马克思主义信仰、共产主义理想，就没有中国共产党，就没有中国特色社会主义。"[1]"中国共产党之所以叫共产党，就是因为从成立之日起我们党就把共产主义确立为远大理想。我们党之所以能够经受一次次挫折而又一次次奋起，归根到底是因为我们党有远大理想和崇高追求。"[2] 习近平总书记高度重视理想信念教育，多次强调"革命理想高于天"，这对坚持和巩固马

---

[1] 习近平：《在全国党校工作会议上的讲话》，人民出版社2016年版，第7页。

[2] 习近平：《习近平谈治国理政》第2卷，外文出版社2017年版，第34页。

>> 开辟当代马克思主义哲学新境界

克思主义在意识形态领域的指导地位、进一步坚持和发展中国特色社会主义的自觉性和坚定性具有重要指导意义。

坚持和巩固马克思主义在意识形态领域的指导地位,就要对马克思主义真懂真信。对马克思主义要真懂真信,就要读原著、学原文、悟原理。习近平总书记指出:"党的各级领导干部特别是高级干部,要原原本本学习和研读经典著作,努力把马克思主义立场、观点、方法学到手,作为自己的看家本领。"① 读原著、学原文、悟原理,是真懂真信的最直接和最有效的方法。只有读原著,才能真正全面理解其中包含的马克思主义立场、观点、方法。只有切实践行学而信、学而用、学而行,才能真正坚定道路自信、理论自信、制度自信、文化自信。历史上对马克思主义一知半解、浅尝辄止、固守教条等教训十分深刻,不仅害人,而且害己。

对马克思主义要真懂真信,非下苦功夫不可。习近平总书记指出:"马克思主义经典作家眼界广阔、知识丰富,马克思主义理论体系和知识体系博大精深,涉及自然界、人类社会、人类思维各个领域,涉及历史、经济、政治、文化、社会、生态、科技、军事、党建等各个方面,不下大气力、不下苦功夫是难以掌握真谛、融会贯通的。"② 面对这样一门非常深刻、全面的学问,我们要老老实实地去

---

① 习近平:《在全国党校工作会议上的讲话》,人民出版社2016年版,第15页。

② 习近平:《在哲学社会科学工作座谈会上的讲话》,人民出版社2016年版,第11页。

学习、去研究，虚怀若谷，不能浅尝辄止，更不能一知半解就夸夸其谈。要掌握其中的灵魂和真谛，不下大气力、不下苦功夫，只能是痴心妄想。

只有真正弄懂了马克思主义，才能掌握真正的思想武器。马克思主义基本原理为我们提供了基本的世界观和方法论，真正弄懂世界的物质性及其发展规律、人类社会及其发展规律、认识的本质及其发展规律等十分重要。习近平总书记指出："只有真正弄懂了马克思主义，才能在揭示共产党执政规律、社会主义建设规律、人类社会发展规律上不断有所发现、有所创造，才能更好识别各种唯心主义观点、更好抵御各种历史虚无主义谬论。"[1]

坚持和巩固马克思主义在意识形态领域的指导地位，就要坚持巩固并壮大主流思想舆论。习近平总书记一是提出了新闻舆论工作职责使命48字要求。他认为，在新的时代条件下，党的新闻舆论工作的职责和使命是：高举旗帜、引领导向，围绕中心、服务大局，团结人民、鼓舞士气，成风化人、凝心聚力，澄清谬误、明辨是非，联接中外、沟通世界。[2] 这48字要求，既是对新闻舆论工作寄予的厚望，更是对意识形态工作提出的具体要求和准则。

二是强调要坚持马克思主义新闻观。习近平总书记指出，要把马克思主义新闻观作为党的新闻舆论工作的"定

---

[1] 习近平：《在哲学社会科学工作座谈会上的讲话》，人民出版社2016年版，第11页。

[2] 《习近平谈治国理政》第2卷，外文出版社2017年版，第332页。

盘星",并给新闻舆论工作者确立"四个定位",即做党的政策主张的传播者、时代风云的记录者、社会进步的推动者、公平正义的守望者。同时,他还首次将思想舆论领域划分为红色、黑色、灰色"三个地带"。

三是要牢牢坚持正面宣传为主的工作方针。习近平总书记指出:"坚持团结稳定鼓劲、正面宣传为主,是宣传思想工作必须遵循的重要方针。"① 一方面,这是由主要矛盾和次要矛盾的唯物辩证法决定的。我国社会中,积极正面的事物是主流,消极负面的东西是支流,正确认识主流和支流、成绩和问题、全局和局部的关系,是反映社会健康向上的本质要求,是展示发展进步全貌的客观要求。另一方面,这是由当前我们党面临的诸多挑战和困难决定的。我们党带领全国各族人民为实现"两个一百年"奋斗目标、实现中华民族伟大复兴的中国梦,没有全国人民齐心协力不可,没有凝聚强大力量不行。坚持正确舆论导向,就是要做到新闻舆论工作要体现"四个有利于",即,有利于坚持中国共产党领导和我国社会主义制度,有利于推动改革发展,有利于增进全国各族人民团结,有利于维护社会和谐稳定。

四是要遵循传播规律推进改革创新。习近平总书记十分注重新闻舆论工作创新,强调要"遵循新闻传播规律,创新方法手段,不断提高能力和水平"。具体说来,一要增强工作针对性。要坚持问题导向,掌握主动权;适应分

---

① 习近平:《习近平谈治国理政》第 1 卷,外文出版社 2018 年版,第 155 页。

众化、差异化传播趋势，构建舆论引导新格局；善于设置议题，特别是要善于提出概念、形成标识，成为引导社会舆论的话题。二要推动融合发展。要主动借助新媒体传播优势，建立健全舆情收集反馈机制，做好分析研判；对新媒体不能停留在管控上，必须参与进去、深入进去、运用起来。三要把握好时度效。因为时度效是检验新闻舆论工作水平的标尺。

五是要通过"四个讲清楚"阐释中国特色。在全面对外开放的条件下做宣传思想工作，一项重要任务是引导人们更加全面客观地认识当代中国、看待外部世界。习近平总书记指出："宣传阐释中国特色，要讲清楚每个国家和民族的历史传统、文化积淀、基本国情不同，其发展道路必然有着自己的特色；讲清楚中华文化积淀着中华民族最深沉的精神追求，是中华民族生生不息、发展壮大的丰厚滋养；讲清楚中华优秀传统文化是中华民族的突出优势，是我们最深厚的文化软实力；讲清楚中国特色社会主义植根于中华文化沃土、反映中国人民意愿、适应中国和时代发展进步要求，有着深厚历史渊源和广泛现实基础。"①

六是要坚持把"党校姓党"全面贯穿党校工作始终。习近平总书记指出："党校因党而立，党校姓党是天经地义的要求。党校姓党，是党校工作的根本原则，也是做好党校工作的根本遵循。加强和改进新形势下党校工作，归根到底取决于能不能坚持好党校姓党、能不能把党校姓党

---

① 习近平：《习近平谈治国理政》第 1 卷，外文出版社 2018 年版，第 155—156 页。

贯穿党校工作始终。"① 党校要加强对各种社会思潮的辨析和引导，敢于发声亮剑，善于解疑释惑，守护马克思主义、中国特色社会主义的坚强前沿阵地；党校要引导学员向党中央看齐，坚持一切工作都必须围绕党中央决策部署来进行，自觉在思想上政治上行动上同党中央保持高度一致；党校要把握好政治立场坚定性和科学探索创新性的有机统一，不能把探索性的学术问题等同于严肃的政治问题，也不能把严肃的政治问题等同于探索性的学术问题；党校要始终抓牢党的理论教育和党性教育这一主业主课，把马克思主义中国化最新成果作为理论教育中心内容。

七是要加快构建中国特色哲学社会科学。习近平总书记指出："观察当代中国哲学社会科学，需要有一个宽广的视角，需要放到世界和我国发展的历史中去看。人类社会每一次重大跃进，人类文明每一次重大发展，都离不开哲学社会科学的知识变革和思想先导。"② 在深刻把握当今时代和当代中国形势新实践新需要基础上，他提出了加快构建中国特色哲学社会科学的战略任务和使命。习近平总书记强调，"坚持以马克思主义为指导，是当代中国哲学社会科学区别于其他哲学社会科学的根本标志，必须旗帜鲜明加以坚持"③。坚持以马克思主义为指导，这是我国哲学社会科学最鲜明的特点。必须坚持和巩固马克思主义在

---

① 习近平：《在全国党校工作会议上的讲话》，人民出版社2016年版，第6页。

② 习近平：《在哲学社会科学工作座谈会上的讲话》，人民出版社2016年版，第3页。

③ 同上书，第8页。

我国哲学社会科学中的指导地位。"哲学社会科学事业是党和人民的重要事业,哲学社会科学战线是党和人民的重要战线。加强和改善党对哲学社会科学工作的领导,是繁荣发展我国哲学社会科学事业的根本保证。"[①] 必须加强和改进党对哲学社会科学的领导。习近平总书记全面指出了构建中国特色哲学社会科学的总思想、总特点、总要求和具体任务。一定要认真学习贯彻习近平总书记的重要讲话精神,加快构建中国特色哲学社会科学。

八是要对错误思潮开展积极的舆论斗争。习近平总书记反复强调,要旗帜鲜明地运用马克思主义立场观点方法,利用一切手段、方式,包括新媒体、互联网,组织力量,有力批驳西方"宪政民主""普世价值""新闻自由"、新自由主义、历史虚无主义、民主社会主义等一切错误观点和思潮。对反动的、错误的思想不斗争,它们是不会自动退出历史舞台的。要敢于亮剑,敢于发声,让错误思潮之谬充分暴露在广大人民群众面前。

第四节　牢牢掌握意识形态工作的领导权,不断增强意识形态领域主导权和话语权

习近平总书记在全国宣传思想工作会议上告诫全党:"必须把意识形态工作的领导权、管理权、话语权牢牢掌握在手中,任何时候都不能旁落,否则就要犯无可挽回的

---

① 习近平:《在哲学社会科学工作座谈会上的讲话》,人民出版社2016年版,第25页。

历史性错误。"① 这是新时期做好意识形态工作的重要遵循，是巩固马克思主义在意识形态领域的指导地位、巩固全党全国各族人民团结奋斗共同思想基础的坚强保障。

强化政治意识，牢牢掌握意识形态工作的领导权。党的领导是做好意识形态工作的根本保证。习近平总书记指出："各级党委要自觉承担起政治责任和领导责任，主动谋划本地区本部门新闻舆论工作"，"党委主要负责同志要定期听取新闻舆论工作汇报，对重要工作靠前指挥，对重要稿件亲自把关，在重要关头加强对媒体的指导调控"，"对政治性、原则性、导向性问题，必须旗帜鲜明、敢抓敢管"。② 唯有强化政治意识，不断加强对意识形态领域重大问题的分析研判和重大战略性任务的统筹指导，才能提高领导意识形态工作的能力和水平。

树立大宣传的工作理念，是牢牢掌握意识形态工作领导权的重要举措。做好意识形态工作，宣传思想部门责无旁贷，但仅靠宣传思想部门是不够的，必须全党动手。为此，习近平总书记强调指出："要树立大宣传的工作理念，动员各条战线各个部门一起来做，把宣传思想工作同各个领域的行政管理、行业管理、社会管理更加紧密地结合起来。"③

---

① 《习近平关于全面深化改革论述摘编》，中央文献出版社2014年版，第86页。

② 《习近平总书记重要讲话文章选编》，中央文献出版社、党建读物出版社2016年版，第439页。

③ 习近平：《习近平谈治国理政》第1卷，外文出版社2018年版，第156页。

第六章　意识形态工作是党的一项极端重要的工作

牢牢掌握意识形态工作的领导权，就要求我们的领导干部能够自觉运用舆论工具宣传真理、动员群众、传播经验、指导工作。习近平总书记指出："领导干部要增强同媒体打交道的能力，善于运用媒体宣讲政策主张、了解社情民意、发现矛盾问题、引导社会情绪、动员人民群众、推动实际工作。"① 因此，增强同媒体打交道的能力，已经不是个别部门的事情了，应该成为领导干部的一项基本功。

牢牢掌握意识形态工作的领导权，就必须始终坚持党媒"姓党"。党的新闻舆论工作中坚持党性原则，最根本的是坚持党对新闻舆论工作的领导。习近平总书记指出："党和政府主办的媒体是党和政府的宣传阵地，必须姓党。"② 要高度重视传播手段建设和创新，提高新闻舆论传播力、引导力、影响力、公信力。党的新闻舆论媒体的所有工作，都要体现党的意志、反映党的主张，维护党中央权威、维护党的团结，做到爱党、护党、为党；都要增强看齐意识，在思想上政治上行动上同党中央保持高度一致；都要坚持党性和人民性相统一，把党的理论和路线方针政策变成人民群众的自觉行动，及时把人民群众创造的经验和面临的实际情况反映出来，丰富人民精神世界，增强人民精神力量。

强化阵地意识，不断增强意识形态领域主导权。阵地

---

① 《习近平谈治国理政》第 2 卷，外文出版社 2017 年版，第 334 页。

② 同上书，第 332 页。

是意识形态工作的基本依托。不断增强意识形态领域主导权,就要落实意识形态工作责任制,加强阵地建设和管理,注意区分政治原则问题、思想认识问题、学术观点问题,旗帜鲜明地反对和抵制各种错误观点。一方面,要加强前沿阵地建设,"党校、干部学院、社会科学院、高校、理论学习中心组等都要把马克思主义作为必修课,成为马克思主义学习、研究、宣传的重要阵地"①,建好管好用好各类基层宣传文化阵地。另一方面,要树立现代治理理念,综合运用行政、法律、经济、技术等手段,科学管理、依法管理、有效管理,"要深化管理体制改革,形成既能把握正确方向又能激发科研活力的体制机制"②。

不断增强意识形态领域主导权,就要增强政治家办报意识。习近平总书记指出:"没有清醒的政治头脑,就无法做好党的新闻舆论工作。"③ 他提出,要从五个方面来检验是不是做到了政治家办报的标准:一是看是不是确立了马克思主义新闻观;二是看是不是有坚定的政治意识、大局意识、核心意识、看齐意识;三是看是不是忠实宣传党的理论和路线方针政策;四是看是不是把纪律挺在前面,严格遵守党的政治纪律、宣传纪律和长期形成的规矩;五是看是不是具有政治定力,在大是大非面前旗帜鲜明,在

---

① 习近平:《习近平谈治国理政》第 1 卷,外文出版社 2018 年版,第 154 页。

② 习近平:《在哲学社会科学工作座谈会上的讲话》,人民出版社 2016 年版,第 26 页。

③ 《习近平总书记重要讲话文章选编》,中央文献出版社、党建读物出版社 2016 年版,第 435 页。

第六章　意识形态工作是党的一项极端重要的工作

重大原则问题上敢于发声、敢于斗争。

不断增强意识形态领域主导权，就要不断加强队伍建设。习近平总书记指出："做好党的新闻舆论工作，关键在人。新闻舆论工作队伍的政治素养、理论水平、政策水平、业务能力，直接关系党的新闻舆论工作效果。"① 要按照"三严三实"要求，深入推进意识形态工作队伍建设，不断提升思想政治素质和业务工作能力，努力造就一支政治强、业务精、作风正、纪律严的专业队伍。与此同时，不断增强意识形态领域主导权，还要适应时代步伐，不断推进传统媒体与新兴媒体融合发展，切实解决基础设施落后、基础工作薄弱等问题。

强化主动意识，不断增强意识形态领域话语权。不断增强意识形态领域话语权，必须深化马克思主义理论研究和建设，加快构建中国特色哲学社会科学，加强中国特色新型智库建设。习近平总书记指出："我国是哲学社会科学大国，……但目前在学术命题、学术思想、学术观点、学术标准、学术话语上的能力和水平同我国综合国力和国际地位还不太相称。"要让中国特色哲学社会科学体现系统性、专业性，就要"不断推进学科体系、学术体系、话语体系建设和创新，努力构建一个全方位、全领域、全要素的哲学社会科学体系"。② 只有构建中国特色、中国风

---

① 《习近平总书记重要讲话文章选编》，中央文献出版社、党建读物出版社2016年版，第434页。

② 习近平：《在哲学社会科学工作座谈会上的讲话》，人民出版社2016年版，第15页。

格、中国气派的哲学社会科学话语体系，才能有利于掌握意识形态工作的话语权。

不断增强意识形态领域话语权，就要着力加强话语体系建设，提升国际影响力。传播力决定影响力，话语权决定主动权。落后就要挨打，贫穷就要挨饿，失语就要挨骂。习近平总书记指出，现在我们在国际上有时"还处于有理说不出、说了传不开的境地"①。这种尴尬局面，说到底就是因为存在着信息流进流出的"逆差"、中国真实形象和西方主观印象的"反差"、软实力和硬实力的"落差"。话语的背后是思想、是"道"，既要启人入"道"，又要让人悟"道"。因此，加强话语体系建设的关键，就是用中国理论阐释中国实践，用中国实践升华中国理论，更加鲜明地展现中国思想，更加响亮地提出中国主张。

不断增强意识形态领域话语权，就要善于讲好中国故事。讲好中国故事是国际传播的最佳方式，习近平总书记多次强调，要"讲好中国故事，传播好中国声音"。讲好中国故事，从内容来看，就是要讲好中国特色社会主义的故事，讲好中国梦的故事，讲好中国人的故事，讲好中华优秀文化的故事，讲好中国和平发展的故事。从方式来看，就是要创新对外话语表达方式，采用融通中外的概念、范畴、表达，使故事更多为国际社会和海外受众所认同。从效果来看，就是要善于运用多种形式让中国声音赢得国际社会理解和认同。

---

① 习近平：《在哲学社会科学工作座谈会上的讲话》，人民出版社2016年版，第24页。

不断增强意识形态领域话语权,就要主动提出解决人类问题的中国方案。中华绵延几千年的文化传统,是不可多得的宝贵资源,是党的意识形态的独特优势。对此,我们既要守护,又要传承,更要推陈出新,坚持创造性转化和创新性发展。习近平总书记指出:"要加强对中华优秀传统文化的挖掘和阐发,使中华民族最基本的文化基因与当代文化相适应、与现代社会相协调,把跨越时空、超越国界、富有永恒魅力、具有当代价值的文化精神弘扬起来。……要围绕我国和世界发展面临的重大问题,着力提出能够体现中国立场、中国智慧、中国价值的理念、主张、方案。"① 2016年9月3日,国家主席习近平出席2016年二十国集团工商峰会开幕式,并发表题为《中国发展新起点 全球增长新蓝图》的主旨演讲,把脉世界经济、传递中国信心,提出了建设创新、开放、联动、包容型世界经济,着力推动世界经济走上强劲、可持续、平衡、包容增长之路,为全球经济治理开出一剂标本兼治、综合施策的"中国药方",中国发展新理念为世界经济发展提供新指引、注入新活力。

第五节 建设网络良好生态,发挥网络引导舆论和反映民意的作用

当今世界,信息网络技术日新月异,全面融入了社会

---

① 习近平:《在哲学社会科学工作座谈会上的讲话》,人民出版社2016年版,第17页。

生产生活，深刻改变着全球经济格局、利益格局和安全格局。习近平总书记一直保持着对信息技术和互联网发展的高度关注。他在党的十九大报告中明确指出：加强互联网内容建设，建立网络综合治理体系，营造清朗的网络空间。他特别强调，按照创新、协调、绿色、开放、共享的发展理念推动我国经济社会发展，是当前和今后一个时期我国发展的总要求和大趋势。我国网信事业的发展要适应这个大趋势，在践行新发展理念上先行一步，推进网络强国建设，推动我国网信事业发展，让互联网更好地造福国家和人民。他在2018年4月20日召开的全国网络安全和信息化工作会议上强调："信息化为中华民族带来了千载难逢的机遇。我们必须敏锐抓住信息化发展的历史机遇，加强网上正面宣传，维护网络安全，推动信息领域核心技术突破，发挥信息化对经济社会发展的引领作用，加强网信领域军民融合，主动参与网络空间国际治理进程，自主创新推进网络强国建设，为决胜全面建成小康社会、夺取新时代中国特色社会主义伟大胜利、实现中华民族伟大复兴的中国梦作出新的贡献。"①

从意识形态领域看，西方敌对势力把意识形态渗透的重点转向互联网，互联网已经成为舆论斗争的主战场，直接关系我国意识形态安全和政权安全。因此，管好网络，过好互联网这一关，是我们党当前面临的严峻考验。习近平总书记指出，网络安全和信息化是一体之两翼、驱动之

---

① 习近平：《敏锐抓住信息化发展历史机遇　自主创新推进网络强国建设》，2018年4月20日，新华网。

第六章　意识形态工作是党的一项极端重要的工作

双轮，必须统一谋划、统一部署、统一推进、统一实施。建设网络强国，在全面加强信息化建设、确保信息基础设施安全的同时，必须高度重视构建网络社会治理体系、确保网络意识形态安全，不断增强网络安全保障能力。他在主持中共中央政治局第十六次集体学习时明确提出了六个"加快"：加快推进网络信息技术自主创新，加快数字经济对经济发展的推动，加快提高网络管理水平，加快增强网络空间安全防御能力，加快用网络信息技术推进社会治理，加快提升我国对网络空间的国际话语权和规则制定权，朝着建设网络强国目标不懈努力。

决不让互联网成为当代中国"最大的变量"。在信息化时代，网络是宣传思想工作"最大的变量"，意识形态工作要有效果，必须重视网上舆论工作。正如习近平总书记所说："很多人特别是年轻人基本不看主流媒体，大部分信息都从网上获取。必须正视这个事实，加大力量投入，尽快掌握这个舆论战场上的主动权，不能被边缘化了。"[1] 我们党要努力适应"互联网+"背景下的舆论工作，在网络舆论战场上要有阵地、有声音，不能鸦雀无声。意识形态工作者要尽快熟悉网络信息诸如表面化、情绪化、碎片化等特征，要清醒认识到传播快、影响大、覆盖广、社会动员能力强的社交网络和即时通信工具用户的快速增长带来的挑战，要积极应对这些挑战，努力在民众自由表达自己的见解甚至是质疑和反对意见的舆论空间

---

[1] 《习近平关于全面深化改革论述摘编》，中央文献出版社2014年版，第83页。

中，坚守并拓展主流声音的传播空间。

过不了互联网这一关，就过不了长期执政这一关。"网络空间是亿万民众共同的精神家园。网络空间天朗气清、生态良好，符合人民利益。网络空间乌烟瘴气、生态恶化，不符合人民利益。"① 习近平总书记一再强调要把网上舆论工作作为宣传思想工作的重中之重来抓，一再要求宣传工作者要真正成为运用现代传媒新手段新方法的行家里手。目前，我国有7亿网民。但随着发展，每个人都将毫不例外地融入互联网大潮之中。他告诫我们，要本着对社会负责、对人民负责的态度，依法加强网络空间治理，加强网络内容建设，做强网上正面宣传，培育积极健康、向上向善的网络文化，用社会主义核心价值观和人类优秀文明成果滋养人心、滋养社会，做到正能量充沛、主旋律高昂，为广大网民特别是青少年营造一个风清气正的网络空间。

网络安全威胁和风险日益突出，必须高度重视。习近平总书记指出："从世界范围看，网络安全威胁和风险日益突出，并日益向政治、经济、文化、社会、生态、国防等领域传导渗透。特别是国家关键信息基础设施面临较大风险隐患，网络安全防控能力薄弱，难以有效应对国家级、有组织的高强度网络攻击。"② 网络技术是把"双刃剑"，必须在思想上高度重视，在行动上积极主动。要充

---

① 习近平：《在网络安全和信息化工作座谈会上的讲话》，人民出版社2016年版，第8页。

② 同上书，第15—16页。

分认识到管好用好互联网,是新形势下掌控新闻舆论阵地的关键。一方面,要把党管媒体的原则贯彻到新媒体领域;另一方面,所有新闻信息服务和相关从业人员都要实行准入管理。

发挥网络引导舆论的作用,共同构筑"同心圆"。随着互联网新技术新应用的不断发展,互联网的社会动员功能日益增强。针对互联网功能的变化发展,习近平总书记提出了四个"要":要传播正能量,提升传播力和引导力;要严密防范网络犯罪特别是新型网络犯罪,维护人民群众利益和社会和谐稳定;要发挥网络传播互动、体验、分享的优势,听民意、惠民生、解民忧,凝聚社会共识;要维护网络空间安全以及网络数据的完整性、安全性、可靠性,提高维护网络空间安全能力。最终实现网上网下同心聚力、齐抓共管,形成共同防范社会风险、共同构筑同心圆的良好局面。

破除各种错误主张和认识,坚定网络可管可控的决心和信心。所谓的"互联网不能管""互联网管不了"等观点都是错误的。虽然网络空间是虚拟的,但是运用网络空间的主体是现实的,网络空间不是法外之地。习近平总书记强调,要抓紧制定立法规划,完善互联网信息内容管理、关键信息基础设施保护等法律法规,依法治理网络空间,维护公民合法权益。要加强网络法律体系建设,做到凡是网络涉及国家安全、信息安全、电子商务、个人隐私、未成年保护等方面都应有法可依。建设网络强国,要把人才资源汇聚起来,建设一支政治强、业务精、作风好的强大队伍。要巩固和扩张网络空间的"红色地带",促进网络空间的"灰色地带"向"红色地带"的转化,进一步挤压网络空间的"黑色地带"。

要正视差距,推进网络信息技术和网络安全保障建设。习近平总书记对当今世界互联网格局和网络信息技术的发展有着清楚的认识。他指出,日新月异的网络信息已经全面融入社会生产生活,深刻改变着全球经济格局、利益格局、安全格局。世界主要国家都把互联网作为经济发展、技术创新的重点和谋求竞争新优势的战略方向。虽然我国网络信息技术和网络安全保障取得了不小成绩,但同世界先进水平相比还有很大差距。因此,我们要统一思想、提高认识,加强战略规划和统筹,加快推进各项工作。

牵住核心技术自主创新这个"牛鼻子",在核心技术上寻求突破。习近平总书记指出,要顺应网络信息技术作为全球技术创新竞争高地这一趋势,加强关键信息基础设施安全保障,完善网络治理体系。要善于抓住关键,抓紧突破网络发展的前沿技术和具有国际竞争力的关键核心技术,加快推进国产自主可控替代计划,构建安全可控的信息技术体系。要增强攻坚克难的信心与决心,改革科技研发投入产出机制和科研成果转化机制,实施网络信息领域核心技术设备攻坚战略,推动高性能计算、移动通信、量子通信、核心芯片、操作系统等研发和应用取得重大突破。

各级领导干部要学网、懂网、用网,为做好宣传思想工作打下基础。"网民来自老百姓,老百姓上了网,民意也就上了网。群众在哪儿,我们的领导干部就要到哪儿去。"① 习近平总书记准确认识到，当前各级领导干部特别是高级干部，如果不懂互联网、不善于运用互联网，就无法有效开展工作。他为此强调，各级领导干部要学会通过网络走群众路线，要学网、懂网、用网，积极谋划、推动、引导互联网发展。要正确处理安全和发展、开放和自主、管理和服务的关系，不断提高四种"能力"，即对互联网规律的把握能力、对网络舆论的引导能力、对信息化发展的驾驭能力和对网络安全的保障能力，从而将网络强国建设不断推向前进。

第六节 做好意识形态工作，必须坚持党性和人民性的统一

必须在意识形态工作中坚持党性和人民性的统一。这是用马克思主义和中国特色社会主义理论体系武装全党，教育人民的必然要求。习近平总书记指出，党性和人民性从来都是一致的、统一的。我们党是全心全意为人民服务、代表中国最广大人民根本利益、来自人民和为了人民的马克思主义政党。从我们党的本质上说，党性寓于人民性之中，脱离党性的人民性是不存在的，脱离人民性的党性也是不存在的。坚持党性和人民性的统一，是我们党做好各项工作特别是意识形态工作的核心和灵魂。90多年来，我们党在经济建设领域，在宣传思想文化战线，以及

---

① 习近平：《在网络安全和信息化工作座谈会上的讲话》，人民出版社2016年版，第7页。

文化产品传播等方面，都始终坚持党性和人民性的统一，保证了整个意识形态工作的正确方向，从而切实维护广大人民群众的根本利益，取得了举世瞩目的伟大成就。

做好意识形态工作，必须讲党性。习近平总书记强调，坚持正确政治方向，站稳政治立场，是坚持党性的核心。无论做理论研究工作，还是做媒体传播工作，无论进行文化产品的创作生产，还是各类文化成果的运用性工作，都要坚定宣传党的理论和路线方针政策，坚定宣传中央重大工作部署，坚定宣传中央关于形势的重大分析判断，坚决同党中央保持高度一致，坚决维护中央权威。任何一个党员、干部和党组织，如果在坚持党性这个根本问题上没有明确观点和立场，那就是政治上不合格，就没有做党的思想宣传工作最起码的资格。

坚持党性原则，一定要做到旗帜鲜明。习近平总书记指出，所有宣传思想部门和单位，所有宣传思想战线上的党员、干部都要旗帜鲜明坚持党性原则。习近平总书记针对意识形态的各个具体工作分别提出了要求。对于新闻媒体，他要求坚持"党管媒体"的原则不动摇，坚持政治家办报、办刊、办台、办新闻网站；要加强马克思主义新闻观教育，坚决反对西方所谓的"新闻自由"；要求坚持正面报道。坚持正确导向，弘扬社会正气。对于宣传工作方向，他要求增强党的意识，尽职尽责为党和人民事业服务；坚持什么、反对什么，说什么话、做什么事，都要符合党的要求，立场坚定，作风过硬。对于理论研究，他要求坚持马克思主义理论的指导，切实发挥好党校、干部学院、社会科学院、高校、理论学习中心组的作用。对于文化创作方面，他要求坚持"二为"方向和"双百"方针，不断推出更多更好健康有益的文化产品。在思想教育方面，他要求不断巩固宣传思想文化阵地，坚决同一切错误思想、错误言论和错误行为开展针锋相对、坚持不懈的斗争。

坚持人民性，就是要把实现好、维护好、发展好最广大人民根本利益，作为整个宣传思想工作的出发点和落脚点。习近平总书记强调，要在思想宣传工作中树立以人民为中心的工作导向，把服务群众同教育引导群众结合起来，把满足需求同提高素养结合起来，多宣传报道人民群众的伟大奋斗和火热生活，多宣传报道人民群众中涌现出来的先进典型和感人事迹，丰富人民精神世界，增强人民精神力量，提升人民精神层次，满足人民精神需求。

坚持党性和人民性，必须坚持一切从人民的根本利益出发的原则。习近平总书记特别批评了把党性和人民性对立起来的错误认识和做法。他指出，如果从某一级党组织来理解党性，或者从某一个阶层的具体利益、每一个具体人的个人利益来理解人民性，这些理解都是错误的。这不但会导致思想上的混乱，也会带来工作上的失误。比如，有些人借口要保护弱者，就自己充当起弱势群体的"代言人"，动辄以少数人的利益甚至是一个人的私利，来抵制、破坏全体人民的整体利益、根本利益。一些别有用心的人，借口保护个别群众的利益或私有财产，煽动不满情绪，挑动极少数人公然与党和政府维护全体人民利益的政策、举措相对抗。

针对上述情况，习近平总书记告诫我们，在意识形态工作中，一方面要保持头脑清醒，保持警惕，要坚持以全体人民整体、长远的根本利益为工作原则，不要被形形色色的"民粹主义"、无政府主义指导下的利益诉求所左右；另一方面，要通过宣传马克思主义关于人民性、人民利益的科学概念、科学观点，消除这些似是而非的，貌似代表弱者、代表人民利益的错误观点的消极影响。

第七节 加强党的意识形态工作，用马克思主义和中国特色社会主义理论体系教育人民

马克思指出："理论一经掌握群众，也会变成物质力量"，"理论只要说服人，就能掌握群众；而理论只要彻底，就能说服人"。① 习近平总书记深刻地指出："崇高信仰、坚定信念不会自发产生。要炼就'金刚不坏之身'，必须用科学理论武装头脑，不断培植我们的精神家园。"② 在新时代，加强党的意识形态工作，就是必须推进马克思主义中国化时代化大众化，建设具有强大凝聚力和引领力的社会主义意识形态，使全体人民在理想信念、价值理念、道德观念上紧紧团结在一起。要加强理论武装，推动习近平新时代中国特色社会主义思想深入人心。坚持不懈地用马克思主义和中国特色社会主义理论体系武装全党，

---

① 《马克思恩格斯文集》第 1 卷，人民出版社 2009 年版，第 11 页。

② 《习近平关于全面从严治党论述摘编》，中央文献出版社 2016 年版，第 61 页。

第六章　意识形态工作是党的一项极端重要的工作

教育人民，始终是我党各项工作的重要思想基础，做好意识形态工作也不例外。习近平总书记在全国宣传工作会议上强调，要深入开展中国特色社会主义宣传教育，加强马克思主义和中国特色社会主义理论体系为指导，把全国各族人民团结和凝聚在中国特色社会主义伟大旗帜之下。要加强社会主义核心价值体系建设，积极培育和践行社会主义核心价值观，全面提高公民道德素质，培育知荣辱、讲正气、作奉献、促和谐的良好风尚。

加强党的意识形态工作，关键要解决好如何用科学理论教育人民的问题。习近平总书记指出："要树立以人民为中心的工作导向，把服务群众同教育引导群众结合起来，把满足需求同提高素养结合起来，多宣传报道人民群众的伟大奋斗和火热生活，多宣传报道人民群众中涌现出来的先进典型和感人事迹，丰富人民精神世界，增强人民精神力量，满足人民精神需求。"[①] 只有把加强党的意识形态工作，落脚在用科学理论教育人民之上，才能不断增强人民的荣誉感、责任感、获得感，才能产生吸引力、感染力、影响力和生命力。

加强党的意识形态工作，就要教育人民牢固树立"四个意识"，增强"四个自信"，坚决维护党中央的政治权威。2016年1月29日，习近平总书记主持召开中央政治局会议时强调，只有增强政治意识、大局意识、核心意识、看齐意识，自觉在思想上政治上行动上与党中央保持

---

① 习近平：《习近平谈治国理政》第1卷，外文出版社2018年版，第154页。

高度一致，才能使我们党更加团结统一、坚强有力，始终成为中国特色社会主义事业的坚强领导核心。① 牢固树立"四个意识"，紧密团结在以习近平同志为核心的党中央周围，坚定不移维护党中央权威和党中央集中统一领导，这是我们党团结带领人民不断开创中国特色社会主义事业新局面的根本保证。2016年7月1日，习近平总书记在庆祝中国共产党成立95周年大会上指出："坚持不忘初心、继续前进，就要坚持中国特色社会主义道路自信、理论自信、制度自信、文化自信，坚持党的基本路线不动摇，不断把中国特色社会主义伟大事业推向前进。"② 增强"四个自信"，始终保持思想上的高度纯洁，对党绝对忠诚，坚决维护习近平总书记党中央的核心、全党的核心地位，坚决维护党中央权威和集中统一领导，更加扎实地把党中央各项决策部署落到实处，不断把中国特色社会主义伟大事业推向前进。用科学理论教育人民，就要不断增强对党的意识形态工作的认同。习近平总书记十分注重对意识形态工作认同，他要求广大青年要把理想信念建立在对科学理论的理性认同上，建立在对历史规律的正确认识上，建立在对基本国情的准确把握上，增强对坚持党的领导的信念，永远紧跟党高高举起中国特色社会主义

---

① 参见《审议〈中央政治局常委会听取和研究全国人大常委会、国务院、全国政协、最高人民法院、最高人民检察院党组工作汇报和中央书记处工作报告的综合情况报告〉》，《人民日报》2016年1月30日第1版。

② 习近平：《在庆祝中国共产党成立95周年大会上的讲话》，人民出版社2016年版，第12页。

伟大旗帜。① 认同就是认可和赞同，既有基本的了解，又有情感意识上的接纳。因为认同，便有了归属感；因为认同，便有了凝聚力；因为认同，便有了巨大力量。

一是加强社会主义和共产主义理想信念教育，坚定人民群众的信仰认同。习近平总书记指出："对马克思主义的信仰，对社会主义和共产主义的信念，是共产党人的政治灵魂，是共产党人经受住任何考验的精神支柱。"② 党员干部是维护和巩固社会主义意识形态的中流砥柱，增强人民群众对社会主义意识形态的认同，必须抓住党员干部这个"关键少数"，加强理想信念教育，使之成为广大人民群众的共同信仰和普遍追求。二是阐明马克思主义的真理性与科学性，提高人民群众的理论认同。习近平总书记认为："只有真正弄懂了马克思主义，才能在揭示共产党执政规律、社会主义建设规律、人类社会发展规律上不断有所发现、有所创造，才能更好识别各种唯心主义观点、更好抵御各种历史虚无主义谬论。"③ 坚持以马克思主义为指导，真学、真懂、真信、真用，使之成为广大人民群众的理论自觉和思想自觉。三是做好新闻舆论工作，讲好中国故事，增强人民群众的现实认同。习近平总书记强调："要牢牢坚持正确舆论导向，做到所有工作都有利于坚持

---

① 参见习近平《习近平谈治国理政》第1卷，外文出版社2018年版，第50页。

② 习近平：《习近平谈治国理政》第1卷，外文出版社2018年版，第15页。

③ 习近平：《在哲学社会科学工作座谈会上的讲话》，人民出版社2016年版，第11页。

中国共产党领导和我国社会主义制度，有利于推动改革发展，有利于增进全国各族人民团结，有利于维护社会和谐稳定。"① 历史和事实雄辩地证明：中国特色社会主义道路，走得对、走得好。新闻舆论工作要弘扬主旋律、传播正能量，切实增强广大人民群众对社会主义意识形态的现实认同。用科学理论教育人民，就要以社会主义核心价值观巩固价值认同。习近平总书记指出："我们要在全社会大力弘扬和践行社会主义核心价值观，使之像空气一样无处不在、无时不有，成为全体人民的共同价值追求，成为我们生而为中国人的独特精神支柱，成为百姓日用而不觉的行为准则。"② 广泛开展社会主义核心价值观宣传教育，就是要积极引导人们讲道德、尊道德、守道德，追求高尚的道德理想，不断夯实中国特色社会主义的思想道德基础。核心价值观是文化软实力的灵魂、文化软实力建设的重点，培育和弘扬社会主义核心价值观必须立足中华优秀传统文化，要发挥政策导向作用，使经济、政治、文化、社会等方方面面政策都有利于社会主义核心价值观的培育，切实把社会主义核心价值观贯穿于社会生活的方方面面。

用科学理论教育人民，推进党的意识形态工作不断与时俱进。经济基础不断发展变化，意识形态工作当然不能

---

① 《习近平总书记系列重要讲话读本（2016年版）》，学习出版社、人民出版社2016年版，第194—195页。

② 习近平：《在文艺工作座谈会上的讲话》，人民出版社2015年版，第23页。

停滞不前。今天，时代变化和我国发展的广度和深度远远超过了马克思主义经典作家当时的想象，在探索中必然会遇到越来越多的新情况、新问题。面对新的实践，面对马克思主义中国化时代化大众化的发展需要，要开辟21世纪马克思主义发展新境界，既要做到眼界宽阔，又要坚持问题导向，还要坚持同当代中国发展的具体实际相结合，用马克思主义中国化的最新成果教育人民、指导实践、推动工作。

正是因为我们党视意识形态工作为一项极端重要的工作，在领导中国人民进行伟大的革命和建设实践中始终坚持"两手抓、两不误、两促进"，才使得具有几百年历史的社会主义的科学主张在世界上人口最多的国家成功开辟出具有高度现实性和可行性的正确道路，让科学社会主义在21世纪焕发出新的蓬勃生机。

第七章

坚定理想信念，培育和践行社会主义核心价值观

马克思主义哲学不仅是基于自然规律和社会规律的一种真理性学说，也是立足工人阶级及广大劳动人民的根本利益，以实现全人类的彻底解放和人的自由全面发展为宗旨的价值观体系。它既要合理地"解释世界"，更要立足无产阶级和劳动人民的立场"改变世界"，实现真理性和价值性的实践统一。习近平新时代中国特色社会主义思想中关于坚定理想信念，培育和践行社会主义核心价值观，用富有时代气息的中国价值观凝聚中国力量等重要观点，对于全面推进中国特色社会主义伟大实践具有重要的理论和现实意义。

第一节 理想信念问题是一个极其重要的问题

理想、信念、信仰，既属于世界观的范畴，又属于价值观范畴。马克思主义理想、信念、信仰是真理性与价值性、世界观与价值观的高度统一。马克思主义的理想、信念、信仰是我们共产党人必须确立并终身践行的世界观、

第七章　坚定理想信念，培育和践行社会主义核心价值观

人生观和价值观。习近平总书记指出，理想和信念是相辅相成的统一体，理想是人们追求的目标，信念是人们朝着这个目标前进的意志和定力。理想崇高，才能坚定信念；信念坚定，才能坚守理想。他反复强调："理想信念是事业和人生的灯塔，决定我们的方向和立场，也决定我们的言论和行动。"①

对于理想、信念的世界观属性，习近平总书记有着极为深刻的认识。他在河北调研指导党的群众路线教育实践活动时明确提出，要坚定理想信念，切实解决好世界观、人生观和价值观这个"总开关"问题。理想信念就是共产党人精神上的"钙"，没有理想信念，理想信念不坚定，精神上就会"缺钙"，就会得"软骨病"。"总开关"问题没有解决好，这样那样的出轨越界、跑冒滴漏就在所难免。

习近平新时代中国特色社会主义思想中关于理想信念观点的一个重要理论特色，是不仅从世界观的维度，而且侧重于价值论的角度去阐述，实现了世界观和价值观的统一，从而丰富和发展了马克思主义哲学世界观和价值观。他从马克思主义执政党和整个民族的维度，阐述了理想信念的重要性，将理想信念教育作为思想建设的战略任务。他在党的十九大报告中指出："要把坚定理想信念作为党的思想建设的首要任务，教育引导全党牢记党的宗旨，挺起共产党人的精神脊梁，解决好世界观、人生观、价值观

---

① 习近平：《在党的十九届一中全会上的讲话》，《求是》2018年第1期。

这个'总开关'问题，自觉做共产主义远大理想和中国特色社会主义共同理想的坚定信仰者和忠实实践者。"① 他在参加河北省委常委班子专题民主生活会时强调，有一个道理要反复讲，就是党的干部必须永不动摇信仰，矢志不渝为中国特色社会主义共同理想而奋斗。就党和国家的发展大局而言，在抓好经济建设这个中心的同时，必须高度重视精神建设；就党的建设而言，在将权力关进制度的"笼子"的同时，必须补足理想信念的精神之"钙"；就党的执政策略而言，在坚实人民群众这一执政基础的同时，必须永不动摇崇高信仰这一强大精神支柱。

习近平总书记认为，在重视发展生产力、解决经济发展问题的同时，着重解决理想信念问题，这是一个极其重要的问题。必须要有一股精神力量凝聚全党、全国人民的党心、民心，这是坚持主流意识形态的指导问题、核心价值观的主导问题、理想信念的主心骨问题。只有解决好精神力量的指南问题、凝聚人心问题，才能统一全党、全国人民的思想和意志，才能解决好社会分配、社会公正和可持续发展的问题。

习近平总书记从国家、民族和政党这三个维度，系统论述了社会理想、民族理想和党的理想的一致性、科学性和极端重要性，构建和描绘了一个完整的理想信念体系。他反复讲，一个国家，一个民族，一个政党，任何时候任

---

① 习近平：《决胜全面建成小康社会 夺取新时代中国特色社会主义伟大胜利——在中国共产党第十九次全国代表大会上的报告》，人民出版社2017年版，第63页。

第七章　坚定理想信念,培育和践行社会主义核心价值观

何情况下都必须树立和坚持明确的理想信念。当今时代,各种思想文化交流交融交锋日益频繁,各个民族、各个国家之间在思想和价值方面的较量更加激烈。一个民族若没有深厚的精神力量,就不会形成强大的物质力量;一个国家若放弃对崇高理想信念的追求,即使社会怎么发展,经济怎么繁荣,也难以岿然屹立于世界。只有思想搞对头了,只有认识统一了,步调才能够一致。靠什么凝聚人心、提高人的精神力量?就是要靠马克思主义的立场、观点和方法,要靠理想信念,要靠"革命理想高于天"的理念。中华民族有一个特点,在最困难的时候、最关键的时刻,都有一个凝聚人心的东西,发挥着让中华民族克服困难、迎接挑战,进一步前进的作用。回眸从辛亥革命到现在,我们为什么把一个半殖民地半封建的社会,一个任人宰割的落后国家,建设成为今天这样一个生机勃勃的社会主义中国,就是靠着这种精神力量。

习近平总书记告诫我们,理想信念具有极其重要的作用,必须要时刻警惕和防止理想信念的动摇和滑坡。历史经验告诉我们,一个政党、一个政权的瓦解,往往始于思想领域,思想防线一旦被攻破,其他防线就随之土崩瓦解。理想信念动摇是最危险的动摇,理想信念"滑坡"是最危险的"滑坡"。这些危险的动摇表现为:对社会主义道路的前景丧失信心,一味追求西方社会制度和价值观念;在涉及党的领导和中国特色社会主义道路等原则性问题上搞"爱惜羽毛"那一套;在根本不了解马克思主义的情况下,常常以批评和嘲讽马克思主义为"噱头",等等。习近平总书记指出,判断一个党员干部是否合格,首要标

准就是理想信念是否坚定。一个党的干部，如果理想信念不坚定，即便能耐再大，也不是党需要的好干部。我们一定要从党和国家生死存亡的高度坚定理想信念，做到虔诚而执着、至信而深厚，在各种诱惑面前立场坚定，在大是大非面前旗帜鲜明，在风浪考验面前无所畏惧，在具有许多新的历史特点的伟大斗争中，永葆共产党人政治本色。

坚定理想信念是共产党人的灵魂和命脉。在中国共产党90多年的历史中，一代又一代的共产党人不惜流血牺牲，能够经受一次次挫折而又一次次奋进，归根结底是因为我们党有远大的理想和崇高的追求。坚定理想信念，坚守共产党人的追求，始终是共产党人安身立命的根本。习近平总书记在庆祝中国共产党成立95周年大会上的讲话中指出："坚持不忘初心、继续前进，就要牢记我们党从成立起就把为共产主义、社会主义而奋斗确定为自己的纲领，坚定共产主义远大理想和中国特色社会主义共同理想，不断把为崇高理想奋斗的伟大实践推向前进。"[①] 共产党人的心中始终要有共产主义这盏"明灯"。广大党员干部在想问题办事情时，固然要从具体的实际情况出发，但心中的理想信念和远大目标不能丢，否则就会迷失方向，成为功利主义和实用主义。这里不能丢的理想信念，不是脱离实际的理想主义，而是符合历史发展规律、顺应历史发展趋势的理想。

习近平总书记反复强调，坚定理想信念，要从我们走

---

① 习近平：《在庆祝中国共产党成立95周年大会上的讲话》，人民出版社2016年版，第10页。

第七章　坚定理想信念,培育和践行社会主义核心价值观

过的中国特色社会主义道路中去体会和认识。"这条道路,是中国共产党带领中国人民历经千辛万苦、付出巨大代价开辟出来的,是被实践证明了的符合中国国情、符合时代发展要求的正确道路。"① 中国特色社会主义既体现了党的最高纲领和基本纲领的统一,又符合中国社会历史发展的规律;它符合我们独特的文化传统、历史命运和基本国情,是名副其实的科学社会主义。我们要有这样的道路自信、理论自信、制度自信和文化自信,沿着中国特色社会主义道路走下去,一定能实现国家富强、民族振兴和人民幸福的中国梦。坚定理想信念,就要倍加珍惜好不容易才找到的这条道路,牢记我国现阶段的目标就是坚持和发展中国特色社会主义。

人民群众是党的力量源泉。共产党员讲理想信念,始终不能离开为人民服务这个根本。正如习近平总书记所说:"衡量一名共产党员、一名领导干部是否具有共产主义远大理想,是有客观标准的,那就要看他能否坚持全心全意为人民服务的根本宗旨。"② 人民群众是历史的创造者,我们的人民是伟大的人民,共产党员要始终把人民放在心中最高的位置,悟透群众是真正的英雄这个道理。丢了为人民服务这个根本,共产党员的理想信念就不坚定,就会出现这样那样的出轨越界、跑冒滴漏问题。形式主

---

　　① 习近平:《在庆祝中华人民共和国成立65周年招待会上的讲话》,2014年9月30日,人民网。
　　② 习近平:《习近平谈治国理政》第1卷,外文出版社2018年版,第23—24页。

义、官僚主义、享乐主义和奢靡之风等"四风"问题及其各种表现形式，都与理想信念、世界观、人生观和价值观的不坚定和缺失有联系。共产党员，特别是党的干部，就是要把为人民服务当作其天职，全心全意为人民服务，就是要诚心诚意为党和人民的事业而奋斗。

作为对客观现实的自觉反映，理想信念具有客观性与现实性。衡量党员干部是否具有共产主义远大理想是有客观标准的。习近平总书记深刻地将其归结为"四个能否"，即，能否坚持全心全意为人民服务的根本宗旨，能否吃苦在前、享受在后，能否勤奋工作、廉洁奉公，能否为理想而奋不顾身去拼搏、去奋斗、去献出自己的全部精力乃至生命。上述四个客观标准的提出，具有很强的方法论意义，能够指导广大共产党员更好地开展现实活动。"四个能否"所阐述的党员干部在思想、行动、作风、精神等方面应该具备的态度和立场，正是党员干部保持先进性和纯洁性的必然要求。我们共产党人要以"四个能否"为方法论依据，以思想建设为根本、以党性教育为核心、以道德建设为基础，为实现共产主义远大理想而不懈奋斗。

要抓好思想建设这一根本，把理想信念建立在对科学理论的理性认同上，建立在对历史规律的正确认识上。马克思主义作为科学的理论，是对人类社会发展历史规律的正确认识，它科学阐述的共产主义决不是虚无缥缈的。习近平总书记指出，要把坚定理想信念同学习掌握马克思主义理论紧密联系起来，坚持用马克思主义立场、观点和方法去认识世界、改造世界。党员干部通过学习马克思主义理论确立共产主义理想，就是要认真学习马克思主义经典著作，老老实实、原原本本地研读，真正地把学习掌握马克思主义理论作为看家本领，培育我们的精神家园。

要抓好党性教育这一核心，把弘扬党的优良传统和作风，同理想信念紧密联系起来，牢固树立正确的世界观、权力观、事业观。习近平总书记提出，对于党员干部来说，党性就是最大的德。党员干部出现问题，主要是出在党性薄弱上。党性教育要始终紧扣理想信念，要紧密联系历史与现实，提炼党的优良传统的现实价值。党员干部要充分学习党的历史，认清中国革命和建设的历史就是党领导人民为了理想不懈奋斗的历史。他强调要深刻理解"灭人之国，必先去其史"的古训，把对中国革命史的态度问题当成一个重大的政治问题，坚决捍卫党的历史。

要抓好道德建设这一基础，正确处理好"公"与"私"的关系，将坚定理想信念和注重道德修养结合起来，形成正确的是非观、义利观、权力观、事业观。习近平总书记指出，党员干部必须以"君子检身，常若有过"的态度，不断提高道德修养，时刻注意以德修身、以德立威、以德服众，在道德修养方面成为民众的表率。一个思想上、政治上保持先进性，具有真理力量的党，必然是一个保持高尚道德情操、具有人格力量的党。一个理想信念坚定的人，必然会注重道德修养；一个道德品质高尚的人，必然有坚定的理想信念。

党员干部要树立正确的人生观，坚定理想信念，提高道德水平，激发为社会主义和共产主义的崇高事业而奋斗的勇气和力量。习近平总书记多次强调："全党同志一定要坚守共产党人精神家园，把改造客观世界和改造主观世界结合起来,切实解决好世界观、人生观、价值观问题,练就共产党人的钢筋铁骨,铸牢坚守信仰的铜墙铁壁,矢志不渝为中国特色社会主义共同理想而奋斗。"① 一个有理想的人,应该看清历史发展的规律,树立正确的人生观,明确人生的意义、价值和目标,给个体的自我实现找到正确的方向,使个体的存在成为社会整体的一个和谐因素,做一个高尚的人,一个纯粹的人,一个有道德的人,一个脱离了低级趣味的人,一个有益于人民的人。只有明确了这些问题,党员干部才能够树立正确的事业观、权力观、金钱观、婚姻观,正确地对待生活中遇到的各种问题和挑战,才能更好地处理自己与他人、个人与社会的关系,更好地融入推进社会发展与进步中去。

第二节 实现共产主义远大理想和中国特色社会主义共同理想的高度统一

理想作为人们的世界观的集中反映,作为人们的精神支柱和力量源泉,有着不同的层次和类型。共产主义远大理想是共产党依据社会发展的客观规律对未来社会发展趋势所做的科学判断,规定了人类社会发展的最终目标或长远目标,从思想上鼓舞人们不懈追求和奋斗。共产主义社会是人类社会发展的最高级的社会形态。在共产主义社会里,每个人将得到自由而全面的发展,整个人类获得彻底

---

① 习近平:《在纪念陈云同志诞辰110周年座谈会上的讲话》,人民出版社2015年版,第6页。

第七章 坚定理想信念,培育和践行社会主义核心价值观

的解放和自由,从必然王国进入自由王国。中国特色社会主义共同理想是指坚持中国特色的社会主义,把我国建设成为富强民主文明和谐美丽的社会主义现代化国家的伟大目标、追求和愿景。它既是对人类社会发展必然规律的客观概括,又是对中国社会发展规律的正确认识,也是中国人民共同利益和愿望的根本体现。

党的十八大以来,习近平总书记不断强调,把践行中国特色社会主义共同理想和坚定共产主义远大理想统一起来,深刻揭示了远大理想和共同理想的科学性及现实性,高度诠释了远大理想和共同理想的辩证关系,明确提出了中华民族伟大复兴的中国梦,为实现远大理想和共同理想的高度统一奠定了坚实的思想理论基础。

共产主义远大理想的形成和发展,有着其自身的科学性和必然性。习近平总书记多次强调共产主义取代资本主义的历史必然性。他指出,马克思、恩格斯对未来社会主义社会的设想主要是理论上的,如何付诸实践,是后来人的使命。共产主义远大理想同空想的区别在于,现实中是否有客观的依据,而非人们"见过"或"没有见过"。马克思主义认为,共产主义是历史地从资本主义中发展出来的,是资本主义的社会基本矛盾、资本主义内部所产生的社会力量发生作用的必然结果。对于未来的共产主义社会,马克思主义只是指出其发展趋势和基本特征,历来反对幻想式地预测未来。正是因为具有这种严格的科学性,我们共产党人没有陷入空想,而是脚踏实地向着共产主义远大理想前行。人民民主专政的新中国、基本建成小康社会、中国特色社会主义道路,都是在它们各自此前"没人

见过"的理想，但它们都已经由中国共产党带领中国人民不懈奋斗而成为现实。马克思主义指导下确立的奋斗目标一个接着一个从理想变成现实，这是亿万中国人民的实践对共产主义理想必然实现的最强有力的证明。

共产主义远大理想的科学性及必然性，并不意味着它是很容易实现的，而是一个漫长的过程。这个漫长的过程不是对其科学性及必然性的否定，而恰恰是最好的证明。习近平总书记指出："共产主义决不是'土豆烧牛肉'那么简单，不可能唾手可得、一蹴而就，但我们不能因为实现共产主义理想是一个漫长的过程，就认为那是虚无缥缈的海市蜃楼，就不去做一个忠诚的共产党员。"[①] 我们要坚决反对"共产主义是遥遥无期的""共产主义是渺茫的幻想""共产主义没有经过实践检验"等各种错误的观点。

中国特色社会主义共同理想，首先是有着明确的社会发展状态的理想。习近平总书记指出："如果一个社会没有共同理想，没有共同目标，没有共同价值观，整天乱哄哄的，那就什么事也办不成。"[②] 其次，它是一个具体的阶段性理想，是一定历史时期人们所普遍追求的比较贴近的理想目标。习近平总书记多次强调，在现阶段，共同理想是发展中国特色社会主义，为实现"两个一百年"的"两个建成"而奋斗。最后，它是全体中国人民都可以认同和

[①] 习近平：《做焦裕禄式的县委书记》，中央文献出版社2015年版，第5页。

[②] 习近平：《习近平谈治国理政》第2卷，外文出版社2017年版，第335页。

追求的共同的理想，因为它代表和反映了中国社会最广大人民群众的根本利益，为广大群众所认同和接受。这正如习近平总书记所说，中国梦归根到底是人民的梦，必须紧紧依靠人民来实现，必须不断为人民造福。

共产主义远大理想和中国特色社会主义共同理想，是最高理想与阶段理想的关系，二者相辅相成、相互促进、有机联系和统一。习近平总书记指出，实现共产主义是共产党员的最高理想，它需要一代又一代的人接力奋斗。坚持和发展中国特色社会主义，就是向着最高理想所进行的实实在在的努力。

基于对共产主义远大理想和中国特色社会主义共同理想的关系的深刻把握，习近平总书记不断强调，要凝聚在中国特色社会主义共同理想的旗帜下，为早日实现共产主义理想而不懈奋斗。共产主义远大理想和中国特色社会主义共同理想的辩证关系，或者内在一致性，一方面体现为共产主义远大理想是中国特色社会主义共同理想的思想基础、最高原则和最终目的，它指引着中国特色社会主义共同理想的发展方向。在实现中国特色社会主义共同理想和中国特色社会主义道路的过程中，我们随时都不能忘记和背离共产主义远大理想的方向。另一方面，中国特色社会主义共同理想是共产主义远大理想的前提条件，它体现了马克思主义基本原理和中国国情的结合，因而成为实现共产主义理想的重要环节和必经阶段。任何将共产主义远大理想和中国特色社会主义共同理想割裂开来甚至对立起来的做法，都是片面的、错误的。习近平总书记告诫我们，在树立共产主义远大理想，坚定信念，拒绝因只顾眼前利益而迷失方向的同时，还要清楚地认识到共产主义远大理想的实现需要一代又一代人经过长期奋斗才能实现。他要求我们，要坚决同割裂远大理想和共同理想的做法作斗争，坚决抵制抛弃社会主义的各种错误主张，自觉纠正超越阶段的错误观念和政策措施。只有这样，才能真正做到既不妄自菲薄也不妄自尊大，扎扎实实夺取中国特色社会主义新胜利。

在认清共产主义远大理想和中国特色社会主义共同理想辩证关系的同时，共产党员还应当将理想和实践结合起来。没有远大理想，不是合格的共产党员；离开现实工作而空谈远大理想，也不是合格的共产党员。社会主义初级阶段是当代中国最大的国情、最大的实际。把马克思主义同当代中国实际相结合，就是同这个实际相结合，并提出符合这个实际的纲领，制定符合这个实际的基本路线。建设中国特色社会主义就是这样的纲领，"一个中心、两个基本点"的基本路线就是这样的路线。习近平总书记指出："党在社会主义初级阶段的基本路线是党和国家的生命线。我们在实践中要始终坚持'一个中心、两个基本点'不动摇，既不偏离'一个中心'，也不偏废'两个基本点'，把践行中国特色社会主义共同理想和坚定共产主义远大理想统一起来。"[①] 这就是说，牢牢把握社会主义初级阶段的基本路线，建设中国特色社会主义，是马克思主

[①] 习近平：《紧紧围绕坚持和发展中国特色社会主义 学习宣传贯彻党的十八大精神——在十八届中共中央政治局第一次集体学习时的讲话》，人民出版社2012年版，第6页。

义科学社会主义在当代中国的实践,而不是像有人说的,是什么和科学社会主义不同的、独立的社会主义。它的发展前途是经过社会主义初级阶段,走向一级比一级高的阶段,最终从社会主义走向共产主义。我们必须具有这样的信心。为此,就要树立中国特色社会主义共同理想和共产主义远大理想相统一的思想,明了做好现阶段的工作和下阶段目标的联系,把社会主义初级阶段的基本路线的内容作为统一的整体,在实践中毫不偏离地贯彻执行。

中国梦是远大理想和共同理想的有机统一。党的十八大以来,以习近平同志为核心的党中央在继续坚持共产主义远大理想和中国特色社会主义共同理想的基础上,高瞻远瞩地提出了实现伟大中国梦的目标,论述了中国梦的内涵实质、历史逻辑、世界历史意义和实现路径,真正体现了共产主义远大理想和共同理想的有机统一。2012年11月29日,习近平总书记在参观"复兴之路"展览时首次提出了中国梦的概念,发出了凝聚人心、鼓舞人心的时代强音。在十二届全国人民代表大会第一次会议上,他对中国梦的概念作了完整诠释,即"实现国家富强、民族振兴、人民幸福"。

习近平总书记指出,实现中华民族伟大复兴,是中华民族近代以来最伟大的梦想。这个梦想,凝聚了几代中国人的夙愿,体现了中华民族和中国人民的整体利益,是每一个中华儿女的共同期盼。历史告诉我们,每个人的前途命运都与国家和民族的前途命运紧密相连。国家好,民族好,大家才会好。这是对中华民族悠久文明传承规律的深刻把握,是对近代以来中华民族发展历程和社会主义现代化必然走向的深刻揭示。

回顾历史可以发现，寻找实现梦想的道路是一个艰难曲折的过程。在经历了多次失败的探索之后，苦难深重的中国终于迎来了中国共产党的诞生。中国共产党自诞生之日起，肩负的使命和责任就是双重的：挽救民族危亡，实现民族复兴。由此开始，中国共产党领导全体中国人民在民族复兴的道路上不断前行。如今，中国共产党团结带领全国各族人民90多年矢志不渝追求中国梦的奋斗历程，已经结出累累硕果：我国经济总量已跃居世界第二位，综合国力极大增强，国际地位显著提升，在国际事务中发挥着不可替代的重要作用；一个自信的、充满生机活力的强大中国再次成为世界瞩目的焦点。在新的历史起点上，习近平总书记提出的中国梦，体现了我们党对中华民族近现代发展历史逻辑的科学把握，彰显了中国共产党在民族复兴道路上所取得的丰功伟绩，抒发了中国共产党为人民谋福利、为民族图富强的壮志豪情，展示了中国共产党人的道路自信、理论自信、制度自信和文化自信，体现了中国共产党人的共产主义理想与中国特色社会主义共同理想的高度统一。

习近平总书记不仅明确了中国梦的实质内涵和历史逻辑，而且深刻地诠释了它的世界历史意义及实现路径。他强调："中国发展壮大，带给世界的是更多机遇而不是什么威胁。我们要实现的中国梦，不仅造福中国人民，而且造福各国人民。"[①] 历史和实践证明，中国梦的实现有利于

---

① 习近平：《习近平谈治国理政》第1卷，外文出版社2018年版，第275页。

第七章　坚定理想信念，培育和践行社会主义核心价值观

促进世界和平与发展，具有重要的世界历史意义。

中国梦是和平发展之梦。中华民族伟大复兴，是在不懈反抗外部侵略、争取民族独立、捍卫国家统一、维护世界和平的斗争中艰难前行的。这决定了中华民族的伟大复兴必将走一条和平发展之路。与此同时，实现了民族复兴的中国，也必将是维护世界和平发展的一支重要力量。中国梦是造福世界之梦。中华民族伟大复兴，不是闭关自守、抱残守缺，而是以包容开放的心态，从世界不同文明中汲取一切有利于中华民族复兴的智慧，坚持以我为主、为我所用，造福中华民族，造福全人类。中国梦是推动人类进步之梦。随着经济社会迅速发展，我国对世界经济增长的贡献越来越大，也为各国经济发展提供了广阔空间，已经成为世界经济增长的一个重要引擎。历史已经证明并将继续证明，在中国共产党的坚强领导下，中国梦一定会如期实现。实现中国梦的进程，就是中华民族对人类发展进步做出贡献的进程。

习近平总书记强调，实现中国梦，必须走中国特色社会主义道路，必须弘扬以爱国主义为核心的民族精神和以改革创新为核心的时代精神，必须凝聚中国各族人民大团结的中国力量。这为我们团结一心、奋力实现中国梦指明了科学路径。

马克思列宁主义、毛泽东思想和中国特色社会主义理论体系是实现中国梦的理论指南。在经济全球化的时代背景下，实现中国梦既充满难得机遇，也面临严峻挑战。这就要求我们坚持以马克思列宁主义、毛泽东思想和中国特色社会主义理论体系为指导，将马克思主义基本原理同我

国具体实际相结合，不断推进实践基础上的理论创新，不断推进马克思主义中国化、时代化、大众化，为实现中国梦提供强大理论指引。

中国共产党的坚强领导是实现中国梦的根本保证。中国共产党坚持全心全意为人民服务的根本宗旨，把以人为本、执政为民作为一切工作的出发点和落脚点，使党的执政活动与全国各族人民的根本利益紧密相连，将党的前途命运与中华民族伟大复兴的历史进程紧密相连。只有坚持中国共产党的领导，不断提高党的领导水平和执政水平，才能为中国梦的实现提供可靠的组织保证。

中国特色社会主义道路是实现中国梦的正确道路。这条道路是从中华人民共和国成立近70年特别是改革开放40年的艰辛探索和伟大实践中走出来的，具有强大的理论支撑、深厚的历史底蕴和牢固的实践基础，是中华民族在"逐梦之旅"中必须坚持的唯一正确道路。我们要进一步增强对中国特色社会主义的道路自信、理论自信、制度自信、文化自信，坚定不移地沿着中国特色社会主义道路奋勇前进。

以爱国主义为核心的民族精神和以改革创新为核心的时代精神是实现中国梦的精神动力。民族复兴之路充满了各种艰难险阻，没有对民族的热爱、没有为民族复兴而开拓创新的精神，民族复兴大业的实现将遥遥无期。爱国主义是中华民族精神的核心，是团结中华儿女的精神支撑。中国道路未来仍然会面临各种风险和挑战，唯有通过改革创新才能真正解决。我们必须永远保持逢山开路、遇河架桥的精神，大力发扬敢于啃硬骨头、敢于涉险滩的精神，不断推进中国特色社会主义理论创新、实践创新、制度创新。

第三节　培育和践行社会主义核心价值观，夯实中国特色社会主义的思想道德基础

　　文化是一个民族的灵魂，价值观是文化的核心。文化自信是一个国家、一个民族发展中更基本、更深沉、更持久的力量。社会主义核心价值观是马克思主义中国化的重要成果。积极培育和践行社会主义核心价值观，是用马克思主义中国化理论成果武装全党、教育人民的重要内容，是加强党的意识形态工作、推进社会主义精神文明建设的重要举措。特别是在当前社会思潮多样和价值多元的条件下，培育和践行社会主义核心价值观对凝聚全党全国人民团结奋斗的共同思想基础具有重要作用。

　　社会主义核心价值观是中国共产党领导全国人民在继承优秀传统文化，借鉴人类文明优秀成果，特别是在革命、建设、改革中逐步形成和发展起来的价值观念。它反映了中国特色社会主义的本质规定，承载着中华民族的精神追求，体现着一个社会评判是非曲直的价值标准。

　　任何价值观都是一定时代的产物。习近平总书记指出："每个时代都有每个时代的精神，每个时代都有每个时代的价值观念。"① 国有四维，礼义廉耻，"四维不张，

---

①　习近平：《青年要自觉践行社会主义核心价值观——在北京大学师生座谈会上的讲话》，人民出版社2014年版，第4页。

国乃灭亡"。这是中国先人对当时核心价值观的认识。当代中国应该坚守什么样的核心价值观？这是一个理论问题，也是一个实践问题。习近平总书记指出："经过反复征求意见，综合各方面认识，我们提出要倡导富强、民主、文明、和谐，倡导自由、平等、公正、法治，倡导爱国、敬业、诚信、友善，积极培育和践行社会主义核心价值观。富强、民主、文明、和谐是国家层面的价值要求，自由、平等、公正、法治是社会层面的价值要求，爱国、敬业、诚信、友善是公民层面的价值要求。这个概括，实际上回答了我们要建设什么样的国家、建设什么样的社会、培育什么样的公民的重大问题。"① 社会主义核心价值观与中国特色社会主义发展要求相契合，与中华优秀传统文化和人类文明优秀成果相承接，是"当代中国价值观念"，即中国特色社会主义价值观念，代表了中国先进文化的前进方向。

社会主义核心价值观是凝聚全党全社会价值共识做出的重要论断，是中国共产党立足推进中国特色社会主义伟大事业、实现中华民族伟大复兴中国梦的全局做出的重大决策。习近平总书记强调，必须"把培育和弘扬社会主义核心价值观作为凝魂聚气、强基固本的基础工程，……不断夯实中国特色社会主义的思想道德基础"②。改革开放以

---

① 习近平：《青年要自觉践行社会主义核心价值观——在北京大学师生座谈会上的讲话》，人民出版社2014年版，第4—5页。
② 习近平：《习近平谈治国理政》第1卷，外文出版社2018年版，第163页。

第七章　坚定理想信念，培育和践行社会主义核心价值观

来，由于经济体制深刻变革，社会结构深刻变动，利益格局深刻调整，人们的价值诉求和价值观出现了多样化的局面，价值矛盾和价值冲突日益激烈。面对世界范围思想文化交流交融交锋形势下价值观较量的新态势，面对改革开放和发展社会主义市场经济条件下思想意识多元多样多变的新特点，必须"确立反映全国各族人民共同认同的价值观'最大公约数'，使全体人民同心同德、团结奋进，关乎国家前途命运，关乎人民幸福安康"。培育和弘扬核心价值观，有效整合社会意识，是社会系统得以正常运转、社会秩序得以有效维护的重要途径，也是国家治理体系和治理能力的重要方面。历史和现实都表明，构建具有强大感召力的核心价值观，关系社会和谐稳定，关系国家长治久安。

建设富强民主文明和谐美丽的社会主义现代化国家，实现中华民族伟大复兴，是鸦片战争以来中国人民最伟大的梦想，是中华民族的最高利益和根本利益。习近平总书记多次讲："富强、民主、文明、和谐，自由、平等、公正、法治，爱国、敬业、诚信、友善，传承着中国优秀传统文化的基因，寄托着近代以来中国人民上下求索、历经千辛万苦确立的理想和信念，也承载着我们每个人的美好愿景。"① 建设中国特色社会主义、实现中华民族伟大复兴的中国梦，既包括发展物质文明这一"硬实力"，同时也包括发展精神文明这一"软实力"。正如习近平总书记所

---

① 习近平：《习近平谈治国理政》第 1 卷，外文出版社 2018 年版，第 169 页。

说:"核心价值观是文化软实力的灵魂、文化软实力建设的重点。这是决定文化性质和方向的最深层次要素。一个国家的文化软实力,从根本上说,取决于其核心价值观的生命力、凝聚力、感召力。"① 当今世界,文化软实力越来越成为民族凝聚力和创造力的重要源泉,越来越成为综合国力和国际竞争力的重要因素。只有培育社会主义核心价值观,增强中华民族的文化软实力,才能在激烈的国际竞争中赢得主动,傲然屹立于世界民族之林。

培育和践行社会主义核心价值观,既要传承中华民族传统核心价值观的精髓,凸显中国特色、中国风格、中国气派,又要承接全人类共同的文明成果,凸显世界潮流、国际视野、全球共识,坚持普遍性和特殊性、世界性和民族性的辩证统一。只有这样,社会主义核心价值观才能高举全人类共同的文明成果的大旗,站在人类价值观的制高点,既不断推进自身建设,又为人类文明发展增添新内容,做出新贡献。

践行社会主义核心价值观必须内化于心、外化于行。核心价值观既是人们的精神支柱,也是行动向导。实现"两个一百年"的奋斗目标,实现中华民族伟大复兴的中国梦,必须积极培育社会主义核心价值观,构建全体人民广泛的价值共识和共同的价值追求,不断巩固全党全国各族人民团结奋斗的共同思想基础,凝聚起实现中华民族伟大复兴中国梦的强大精神力量。习近平总书记指出:"我

---

① 习近平:《习近平谈治国理政》第1卷,外文出版社2018年版,第163页。

第七章　坚定理想信念,培育和践行社会主义核心价值观

们倡导的富强、民主、文明、和谐,自由、平等、公正、法治,爱国、敬业、诚信、友善的社会主义核心价值观,体现了古圣先贤的思想,体现了仁人志士的夙愿,体现了革命先烈的理想,也寄托着各族人民对美好生活的向往。只要是中国人,就应该自觉培育和践行社会主义核心价值观。"①

习近平总书记强调,一种价值观要真正发挥作用,必须融入社会生活,让人们在实践中感知它、领悟它。培育和践行社会主义核心价值观,必须与人们的日常生活紧密联系起来,在落细、落小、落实上下功夫。要切实把社会主义核心价值观贯穿于社会生活方方面面,"要通过教育引导、舆论宣传、文化熏陶、实践养成、制度保障等,使社会主义核心价值观内化为人们的精神追求,外化为人们的自觉行动"②。要把核心价值观融入制度建设、法律法规制定和治理实践中,努力形成科学有效的诉求表达机制、利益协调机制和权益保障机制,通过发挥政策、法规的导向和约束作用,使符合核心价值观的行为得到鼓励、违背核心价值观的行为受到制约。要把核心价值观融入各行各业的实际工作,健全各行各业规章制度,完善市民公约、乡规民约、学生守则等行为准则,使社会主义核心价值观成为人们日常工作生活的基本遵循,形成一种使各行各业工作与核心价值观建设同频共振、同向同行的强大正效

---

① 习近平:《习近平谈治国理政》第1卷,外文出版社2018年版,第181页。

② 同上书,第164页。

应。要把社会主义核心价值观的要求融入各种精神文明创建活动之中，吸引群众广泛参与，推动人们在为家庭谋幸福、为他人送温暖、为社会做贡献的过程中提高精神境界、培育文明风尚。要把核心价值观融入人民群众的日常生活，"利用各种时机和场合，形成有利于培育和弘扬社会主义核心价值观的生活情景和社会氛围，使核心价值观的影响像空气一样无所不在、无时不有"，达到"百姓日用而不知"的效果。

培育和践行社会主义核心价值观，要"坚持联系实际，区分层次和对象，加强分类指导，找准与人们思想的共鸣点、与群众利益的交汇点，做到贴近性、对象化、接地气"。要有针对性地设计载体、搭建平台，不断提高工作的吸引力和实效性。

一是运用先进典型宣传。"榜样的力量是无穷的。"这些年，重大典型、道德楷模、最美人物、身边好人等宣传产生了非常好的效果，尤其是中央电视台连续十多年开展的"感动中国人物年度评选"活动，在全社会引起了极大反响，产生了良好的社会影响。二是运用各类文化形式，充分发挥好文化、文艺的教育功能，润物细无声，用高质量高水平的作品形象地告诉人们什么是真善美，什么是假恶丑，什么是值得肯定和赞扬的，什么是必须反对和否定的。三是通过建立和规范一些礼仪制度，开展有庄严感的典礼，如升国旗仪式、成人仪式、入党入团入队入学仪式等，同时利用重大纪念日、祭奠日、民族传统节日等开展有教育意义的纪念活动，传播主流价值，增强人们的认同感和归属感。四是充分运用现代技术手段，充分运用微博、微信、微视和微电影等方式,根据"微时代"媒体传播的新特点,努力在"微"字上下功夫,不断扩大社会主义核心价值观的网上传播和宣传力度。

培育社会主义核心价值观是全社会的共同责任,需要全体社会成员的广泛参与。注意抓住两个重点群体:其一是党员干部。干部是群众的"领头羊",干部带了头群众才能有劲头。广大党员干部必须带头学习和弘扬社会主义核心价值观,用自己的先进思想、模范行为和高尚人格感召群众、带动群众。其二是广大青少年群体。习近平总书记指出:"青年的价值取向决定了未来整个社会的价值取向,而青年又处在价值观形成和确立的时期,抓好这一时期的价值观养成十分重要。"[1] 培育社会主义核心价值观须从小抓起、从学校抓起,切实把社会主义核心价值观纳入国民教育总体规划,做到进教材、进课堂、进头脑,形成家庭、社会与学校携手育人的强大合力。

第四节 继承中华优秀传统文化,用富有时代气息的中国价值观凝聚中国力量

中华优秀传统文化是中华民族的"根"和"魂",培育和弘扬社会主义核心价值观,必须立足中华优秀传统文化。习近平总书记高度重视中华优秀传统文化,并将其作为培育社会主义核心价值观的重要源泉。他反复讲,中华

---

[1] 习近平:《青年要自觉践行社会主义核心价值观——在北京大学师生座谈会上的讲话》,人民出版社2014年版,第9页。

>> 开辟当代马克思主义哲学新境界

优秀传统文化积淀着中华民族最深沉的精神追求，包含着中华民族最根本的精神基因，代表着中华民族独特的精神标识，是中华民族生生不息、发展壮大的丰富滋养。中华民族的伟大复兴需要以中华文化发展繁荣为条件，必须结合新的时代条件传承和弘扬好中华优秀传统文化。

文化是一个国家和民族的灵魂和血脉。国家的强盛、民族的振兴，总是以文化兴盛为支撑的。没有文明的继承和发展，没有文化的弘扬和繁荣，就没有中国梦的实现。中华民族之所以历经磨难而巍然屹立于世界民族之林，中华文明之所以历经5000多年仍具有旺盛的生命力，重要原因就在于其拥有博大精深的中华优秀传统文化。关于中华优秀传统文化的历史定位，习近平总书记有着深刻的理解，并为此提出了"四个讲清楚"，即"宣传阐释中国特色，要讲清楚每个国家和民族的历史传统、文化积淀、基本国情不同，其发展道路必然有着自己的特色；讲清楚中华文化积淀着中华民族最深沉的精神追求，是中华民族生生不息、发展壮大的丰厚滋养；讲清楚中华优秀传统文化是中华民族的突出优势，是我们最深厚的文化软实力；讲清楚中国特色社会主义植根于中华文化沃土、反映中国人民意愿、适应中国和时代发展进步要求，有着深厚历史渊源和广泛现实基础"。① 这"四个讲清楚"之间是互相联系的，不仅体现了历史和文化发展的一般规律，还具有中华文化特别是中华优秀传统文化的针对性。

---

① 习近平：《习近平谈治国理政》第1卷，外文出版社2018年版，第155—156页。

第七章　坚定理想信念，培育和践行社会主义核心价值观

中华优秀传统文化是中华民族生生不息、发展壮大的丰厚滋养。包括儒家思想在内的中国传统思想文化中的优秀成分，对中华文明形成并延续发展几千年而从未中断，对形成和维护中国团结统一的政治局面，对形成和丰富中华民族精神，对激励中华儿女维护民族独立、反抗外来侵略，对推动中国社会发展进步、促进中国社会利益和社会关系平衡，都发挥了十分重要的作用。正如习近平总书记所说："中国是有着悠久文明的国家。在世界几大古代文明中，中华文明是没有中断、延续发展至今的文明，已经有5000多年历史了。我们的祖先在几千年前创造的文字至今仍在使用。2000多年前，中国就出现了诸子百家的盛况，老子、孔子、墨子等思想家上究天文、下穷地理，广泛探讨人与人、人与社会、人与自然关系的真谛，创立了博大精深的思想体系。他们提出的很多理念，如孝悌忠信、礼义廉耻、仁者爱人、与人为善、天人合一、道法自然、自强不息等，至今仍然深深影响着中国人的生活。中国人看待世界、看待社会、看待人生，有自己独特的价值体系。中国人独特而悠久的精神世界，让中国人具有很强的民族自信心，也培育了以爱国主义为核心的民族精神。"[1] 正是历史悠久的中华优秀传统文化，孕育了中华民族宝贵的精神品格，支撑着中华民族生生不息、薪火相传。

---

[1] 习近平：《出席第三届核安全峰会并访问欧洲四国和联合国教科文组织总部、欧盟总部时的演讲》，人民出版社2014年版，第41—42页。

中华优秀传统文化是中华民族最深厚的文化软实力。文化软实力集中体现了一个国家基于文化而具有的凝聚力和生命力，以及由此产生的吸引力和影响力。古往今来，任何一个大国的发展进程，既是经济总量、军事实力等硬实力提高的过程，也是价值观念、思想文化等软实力提高的过程。中华民族在悠久的发展历程中能够一直保持着蓬勃的生机和旺盛的活力，离不开其价值观念和思想文化等软实力，特别是中华优秀传统文化的不断提升。习近平总书记强调，中国传统文化，尤其是作为其核心的思想文化的形成和发展，大体经历了中国先秦诸子百家争鸣、两汉经学兴盛、魏晋南北朝玄学流行、隋唐儒释道并立、宋明理学发展等几个历史时期。在这两千多年的绵延发展中，儒家思想和其他学说始终处于和而不同的局面，都是与时迁移、应物变化的，都是顺应中国社会发展和时代前进的要求而不断发展更新的，因而具有长久的生命力。它们坚持经世致用原则，注重发挥文以化人的教化功能，把对个人、社会的教化同对国家的治理结合起来，达到相辅相成、相互促进的目的。

中华优秀传统文化是中国特色社会主义所根植的沃土。中国传统文化中虽然不乏保守和落后的部分，但其精华部分高度凝聚了中华民族文化发展史上的各种文明智慧与精神力量，显示出华夏五千年文明史中不同时代的人们行为方式、风俗习惯、价值观念及其文化心理，是对中华民族思想文化实践经验的概括、总结与提炼。中国社会主义革命和建设的历史表明，中国传统文化中所蕴含的民族精神培育和激发了我国人民与时俱进、开拓进取、求真务实、

第七章 坚定理想信念,培育和践行社会主义核心价值观

奋勇争先的精神品质,依靠它,我们战胜了各种艰难险阻、经受了各种严峻考验、取得了辉煌业绩、开辟了新的征程。中国特色社会主义道路既坚持了科学社会主义的基本原则,又与中国的具体实际和优秀传统文化相结合。正如习近平总书记所指出的:"中华民族创造了源远流长的中华文化,中华民族也一定能够创造出中华文化新的辉煌。独特的文化传统,独特的历史命运,独特的基本国情,注定了我们必然要走适合自己特点的发展道路。对我国传统文化,对国外的东西,要坚持古为今用、洋为中用、去粗取精、去伪存真,经过科学的扬弃后使之为我所用。"[①]

中华优秀传统文化的深厚底蕴,决定了中国的社会主义事业必然有着鲜明的中国特色。在当前社会意识形态和社会价值观日趋多元的情况下,我们要坚持马克思主义的指导地位,汲取中华优秀传统文化的精华,深入挖掘其讲仁爱、重民本、守诚信、崇正义、尚和合、求大同思想的时代价值,凝心聚力,为实现中华民族伟大复兴的中国梦提供强大的内生力量。党的十八大以来,习近平总书记系统阐述了中华优秀传统文化的时代价值,他指出:"包括儒家思想在内的中国优秀传统文化中蕴藏着解决当代人类面临的难题的重要启示","中国优秀传统文化的丰富哲学思想、人文精神、教化思想、道德理念等,可以为人们认识和改造世界提供有益启迪,可以为治国理政提供有益启示,也可以为道德建设提供有益启发。对传统文化中适合

---

① 习近平:《习近平谈治国理政》第1卷,外文出版社2018年版,第156页。

于调理社会关系和鼓励人们向上向善的内容,我们要结合时代条件加以继承和发扬,赋予其新的涵义"①。

中华优秀传统文化是实现中华民族伟大复兴的中国梦的有力支撑。实现中华民族的伟大复兴的中国梦,需要有高扬的精神旗帜作为指引,有强大的精神支柱作为支撑;走兴国之路和强国之路,需要有凝心聚气的魂魄。这样的指引、支撑和魂魄,就是中国精神。习近平总书记反复强调,实现中国梦必须弘扬中国精神,更好地构筑中国价值中国力量。中国精神体现了民族精神和时代精神的统一。中华文明在5000多年的发展历程中形成了以爱国主义为核心的团结统一、爱好和平、勤劳勇敢、自强不息的伟大民族精神。走中国特色社会主义道路,为实现中华民族伟大复兴而奋斗,离不开民族精神的坚实支撑和强力推动。以改革创新为核心的时代精神,是改革开放以来,党领导人民顺应时代潮流、体现民族特质,在新的伟大实践中形成的。它既是对中国人民在新的历史条件下展现出来的精神品格的概括和总结,也是对中华民族革故鼎新的优良传统的继承和弘扬。正如习近平总书记所说:"改革,最本质的要求就是创新。中华民族是具有伟大创新精神的民族,以伟大创造能力著称于世。'苟日新,日日新,又日新',是对中华民族创新精神的最好写照。"②

---

① 习近平:《在纪念孔子诞辰2565周年国际学术研讨会暨国际儒学联合会第五届会员大会开幕会上的讲话》,人民出版社2014年版,第6—7页。

② 习近平:《在全国政协新年茶话会上的讲话》,2013年12月31日,新华网。

第七章 坚定理想信念,培育和践行社会主义核心价值观

中华优秀传统文化是培育社会主义核心价值观的重要源泉。中华优秀传统文化与社会主义核心价值观之间是"源"与"流"的关系,前者是后者的固有根本,后者是前者的当代升华。习近平总书记指出,社会主义核心价值观的提出,既体现了社会主义的本质要求,继承了中华优秀传统文化,也吸收了世界文明的有益成果,体现了时代精神。作为中华民族的基因,中华优秀传统文化已经根植于每一个中国人的内心,潜移默化地影响着每一个中国人的思维方式和行为准则。所以,培育和弘扬社会主义核心价值观必须立足中华优秀传统文化,从中华优秀传统文化和传统价值观中汲取丰富营养。习近平总书记告诫我们,博大精深的中华优秀传统文化是在世界文化激荡中站稳脚跟的根基。抛弃传统、丢掉根本,就等于割断了自己的精神命脉。要认真汲取中华优秀传统文化的思想精华和道德精髓,大力弘扬以爱国主义为核心的民族精神和以改革创新为核心的时代精神,深入挖掘和阐发中华优秀传统文化讲仁爱、重民本、守诚信、崇正义、尚和合、求大同的时代价值,使中华优秀传统文化成为涵养社会主义核心价值观的重要源泉。

中华优秀传统文化是推进国家治理体系和治理能力现代化的有益借鉴。中华民族在漫长的历史进程中所创造的灿烂辉煌的文化中,积淀着中华民族最深沉的精神追求,汇聚了历朝历代的治国理政智慧,诸如:"民惟邦本""政得其民""礼法合治""德主刑辅""为政之要莫先于得人""治国先治吏""为政以德""正己修身""居安思危""改易更化"等。习近平总书记将这些治国理政的智

慧当作今日的重要镜鉴，从中找寻破解改革发展难题的锁钥，更好地推进国家治理体系和治理能力现代化。他告诉我们，面对中华优秀传统文化，应该多一份尊重，多一份思考。对古代的成功经验，要本着"择其善者而从之、其不善者而去之"的科学态度，牢记历史经验、牢记历史教训、牢记历史警示，为推进国家治理体系和治理能力现代化提供有益借鉴。在实现现代化的目标下弘扬传统文化的过程，实际上就是实现中国文化自我觉醒、自我创新的过程，在这一过程中，我国的整个治理体系与治理能力势必实现现代化。

如何对待本国的历史和传统文化，是任何国家在实现现代化过程中都必须要解决好的重大问题。中国共产党在领导中国人民的革命、建设和改革的进程中，始终重视学习和总结历史，始终重视借鉴和运用传统文化。中国共产党自成立之日起，就既是中国优秀传统文化的传承者和弘扬者，又是中国先进文化的积极倡导者和发展者。"要对传统文化进行科学分析，对有益的东西、好的东西予以继承和发扬，对负面的、不好的东西加以抵御和克服，取其精华、去其糟粕，而不能采取全盘接受或者全盘抛弃的绝对主义态度。"[①] 这是习近平总书记对待中华优秀传统文化的总体态度。

传承和弘扬中华优秀传统文化，首先要坚持马克思主义的立场、观点和方法。要具体分析在中华传统文化中哪

[①]《牢记历史经验历史教训历史警示　为国家治理能力现代化提供有益借鉴》，《人民日报》2014年10月14日第1版。

第七章 坚定理想信念,培育和践行社会主义核心价值观

些内容属于精华,在当代仍具有积极、革新、进步的意义,哪些内容属于糟粕,在当代只具有消极、保守、落后的意义,去粗取精、去伪存真,经过科学的扬弃之后为我所用。习近平总书记指出,对历史文化和道德规范,要坚持古为今用、推陈出新,有鉴别地加以对待,有扬弃地予以继承,取其精华、去其糟粕,用中华民族创造的一切精神财富来以文化人、以文育人。要以是否有助于推进中国特色社会主义先进文化建设、是否有助于建设与形成中国特色社会主义的道德体系、是否有助于满足广大人民群众日益增长的文化需求为标准,积极做好传统文化的甄别、剔除、取舍与创造转化的工作。

传承和弘扬中华优秀传统文化,其次要坚持创造性转化和创新性发展的统一。正如习近平总书记所倡导的:"要处理好继承和创造性发展的关系,重点做好创造性转化和创新性发展。"① 中华优秀传统文化与社会主义市场经济、民主政治、先进文化、社会治理等,还存在需要协调适应的地方。所谓"创造性转化",就是按照时代特点和要求,对那些至今仍有借鉴价值的内涵和陈旧的表现形式加以改造,赋予其新的时代内涵和现代表达形式,激活其生命力。所谓"创新性发展",就是按照时代的新进步新发展,对中华优秀传统文化的内涵加以补充、拓展、完善,增强其影响力和感召力。只有这样,才能让中华优秀传统文化在继承中发展、在发展中继承,让中华文明在革

---

① 习近平:《习近平谈治国理政》第 1 卷,外文出版社 2018 年版,第 164 页。

故鼎新中再谱新曲、再创辉煌。

传承和弘扬中华优秀传统文化，最后要坚持立足本国和面向世界相结合。不同民族、国家由于其自然条件和发展历程不同，产生和形成的核心价值观也各有特点。一个民族、国家的核心价值观必须同这个民族、这个国家的历史文化相契合，同这个民族、国家的人民正在进行的奋斗相结合，同这个民族、国家需要解决的时代问题相适应。它承载着一个民族、国家的精神追求，体现着一个社会评判是非好坏的价值标准。实际上，各个民族、国家的价值观本质上是自己民族、国家利益理性选择的观念表达，维护自己的核心价值观，就是捍卫自己的利益，就是继承自己的文化传统，就是坚守自己的精神家园。本国民族既要珍惜和维护自己的思想文化，也要承认和尊重别国别民族的思想文化，相互交流，相互学习。

传承和弘扬中华优秀传统，并不意味着故步自封，闭上眼睛不看世界。中华民族自古以来就是一个兼容并蓄、海纳百川的民族，在漫长的历史进程中，不断学习他人的好东西，把他人的好东西化成自己的东西，这才形成我们的民族特色。正如习近平总书记所说："把跨越时空、超越国度、富有永恒魅力、具有当代价值的文化精神弘扬起来，把继承优秀传统文化又弘扬时代精神、立足本国又面向世界的当代中国文化创新成果传播出去。"[①] 文明是多彩的，人类文明因多样而有交流互鉴的价值；文明是平等

[①] 习近平：《习近平谈治国理政》第 1 卷，外文出版社 2018 年版，第 106 页。

的，人类文明因平等而有交流互鉴的前提；文明是包容的，人类文明因包容而有交流互鉴的动力。文明因交流而多彩，文明因互鉴而丰富。正是在交流互鉴中，人们了解了这些文明与其他文明的不同之处、独特之处，了解了在这些文明中生活的人们的世界观、人生观、价值观。水本无华，相荡而生涟漪；石本无火，相击而生火光。各个民族和国家的核心价值观正是在交流中，相互学习而丰富自身，相互交流而确证自身。

结　语

开辟21世纪当代中国马克思主义哲学发展新境界

170多年前，马克思主义哲学的诞生实现了人类思想史上的一场划时代的变革。它不仅开创了哲学发展的新纪元，而且引导世界进步力量极其深刻地改变了人类历史发展的进程，改变了整个世界的面貌，改变了数以亿计中国人民的历史命运。十月革命一声炮响，中国人民迎来了马克思列宁主义。毛泽东在1949年撰写的《唯心历史观的破产》中指出，"自从中国人学会了马克思列宁主义以后，中国人在精神上就由被动转入主动"。从此，古老的中国结束了在黑暗中摸索的历史，开辟了一条革命建设改革发展的中国道路，产生了马克思主义中国化的两大理论成果及其哲学思想——毛泽东思想和中国特色社会主义理论体系及其哲学思想。

党的十八大以来，国内外形势变化和我国各项事业发展都给我们提出了一个重大时代课题，这就是必须从理论和实践的结合上系统回答新时代坚持和发展什么样的中国特色社会主义、怎样坚持和发展中国特色社会主义。围绕这个重大时代课题，以习近平同志为主要代表的中国共产

结语 开辟21世纪当代中国马克思主义哲学发展新境界

党人,坚持以马克思列宁主义、毛泽东思想、邓小平理论、"三个代表"重要思想、科学发展观为指导,坚持解放思想、实事求是、与时俱进、求真务实,坚持辩证唯物主义和历史唯物主义,紧密结合新的时代条件和实践要求,以全新的视野深化对共产党执政规律、社会主义建设规律、人类社会发展规律的认识,进行艰辛理论探索,取得重大理论创新成果,形成了习近平新时代中国特色社会主义思想。

习近平总书记指出:"马克思主义是不断发展的开放的理论,始终站在时代前沿。马克思一再告诫人们,马克思主义理论不是教条,而是行动指南,必须随着实践的变化而发展。"① 习近平新时代中国特色社会主义思想是对马克思列宁主义、毛泽东思想、邓小平理论、"三个代表"重要思想、科学发展观的继承和发展,是马克思主义中国化最新成果,是党和人民实践经验和集体智慧的结晶,是中国特色社会主义理论体系的重要组成部分,实现了马克思主义基本原理同中国具体实际相结合的又一次历史性飞跃,开辟了马克思主义新境界、开辟了中国特色社会主义新境界,为新时代坚持和发展中国特色社会主义、推进党和国家事业提供了基本遵循,是全党全国人民为实现中华民族伟大复兴而奋斗的行动指南,必须长期坚持并不断发展。

习近平新时代中国特色社会主义思想始终贯穿了一条红线,这就是马克思列宁主义、毛泽东思想和中国特色社

---

① 习近平:《在纪念马克思诞辰200周年大会上的讲话》,人民出版社2018年版,第9页。

>> 开辟当代马克思主义哲学新境界

会主义理论体系的基本立场、观点和方法,即马克思主义哲学世界观方法论,它既构成了习近平新时代中国特色社会主义思想的哲学依据,又形成了习近平新时代中国特色社会主义思想的哲学内容。习近平新时代中国特色社会主义思想不仅为我们树立了灵活运用马克思主义哲学的光辉典范,而且开辟了21世纪中国马克思主义哲学发展的新境界,是马克思主义哲学中国化、时代化和大众化的进一步创新发展,让当代中国马克思主义哲学放射出更加灿烂的真理光芒。

习近平新时代中国特色社会主义思想:一是凝结了当代中国重大问题科学解决的哲学思考,开辟了马克思主义哲学中国化的新境界。马克思指出:"理论在一个国家实现的程度,总是取决于理论满足这个国家的需要的程度。"① 当代中国正处于一个变革的时代,中国大地上正经历着广泛而深刻的社会变革,正进行着宏大而独特的实践探索。这种前无古人的伟大实践,必将遭遇一些"最宏大和最重要的问题",诸如:如何认识历史,在五千年文明的土壤上嫁接社会主义现代文明?如何认识世界,让一个独具特点的东方大国汇入世界体系?如何认识自己,走出一条适合中国的社会主义现代化之路……对于这些重大问题的科学回答,是摆在中国共产党人面前的重要使命。习近平总书记强调,"解决中国的问题只能在中国大地上探寻适合自己的道路和办法",中国的现代化只能基于"中

---

① 《马克思恩格斯选集》第1卷,人民出版社2012年版,第11页。

结语 开辟21世纪当代中国马克思主义哲学发展新境界

国自己的条件",走自己的道路,而不能照搬其他的抽象理论或别国经验。

对于"新时代坚持和发展什么样的中国特色社会主义、怎样坚持和发展中国特色社会主义"这一当代中国最为重大的时代课题,习近平总书记做出了全面的哲学回答,从世界观方法论的高度解决了当代中国究竟"举什么旗,走什么路,坚持什么样的发展方向和路线,采取什么样的改革开放的战略举措"这一系列带有根本性的问题,在马克思主义哲学中国化的道路上迈出了新的重要一步。

二是凝结了当今时代发展大趋势的哲学概括,开辟了马克思主义哲学时代化的新境界。恩格斯指出:"每一个时代的理论思维,包括我们这个时代的理论思维,都是一种历史的产物,它在不同的时代具有完全不同的形式,同时具有完全不同的内容。"① 哲学发展有其自身的规律,它是时代变迁在观念形态的集中反映。对哲学的考察,需要将其放到时代的大坐标中来进行。历史表明,社会大变革的时代,一定是哲学大发展的时代。正如习近平总书记所说:"要跟上时代前进步伐,就不能身体已进入21世纪,而脑袋还停留在过去。"② 当今世界正在发生历史上最为广泛而深刻的社会变革,世界多极化、经济全球化深入发展,社会信息化、文化多样化持续推进,新一轮科技革命

---

① 《马克思恩格斯选集》第3卷,人民出版社2012年版,第873页。

② 习近平:《习近平谈治国理政》第1卷,外文出版社2018年版,第273页。

和产业革命正在孕育成长，今天比以往任何时候都更需要对时代精神进行深刻把握和精确表达。

"这是一个需要理论而且一定能够产生理论的时代，这是一个需要思想而且一定能够产生思想的时代。"① 面对这样一个历史时代方位，习近平总书记站在哲学的高度系统地思考和科学地回答了一系列重大课题。诸如："我们从哪里来、现在在哪里、将到哪里去？"在新的历史起点上，以什么样的理念引领，以什么样的思想支撑，以什么样的战略筹划，以什么样的机制保障，才能把复兴之路上的中国带入一个新的境界？才能把剧烈变动中的世界引向一个更加美好的未来？让和平的薪火代代相传，让发展的动力源源不断，让文明的光芒熠熠生辉。这是对社会发展大趋势和历史运动大逻辑的深刻洞察和系统剖析，这是对当今时代精神之精华的准确把握和精确表达，在马克思主义哲学时代化的道路上迈出了新的重要一步。

三是凝结了人民大众实践探索的哲学认识，开辟了马克思主义哲学大众化的新境界。马克思主义哲学的根本特征在于，它不仅致力于科学"解释世界"，而且致力于积极"改变世界"。改变世界的前提在于发动改变世界的现实力量，就是最广大人民群众。"理论一经掌握群众，也会变成物质力量。"② 马克思主义哲学必须抛弃资产阶级理

---

① 习近平：《在哲学社会科学工作座谈会上的讲话》，人民出版社2016年版，第8页。

② 《马克思恩格斯选集》第1卷，人民出版社2012年版，第9页。

结语　开辟21世纪当代中国马克思主义哲学发展新境界

论家一贯使用的神秘的哲学面纱，以人民群众喜闻乐见的形式阐述哲学道理，以人民乐于接受的话语征服群众。毛泽东同志曾经倡导："让哲学从哲学家的课堂上和书本里解放出来，变为群众手里的尖锐武器。"[①] 艾思奇的《大众哲学》影响了不止一代中国人，其中一个重要经验在于他充分考虑人民群众的思维习惯和语言习惯，把深邃的理论转变为通俗易懂的语言，把抽象的理论逻辑转变为形象的生活逻辑。

习近平新时代中国特色社会主义思想所蕴含的丰富深刻的哲学观点往往通过人们喜闻乐见的形式进行表达，用群众听得懂的语言讲群众听得懂的道理，在哲学理论与人民群众之间架起一座桥梁，从而取得"随风潜入夜，润物细无声"的效果。习近平总书记经常用人民群众喜闻乐见的语言方式来讲述人民群众最关注的问题，用打比方、讲故事的方式来阐述深刻的哲学道理，诸如"打老虎，拍苍蝇"，"踏石留印，抓铁有痕"，"人心就是力量"，"补精神之'钙'"，"把权力关进制度的笼子"，"鞋子合不合脚，自己穿了才知道"，"没有比人更高的山，没有比脚更长的路"。将"高大上"的哲学理念转化为"接地气"的生活语言，平实中蕴含着大智慧，更有一种透彻、直指人心的力量，一经传出，立即成为全民能诵的经典语录。为建构具有中国特色、中国风格、中国气派的马克思主义哲学中国化理论体系和话语体系做出了突出贡献，在马克思主义哲学大众化的道路上迈出了新的重要一步。

[①]《毛泽东文集》第8卷，人民出版社1999年版，第323页。

开辟当代马克思主义哲学新境界

实事求是是习近平新时代中国特色社会主义思想的哲学精髓要义。实事求是是马克思主义哲学的精髓要义，是毛泽东哲学思想的精髓要义，是中国特色社会主义理论体系的哲学精髓要义，也是习近平新时代中国特色社会主义思想的哲学精髓要义。习近平总书记指出："实事求是，是马克思主义的根本观点，是中国共产党人认识世界、改造世界的根本要求，是我们党的基本思想方法、工作方法、领导方法。不论过去、现在和将来，我们都要坚持一切从实际出发，理论联系实际，在实践中检验真理和发展真理。"[①] 马克思主义哲学本身就是实事求是的产物，是马克思主义哲学的创立者和发展者对以往自然、社会和人类思维发展的"实事"、对他们所处时代的"实事"、对他们所历经的实践的"实事"，进行哲学探索和科学研究而"求"出来的"是"。对于中国马克思主义者而言，实事求是具有特殊重要的意义，作为地地道道的中国话语概括，它是马克思主义中国化的成功典范，是打造马克思主义哲学中国化理论体系和话语体系的成功标尺。对于中国共产党人而言，实事求是从来就不是一个抽象空洞的哲学命题，而是解决现实问题的强大武器。在 90 多年历程中，中国共产党人就是用实事求是这把钥匙，打开了中国历史发展的一个又一个关键点，开启了马克思主义哲学中国化的一个又一个新境界。其间所经历的成功和胜利，无不得益于实事求是；所遭遇的挫折和失误，也无不源于背离了

[①] 习近平：《在纪念毛泽东同志诞辰 120 周年座谈会上的讲话》，人民出版社 2013 年版，第 15 页。

结语　开辟 21 世纪当代中国马克思主义哲学发展新境界

实事求是。

习近平新时代中国特色社会主义思想本身就是坚持解放思想、实事求是的思想路线，准确把握客观实际、科学掌握客观规律的理论创新成果。习近平总书记牢牢坚持实事求是这一精髓要义，坚持从我国仍处于并将长期处于社会主义初级阶段这一基本国情和最大实际出发，分析问题、认识问题，进而提出解决问题的科学方案，并付诸实践检验。这一过程，既是理论探索的过程，也是实践检验的过程，更是不断开辟 21 世纪当代中国马克思主义哲学发展新境界的过程。

人民至上是习近平新时代中国特色社会主义思想的根本哲学立场。马克思主义哲学作为无产阶级的科学世界观和方法论，是科学性与价值性的统一，它具有鲜明的党性原则和阶级，而且从不掩饰自己的立场。这使其与一切打着价值中立的旗帜，鼓吹进行"纯粹客观"研究的一切剥削阶级的旧哲学从根本上区分开来。马克思说："哲学把无产阶级当做自己的物质武器，同样，无产阶级也把哲学当做自己的精神武器。"[①] 习近平总书记指出："人民是历史的创造者，是决定党和国家前途命运的根本力量。"[②] "党的一切工作，必须以最广大人民根本利益为最高标准。检验我们一切工作的成效，最终都要看人民是否真正得到了

[①] 《马克思恩格斯选集》第 1 卷，人民出版社 2012 年版，第 16 页。

[②] 习近平：《决胜全面建成小康社会　夺取新时代中国特色社会主义伟大胜利——在中国共产党第十九次全国代表大会上的报告》，人民出版社 2017 年版，第 21 页。

实惠，人民生活是否真正得到了改善，人民权益是否真正得到了保障。"① 这展现出极其鲜明的人民立场。

在习近平新时代中国特色社会主义思想中，人民占据着最高位置。人心是最大的政治，人民立场是最为根本的立场。"人民立场是中国共产党的根本政治立场，是马克思主义政党区别于其他政党的显著标志。"② 对于马克思主义哲学而言，为什么人的问题是根本性、原则性问题。为谁著书、为谁立说，是为少数人服务还是为绝大多数人服务，是必须搞清楚的前提性问题。世界上从来就没有纯而又纯的无立场的哲学。习近平总书记的哲学实践和哲学创造为马克思主义哲学工作者和马克思主义理论工作者树立了以人民为中心的研究导向，以为人民做学问作为学术理想，以人民至上作为价值取向，以尊重人民主体地位，聚焦人民实践创造，自觉把学术追求同国家和民族发展紧紧联系在一起，努力多出经得起实践、人民、历史检验的研究成果作为毕生事业，树立了光辉的榜样，为开辟 21 世纪当代中国马克思主义哲学发展新境界做出新的贡献。

辩证思维是习近平新时代中国特色社会主义思想的根本哲学方法。习近平新时代中国特色社会主义思想是科学世界观和方法论的有机统一。它既部署"过河"的方向和任务，又指导如何解决"桥或船"的问题，为我们认识问

---

① 习近平：《习近平谈治国理政》第 1 卷，外文出版社 2018 年版，第 28 页。

② 习近平：《在庆祝中国共产党成立 95 周年大会上的讲话》，人民出版社 2016 年版，第 18 页。

题、分析问题和解决问题提供了有效的方法"钥匙"。辩证思维，就是承认矛盾、分析矛盾、解决矛盾，善于抓住关键、找准重点、洞察事物发展规律的思想方法。习近平新时代中国特色社会主义思想处处体现着辩证思维的根本方法。比如，在分析国际国内形势时，强调要坚持"两点论"，一分为二看问题，既要看到国际国内形势中有利的一面，也要看到不利的一面；在阐述全面深化改革时，指出全面深化改革是一项极其复杂的系统工程，强调胆子要大、步子要稳，"战略上要勇于进取，战术上则要稳扎稳打"，强调"要有强烈的问题意识，以重大问题为导向"，坚持"稳中求进的工作总基调"；在阐述社会治理时，指出"管得太死，一潭死水不行；管得太松，波涛汹涌也不行"，等等。提高辩证思维能力，就要客观地而不是主观地、发展地而不是静止地、全面地而不是片面地、系统地而不是零散地、普遍联系地而不是孤立地观察事物、分析问题、解决问题，在矛盾双方对立统一的过程中把握住事物的发展规律，克服极端化、片面化。提高辩证思维能力，还要把辩证思维与战略思维、创新思维、法治思维、底线思维等统一起来，作为一个完整的科学方法论体系予以学习掌握，并运用到解决中国的现实问题中去，为开辟21世纪马克思主义哲学发展新境界提供方法支撑。

历史思维是习近平新时代中国特色社会主义思想的唯物史观基石。唯物史观是马克思主义关于社会历史发展问题的哲学总说明，是我们共产党人在政治上观察和解决一切社会问题的望远镜和显微镜，也是习近平新时代中国特色社会主义思想的哲学理论基石。习近平总书记强调必须

开辟当代马克思主义哲学新境界

坚持以唯物史观为指导,强调提高以唯物史观为基础的历史思维能力,用以解决复杂的社会、历史和现实问题。他指出:"历史和现实都表明,只有坚持历史唯物主义,我们才能不断把对中国特色社会主义规律的认识提高到新的水平,不断开辟当代中国马克思主义发展新境界。"[①] 历史和现实的实践已经不可辩驳地证明,中国革命、建设和改革开放取得的每一个伟大胜利,都离不开唯物史观的正确指导和成功运用。习近平总书记站在新的历史起点上,自觉运用生产、群众和社会基本矛盾等唯物史观基本观点,思考当代中国和当今世界的重大理论和实践问题,准确把握了人类历史发展的基本规律和总趋势,指出既要看到历史发展的光明前景,又要看到当前存在的困难和问题,既要看到在当前国际金融危机背景下资本主义必然灭亡的总趋势,又要看到资本主义依然具有自我调节的能力,总体上仍然是资强社弱,要有长期斗争的思想准备。正是因为站立在彻底的唯物史观的立场上,坚持历史思维方法,习近平总书记要求我们必须树立坚定的共产主义理想和中国特色社会主义共同理想。没有远大理想,不是合格的共产党员;离开现实工作空谈远大理想,也不是合格的共产党员。要把远大理想和共同理想统一起来,苦干实干,扎实推进中国特色社会主义伟大实践不断前进,为开辟21世纪马克思主义哲学发展新境界提供不竭动力。

学习习近平新时代中国特色社会主义思想要真正做到

[①] 《推动全党学习和掌握历史唯物主义 更好认识规律更加能动地推进工作》,《人民日报》2013年12月5日第1版。

结语 开辟21世纪当代中国马克思主义哲学发展新境界

学懂弄通做实其中所蕴含的哲学世界观和方法论。一种哲学的生命力，不仅取决于其逻辑论证是否严密，概念体系是否完备，而且在更为根本的意义上取决于它能否成为一个时代的思想旗帜，能否成为人民群众的理论指南，能否成为人民群众的价值取向，能否成为人民群众的行为方式。在此，马克思主义哲学具有得天独厚的优势。马克思主义哲学的一个根本特征在于它不仅是科学的理论体系，而且是改变世界的强大武器；不仅具有理论上的科学性，而且具有实践上的革命性。马克思主义哲学经典作家不仅是卓越的学者，而且是坚强的战士。他们的哲学智慧不仅体现在对理论问题的思考上，体现在同错误思想的斗争上，特别体现在实践中对重大现实问题的分析和解决上。马克思列宁主义的开创者马克思、恩格斯、列宁是这样，毛泽东思想的创立者毛泽东同志是这样，中国特色社会主义理论体系的奠基者邓小平同志是这样，习近平总书记在新的条件下，与江泽民同志、胡锦涛同志等一样，继续书写中国特色社会主义理论体系的新篇章也是这样。

今天，我们学习习近平新时代中国特色社会主义思想中所蕴含的哲学立场、观点和方法，就要把理论和实践、科学性和革命性统一起来，做到学懂弄通落实。正如习近平总书记所指出的："坚持以马克思主义为指导，首先要解决真懂真信的问题。"[①]

在学懂上下功夫。习近平新时代中国特色社会主义思

---

① 习近平：《在哲学社会科学工作座谈会上的讲话》，人民出版社2016年版，第11页。

想既有谋划全局的宏观思考，又有解决问题的方法指南，闪烁着极其丰富的哲学光芒。要主动而不是被动地学习、持之以恒而不是一朝一夕地学习，做到多思多想、深学深悟、常学常新。要突出问题导向，带着问题学、跟着时代学、贴着精髓学，力求把握其精神实质。

在弄通上下功夫。习近平新时代中国特色社会主义思想是一个系统完整的科学体系，要联系地而不是孤立地、系统地而不是零散地、全部地而不是局部地把握其时代背景、实践基础、科学内涵、精神实质、创新观点和哲学意义，特别要关注其站在新的时代高度，面向新的实践，不断开辟21世纪当代中国马克思主义哲学发展新境界的巨大理论勇气和深邃哲学智慧。

在做实上下功夫。学哲学用哲学是我们党的优良传统。在学中用，在用中学，把学习成果转化为提升党性修养、思想境界、道德水准的精神营养，转化为提高判断形势、解决问题、推动工作的能力水平，并切实运用到建设中国特色社会主义的伟大实践中去，以真理之光照亮奋斗之路，以信仰之力引领复兴征程。

当今世界正处在大发展大变革大调整时期。当代中国正经历着历史上最为广泛而深刻的社会变革，也正在进行着人类历史上最为宏大而独特的实践创新。这必将给哲学创造、理论繁荣提供强大动力和广阔空间。习近平新时代中国特色社会主义思想就是在这样一个需要理论而且一定能够产生理论的时代所产生的科学真理。它凝聚了当今世界的时代精神，代表了当代中国的思想高度，开辟了21世纪当代中国马克思主义哲学发展新境界。今天，我们要开创中华民族伟大复兴的新局面，推进中国特色社会主义现代化，就必须认真学习和深刻领会习近平新时代中国特色社会主义思想所秉持的马克思主义哲学世界观和方法论，把开启未来的钥匙掌握在自己手中，不断在推进实践创新、制度创新、文化创新、理论创新的基础上推进哲学创新，并通过哲学创新带动并指导实践创新、制度创新、文化创新和理论创新，在时代前进的滚滚洪流中，在人类进步的历史进程中，书写中国特色社会主义伟大事业的新篇章。

参考文献

马列主义经典著作及中国国家领导人著作

《马克思恩格斯文集》第 1—10 卷，人民出版社 2009 年版。
《马克思恩格斯选集》第 1—4 卷，人民出版社 2012 年版。
《列宁全集》第 55 卷，人民出版社 1990 年版。
《列宁专题文集：论马克思主义》，人民出版社 2009 年版。
《列宁选集》第 1—4 卷，人民出版社 2012 年版。
《毛泽东选集》第 1—4 卷，人民出版社 1991 年版。
《毛泽东文集》第 1 卷，人民出版社 1993 年版。
《毛泽东文集》第 6 卷，人民出版社 1999 年版。
《毛泽东文集》第 8 卷，人民出版社 1999 年版。
《毛泽东哲学批注集》，中央文献出版社 1988 年版。
《邓小平文选》第 3 卷，人民出版社 1993 年版。
《邓小平文选》第 1、2 卷，人民出版社 1994 年版。
《毛泽东、周恩来、刘少奇、朱德、邓小平著作主题集成》，人民出版社 1991 年版。
《江泽民文选》第 1—3 卷，人民出版社 2006 年版。
《胡锦涛文选》第 1—3 卷，人民出版社 2016 年版。
习近平：《摆脱贫困》，福建人民出版社 1992 年版。

习近平：《干在实处　走在前列——推进浙江新发展的思考与实践》，中共中央党校出版社2006年版。

习近平：《之江新语》，浙江人民出版社2007年版。

习近平：《紧紧围绕坚持和发展中国特色社会主义　学习宣传贯彻党的十八大精神——在十八届中共中央政治局第一次集体学习时的讲话》，人民出版社2012年版。

习近平：《在第十二届全国人民代表大会第一次会议上的讲话》，人民出版社2013年版。

习近平：《在中央党校建校80周年庆祝大会暨2013年春季学期开学典礼上的讲话》，人民出版社2013年版。

习近平：《在纪念毛泽东同志诞辰120周年座谈会上的讲话》，人民出版社2013年版。

习近平：《在纪念孔子诞辰2565周年国际学术研讨会暨国际儒学联合会第五届会员大会开幕会上的讲话》，人民出版社2014年版。

《习近平关于全面深化改革论述摘编》，中央文献出版社2014年版。

习近平：《青年要自觉践行社会主义核心价值观——在北京大学师生座谈会上的讲话》，人民出版社2014年版。

习近平：《出席第三届核安全峰会并访问欧洲四国和联合国教科文组织总部、欧盟总部时的演讲》，人民出版社2014年版。

习近平：《在纪念陈云同志诞辰110周年座谈会上的讲话》，人民出版社2015年版。

《习近平关于协调推进"四个全面"战略布局论述摘编》，中央文献出版社2015年版。

习近平:《在文艺工作座谈会上的讲话》,人民出版社2015年版。

习近平:《在庆祝"五一"国际劳动节暨表彰全国劳动模范和先进工作者大会上的讲话》,人民出版社2015年版。

习近平:《做焦裕禄式的县委书记》,中央文献出版社2015年版。

《习近平关于党风廉政建设和反腐败斗争论述摘编》,中国方正出版社2015年版。

习近平:《在哲学社会科学工作座谈会上的讲话》,人民出版社2016年版。

习近平:《在庆祝中国共产党成立95周年大会上的讲话》,人民出版社2016年版。

习近平:《在省部级主要领导干部学习贯彻党的十八届五中全会精神专题研讨班上的讲话》,人民出版社2016年版。

习近平:《在知识分子、劳动模范、青年代表座谈会上的讲话》,人民出版社2016年版。

《习近平总书记重要讲话文章选编》,党建读物出版社、中央文献出版社2016年版。

《习近平总书记系列重要讲话读本(2016年版)》,学习出版社、人民出版社2016年版。

习近平:《在网络安全和信息化工作座谈会上的讲话》,人民出版社2016年版。

习近平:《决胜全面建成小康社会 夺取新时代中国特色社会主义伟大胜利——在中国共产党第十九次全国代表

大会上的报告》，人民出版社 2017 年版。

习近平：《在纪念周恩来同志诞辰 120 周年座谈会上的讲话》，人民出版社 2018 年版。

习近平：《在纪念马克思诞辰 200 周年大会上的讲话》，人民出版社 2018 年版。

习近平：《习近平谈治国理政》第 1 卷，外文出版社 2018 年版。

习近平：《习近平谈治国理政》第 2 卷，外文出版社 2017 年版。

专著、文集

艾思奇：《新大众哲学（修订本）》，人民出版社 2009 年版。

《党的十九大报告辅导读本》，人民出版社 2017 年版。

韩树英：《马克思主义哲学纲要（修订本）》，人民出版社 2004 年版。

《马克思主义哲学》，高等教育出版社、人民出版社 2009 年版。

《马克思主义哲学十讲（党员干部读本）》，学习出版社 2014 年版。

人民日报社理论部编：《深入学习习近平同志系列讲话精神》，人民出版社 2013 年版。

《十八大以来重要文献选编》（上），中央文献出版社 2014 年版。

《十八大以来重要文献选编》（中），中央文献出版社 2016 年版。

王伟光：《新大众哲学》（上下册），中国社会科学出版社

2014年版。

《中国共产党第十八届中央委员会第五次全体会议文集汇编》,人民出版社2015年版。

中共中央党校进修部编:《论党性修养》,中共中央党校出版社2014年版。

期刊

习近平:《深入学习中国特色社会主义理论体系,努力掌握马克思主义立场观点方法》,《求是》2010年第7期。

习近平:《中国共产党90年来指导思想和基本理论的与时俱进及历史启示》,《党建研究》2011年第7期。

习近平:《切实把思想统一到党的十八届三中全会精神上来》,《求是》2014年第1期。

习近平:《在全国党校工作会议上的讲话》,《求是》2016年第9期。

《习近平在会见第四届全国文明城市、文明村镇、文明单位和未成年人思想道德建设工作先进代表时强调 人民有信仰民族有希望国家有力量 锲而不舍抓好社会主义精神文明建设》,《学习活页文选》2016年第41期。

《中国共产党第十八届中央委员会第六次全体会议公报》,《学习活页文选》2016年第62期。

习近平:《在党的十九届一中全会上的讲话》,《求是》2018年第1期。

习近平:《辩证唯物主义是中国共产党人的世界观和方法论》,《求是》2019年第1期。

参考文献

报纸

习近平：《改革开放 30 年党的建设回顾与思考》，《学习时报》2008 年 9 月 8 日第 1 版。

习近平：《谈谈调查研究》，《学习时报》2011 年 11 月 21 日第 1 版。

习近平：《坚持实事求是的思想路线》，《学习时报》2012 年 5 月 28 日第 1 版。

习近平：《毫不动摇坚持和发展中国特色社会主义，在实践中不断有所发现有所创造有所前进》，《人民日报》2013 年 1 月 6 日第 1 版。

习近平：《在对历史的深入思考中更好走向未来 交出发展中国特色社会主义合格答卷》，《人民日报》2013 年 6 月 27 日第 1 版。

习近平：《加强对改革重大问题调查研究，提高全面深化改革决策科学性》，《人民日报》2013 年 7 月 25 日第 1 版。

习近平：《关于〈中共中央关于全面深化改革若干重大问题的决定〉的说明》，《人民日报》2013 年 11 月 16 日第 1 版。

习近平：《在党的群众路线教育实践活动总结大会上的讲话》，《人民日报》2014 年 10 月 9 日第 2 版。

习近平：《牢记历史经验历史教训历史警示 为国家治理能力现代化提供有益借鉴》，《人民日报》2014 年 10 月 14 日第 1 版。

习近平：《加大支持力度增强内生动力 加快东北老工业基地振兴发展》，《人民日报（海外版）》2015 年 7 月 20

日第 1 版。

习近平：《携手消除贫困，促进共同发展》，《人民日报》2015 年 10 月 17 日第 2 版。

习近平：《结合中国特色社会主义伟大实践，加快构建中国特色哲学社会科学》，《人民日报》2016 年 5 月 18 日第 1 版。

习近平：《在第十三届全国人民代表大会第一次会议上的讲话》，《人民日报》2018 年 3 月 21 日第 2 版。

习近平：《开放共创繁荣 创新引领未来——在博鳌亚洲论坛 2018 年年会开幕式上的主旨演讲》，《人民日报》2018 年 4 月 11 日第 3 版。

习近平：《在中国科学院第十九次院士大会、中国工程院第十四次院士大会上的讲话》，《人民日报》2018 年 5 月 29 日第 2 版。

《更好统筹国内国际两个大局 夯实走和平发展道路的基础》，《人民日报》2013 年 1 月 30 日第 1 版。

《胸怀大局把握大势着眼大事 努力把宣传思想工作做得更好》，《人民日报》2013 年 8 月 21 日第 1 版。

《征求对中共中央关于全面深化改革若干重大问题的决定的意见》，《人民日报》2013 年 11 月 14 日第 1 版。

《推动全党学习和掌握历史唯物主义 更好认识规律更加能动地推进工作》，《人民日报》2013 年 12 月 5 日第 1 版。

《坚持运用辩证唯物主义世界观方法论 提高解决我国改革发展基本问题本领》，《人民日报》2015 年 1 月 25 日第 1 版。

《征求对中共中央关于制定国民经济和社会发展第十三个五年规划的建议的意见　中共中央召开党外人士座谈会　习近平主持并发表重要讲话》,《人民日报》2015年10月31日第1版。

《聚焦发力贯彻五中全会精神,确保如期全面建成小康社会》,《人民日报》2016年1月19日第1版。

《审议〈中央政治局常委会听取和研究全国人大常委会、国务院、全国政协、最高人民法院、最高人民检察院党组工作汇报和中央书记处工作报告的综合情况报告〉》,《人民日报》2016年1月30日第1版。

《中共中央举行学习〈胡锦涛文选〉报告会　习近平发表重要讲话》,《人民日报》2016年9月30日第1版。

《中共十八届六中全会在京举行》,《人民日报》2016年10月28日第1版。

《中央经济工作会议在北京举行》,《人民日报》2016年12月17日第1版。

《对照贯彻落实党的十八届六中全会精神,研究加强党内政治生活和党内监督措施》,《人民日报》2016年12月28日第1版。

索　引

B

辩证法　5,8,43—46,48—50, 52—54,56,57,59,62,64, 67,124—128,170,192

辩证关系　225,227,228

辩证思维　5,8,43—45,62, 66,67,258,259

C

传统文化　140,193,201,214, 233—235,239—248

创新思维　62,64—67,259

D

大众化　3,4,13,210,215, 232,252,254,255

党性　39,42,75,111,148, 149,151,156,157,159,161, 163,164,170,173,194,197, 207—209,222,223,257,262

底线思维　62,67,70,185,259

调查研究　8,13,30—42, 159,164

顶层设计　10,72,73,78,79, 95,120

F

发展理念　29,54,67,68,124, 126—130,202

发展生产力　10,117,218

G

改造世界　3,14,21,51,83, 87,89,103,166,222, 243,256

个性　43,52,53

共同理想　27,106,107,110,

111,218,220,224—230,260

共性 43,52,53,56

H

话语体系 199,200,255,256

J

基本矛盾 11,91,111—113, 115,225,260

价值观 42,46,140,143,153, 154,158,161,164,165,167, 182—185, 204, 211, 214, 216—219, 222, 224, 226, 233—239, 242, 243, 245, 248,249

阶级 2,11,12,19,117,130—135, 142—144, 160, 163, 179,182,188,189,216,254, 257

阶级斗争 11,12,19,134

阶级分析 11,131

阶级立场 131

K

看家本领 2,3,14,40,67,88, 190,223

客观规律 16,20—22,26,32, 48,49,62,80,119,124,139, 162,166,167,224,257

L

理论创新 1, 8, 22—24, 66, 72, 83, 92, 95—102, 232, 233,251,257,263

理想信念 9,46,88,89,93, 107,111,152,159,174,175, 185, 189, 210, 212, 213, 216—223

历史创造者 12,143,161

历史思维 136, 137, 141, 259,260

两点论 5—7, 56, 57, 61, 126,259

两个巩固 188

P

普遍联系 8,44,46,47,259

Q

群众观点 12, 13, 135, 142, 144, 146, 149, 155, 161—164,176

群众路线 12, 13, 15, 33, 41, 53, 75, 142, 149, 150, 154, 161—167,170,176,207,217

R

人类命运共同体　105,109,129

人民立场　143—146,156,258

人民利益　40,146,150—153,157,158,163,170,204,209,210

人民民主专政　133—135,143,225

人民性　92,144,161,163,197,207—210

人民主体　12,127,142,143,146—148,151,153,161,258

认识世界　3,14,83,103,166,222,252,256

S

三个事关　178—181

社会存在　9,10,81

社会意识　9,10,235,243

社会主义初级阶段　6,12,24—29,82,112,116,135,184,228,229,257

社会主义核心价值观　46,140,183,204,211,214,216,233,234,236—239,245

时代化　3,4,13,83,98,210,215,232,252—254

实践创新　8,24,83,95,96,98—102,233,262,263

实践第一　8,14,72,73

实事求是　1,5,6,14—22,24,25,28,30,31,35—37,39,40,42,66,77,96—98,100,104,138,139,165—167,251,256,257

思想建设　4,15,46,217,222

"四风"问题　53,173,174,176,222

四个全面　7,29,46,49,60,72,75—77,79,82,85,86,98,99,100,109,119,123,124

四个意识　211,212

四个自信　109,111,211,212

W

唯物辩证法　8,44—46,50,54,57,59,62,64,67,124,125,127,128,192

唯物论　15,17,19

五个事关　178—181

五位一体　26,29,47,108,119,120,123,124

X

新境界　15,24,66,93,103,

119，124，215，250—254，
256—260，262
形而上学 8，44，45，58，65，67
形式主义 41，80，84，173

Y

一般规律 2，4，124，240
一分为二 44，56，58，259
意识形态 45，46，177—191，
195—203，207—215，218，233
远大理想 27，106，107，110，
111，189，218，220—222，
224—229，260

Z

战略思维 5，9，43，62—64，
67，259
制度创新 66，95，99，100，233，
263
治国理政 7—9，12，15—17，
19，20，23—27，29，30，41，
50，51，53，59，69，83，84，90，
93，94，96，108，113，136，
142，150，154，155，172，174，
177，178，181—183，188，
189，191—193，196—198，
211—213，221，226，230，
234—237，240，243，245，
247，248，253，258
中国化 3—5，13，14，16，24，
51，73，76，83，84，91，93，96，
98，99，101，194，210，215，
232，233，250—253，255，256
中国梦 5，29，43，57，80，105，
106，116，120，123，140，185，
187，192，200，202，221，225，
227，229—232，234—236，
240，243，244
中国特色社会主义 1，4—9，
11—14，16，19，21，22，24—
31，39，48，50，53，57，62，63，
65—68，72，74，77，78，80，
82，86，88，89，91—96，103—
111，113—117，119—126，
128，129，131，133，135，137，
140，142，143，146，148，156，
160，177，181—183，187—
190，193，194，200，202，207，
210—212，214，216—221，
224—235，240，242—244，
247，250—253，255—263
重点论 5—7，56，57，61，126
主观主义 47，79，80，84，85

后　　记

党的十八大以来，以习近平同志为主要代表的中国共产党人，顺应时代发展，从理论和实践结合上系统回答了新时代坚持和发展什么样的中国特色社会主义、怎样坚持和发展中国特色社会主义这个重大时代课题，创立了习近平新时代中国特色社会主义思想。习近平新时代中国特色社会主义思想不仅为我们树立了灵活运用马克思主义哲学的光辉典范，而且开辟了21世纪当代中国马克思主义哲学发展的新境界，是马克思主义哲学中国化的最新成果，为我们在新的历史起点上实现新的奋斗目标提供了基本遵循和行动指南。

《开辟当代马克思主义哲学新境界》一书系国家社会科学基金十八大以来党中央治国理政新理念新思想新战略研究专项工程项目"习近平治国理政新思想研究"（批准号：16ZZD001）的成果之一。该书由中国社会科学院原院长、党组书记，学部委员、教授王伟光主持编写。全书的写作经历了三年多的时间，曾经十易其稿。

参加初稿编写的有王伟光、李景源、孙伟平、王立民、崔唯航、单继刚、欧阳英、毕芙蓉、周丹、杨洪源。

后 记

参加稿件修改的有王伟光、李景源、孙伟平、崔唯航、周丹、杨洪源。

参加修改、统稿的有王伟光、孙伟平、崔唯航、周丹、杨洪源。

全书最后由王伟光定稿。

王伟光同志作为主编，不仅亲自组织学习，确定写作思路和风格，拟定和修改写作提纲，而且在具体的写作、修改、统稿过程中，亲力亲为。

郭湛、丰子义、聂锦芳、赵剑英等对书稿进行了认真审议，在充分肯定的同时，提出了不少有价值的修改意见；中国社会科学出版社社长赵剑英、总编辑助理王茵等在出版过程中，给予了热情支持，提供了具体帮助，在此一并致以衷心感谢！

编　者
2019 年 2 月